世界史授業ライブ⑤

使えるプリント付き

河原 孝哲

地歴社

アメリカ国歌「星条旗 The Star-Spangled Banner」

作詞：フランシス＝スコット＝キー

曲：イギリス俗謡「天国のアナクレオンへ」

Oh, say can you see	おお、君たちに見えるだろうか、
by the dawn's early light	夜明けの薄明りの中に浮かんでいるのは
What so proudly we hailed	夕べの薄暮の中で
at twilight's last gleaming?	我らが誇らしげに仰いだあの旗ではないか？
Whose broad stripes and bright stars,	その太い縞と輝く星々は
through the perilous fight.	このきびしい戦闘のさなかにも
O'er the ramparts we watched	我らが守るこの砦の上で
were so gallantly streaming?	勇ましく翻っていたのではないか？
And the rockets' red glare	砲弾の赤い閃光と
the bombs bursting in the air,	宙に響き渡る爆音が
Gave proof through the night that,	教えてくれた。その一晩中
our flag was still there,	我らの旗がそこに翻っていたことを。
Oh say does that	おお、あの星条旗は今も
Star-spangled banner yet wave.	はためいているだろうか
O'er the land of the free	自由の民の土地の上に
and the home of the brave!	勇者たちの祖国の上に！

はじめに

　「長い19世紀」の後半を扱う⑤巻の主要なテーマは「**戦争**」です。そのほとんどは国家統一のための内戦か、帝国主義的な拡張戦争です。年代順に言うと「アヘン戦争」→「アロー戦争」→「南北戦争」→「戊辰戦争」→「普仏戦争」→「清仏戦争」→「日清戦争」となります。

　このような列強の帝国主義的進出に対抗する「周辺」地域の反発も重要な事件です。これも年代順に並べると「太平天国の乱」→「インド大反乱」→「甲午農民戦争」→「アドワの戦い」→「ブール戦争」→「義和団の乱」となります。帝国主義的進出の強大化を反映して、1890年以降に頻発します。

　ところがヨーロッパ内部では19世紀後半ではクリミア戦争や統一戦争以外は大きな列強間戦争がおこなわれていません。おそらくそれは戦争防止のための「勢力均衡」が意識的に行われていたためだと思います。

　その「勢力均衡」体制の基本を作った人物が、かのオーストリアの宰相メッテルニヒです。保守反動の見本にして革命の弾圧者、「ワルの親玉」として世界史で扱われているメッテルニヒが、実は平和のヒーローとは!?

　しかしメッテルニヒがウィーン会議で作り上げた勢力均衡のシステムこそ百年のヨーロッパの太平を作り上げた原動力となったのは確かです。このことを教えてくれたのが塚本哲也「メッテルニヒ：危機と混迷を乗り越えた保守政治家」（文芸春秋、2009年）です。この本は④巻で参考文献として挙げました。

　「ある国が強大な覇権を握ると、戦争がおこりやすくなる」を歴史法則としてとらえたメッテルニヒはプロイセンの野望を封じ、ロシアの拡張と南下を巧みに抑え、その一方でナポレオン敗北後のフランスにも立つ瀬を与えるなど各国の勢力均衡に見事な仕切りを示しています。そして二月革命によって亡命した後のメッテルニヒに面会したディズレーリやビスマルクは、「メッテルニヒ学校」の生徒としてメッテルニヒの勢力均衡の教えを学びます。

　この二人の大政治家が後にベルリン会議等でヨーロッパの勢力均衡の立役者となることは④巻や本巻で示したとおりです。少なくともこの二人が生きている間は、ヨーロッパは多少のトラブルが起きても安泰でした。

　ディズレーリとビスマルクの死後、ヨーロッパの勢力均衡は急速に崩れてしまい、ヴィルヘルム2世の「世界政策」によって世界は新たな緊張にさらされることになります。この「世紀末」の時期に、ヨーロッパ文化が成熟していく

のです。「不安」は文化を熟成させるのでしょうか。

　第一次世界大戦の破滅の後にヨーロッパの融和と勢力均衡を心がけたのはドイツの首相・外相であったグスタフ＝シュトレーゼマンでした。彼が長生きしていたらヒトラーは政権を奪取することはできなかったでしょう。

　第二次世界大戦後は国連体制となり、新たに始まった東側・西側の勢力均衡はヨーロッパに限らず全世界が対象になります。なにしろ ICBM 一発で世界が崩壊する時代になってしまったのですから。世界の勢力均衡を目指した政治家の筆頭はアメリカ国務長官・補佐官であったキッシンジャーです。キッシンジャーはニンジャ外交と呼ばれる機動力を駆使して世界各国の調整にあたりましたが、そのキッシンジャーの研究対象が実はメッテルニヒの外交だったのです。

　1991年ソ連が崩壊した後、世界は歪みを見せてきます。「湾岸戦争（1991年）」、「同時多発テロ」に続く「アフガニスタン戦争（2001年）」、「イラク戦争（2003年）」、「リビア内戦（2011年）」、「シリア内戦（2013年）」…現代世界は今も戦争と混沌の中にあります。

　世界の混沌に思いを馳せる時に、役立つ本をあげておきましょう。参考にしていただければ幸いです。残念ながらどれも世界史の本ではないのですが。

　まずは問題の提起をおこなっている文献から。

　　S. ハンティントン著　鈴木主税訳『文明の衝突』（集英社　1998年）
　　H. アーレント著　山田正行訳『暴力について』（みすず書房　2000年）

　そして、その問題の答えとしての文献は以下のとおりです。

　　I. カント著　中村元訳『永遠平和について』（光文社文庫　2006年）
　　A. セン著　東郷えりか訳『人間の安全保障』（集英社新書　2006年）

　この⑤巻で使用している教科書は、③④巻と同じく新課程対応の「詳説世界史 B」（山川出版社）、資料集は「NEW STAGE 世界史詳覧」（浜島書店）です。

　今回の19世紀の近代史の骨格については、同僚の智学館中等教育学校の工藤駿先生の示唆を参考にさせていただきました。

　地歴社の塚原義暁さんには幾度となくお世話になりました。塚原さんの励ましに何度も助けられました。そして妻に深い感謝を捧げます。

　　　　　　　　　　　　　　　　　　　　　　　　　　　　河原　孝哲

≫目次≪

はじめに

101 ≫ ドイツの統一とビスマルク 7
　　　──競争相手をブッつぶして、統一！ アーンド近代化だっ!!

102 ≫ ビスマルクの内政と外政 15
　　　──統一に成功したビスマルク、とたんにラヴ＆ピースに豹変

103 ≫ 三国同盟と北欧史そして国際運動 23
　　　──ビスマルクのエゴイズムと世界愛の対比がツボ

104 ≫ アメリカ合衆国の領土拡大 31
　　　──教科書のアメリカ地図をドンドン使いまくるべし

105 ≫ 南北戦争と合衆国の重工業化 39
　　　──工業国アメリカ誕生の苦しみの姿

106 ≫ 19世紀欧米の文化 Ⅰ 47
　　　──芸術分野はやはりロマン派中心。でも全部の説明は無理です

107 ≫ 19世紀欧米の文化 Ⅱ 55
　　　──哲学史と科学史がやっかい。探検やら都市論も扱います

108 ≫ オスマン帝国の動揺と西アジアの変容 63
　　　──「帝国」であったが故の弱み

109 ≫ 西アジアとインドの変容 71
　　　──イギリス東インド会社の「強欲」の勝利と征服

110 ≫ インド大反乱とインド帝国の成立 79
　　　──楽をしてもうけようとするとバチがあたる話

111 ≫ 東南アジアの植民地化 87
　　　──有利な海峡を早くぶんどり、港を手に入れるのが西欧のねらい

112 ≫ 19世紀のベトナム・タイ・清 95
　　　──欧米への対応で国の運命が変わってしまう

113 » アヘン戦争とアロー戦争　*103*
　　　——麻薬の知識がやはり必要となります

114 » ロシアの中国進出と太平天国の乱　*111*
　　　——ロシアの中国進出はその「目的」に注意すべし

115 » 同治中興と明治維新　*119*
　　　——はたして成功か、失敗か…それが問題だ

116 » 中国と朝鮮王朝の変化　*127*
　　　——世紀末の朝鮮史はお家騒動の面で見たほうがわかりやすい

117 » 近代のまとめと帝国主義　*135*
　　　——「近世」、「近代」、「帝国主義」。うーん、定義が難しい！

118 » 「帝国」とイギリス　*143*
　　　——「帝国」は覇権を広げる力、「帝国主義」は植民地がカギ

119 » 19世紀末のフランスとドイツ　*151*
　　　——ヤマは「ドレフュス事件」と「ビスマルク退場」です

120 » 革命前夜のロシア　*159*
　　　——20世紀に入ったとたん、「党派」の名前だらけで整理が大変

121 » 19〜20世紀のアメリカ　*167*
　　　——フロンティアの消滅と、海外への帝国主義的進出

122 » アフリカの植民地化　*175*
　　　——アフリカ獲得は早いもの勝ちのビーチ・フラッグス競争

123 » 太平洋地域の分割とメキシコ革命　*183*
　　　——帝国主義への対抗の動き

124 » 三国同盟 V.S 三国協商そして中国分割　*191*
　　　——「番長決戦」と地球の裏側の縄張り争い

125 » 戊戌の変法と義和団事件　*199*
　　　——中国の国民意識の目覚めと出発への苦闘

≫101≪
ドイツの統一とビスマルク
—— 競争相手をブッつぶして、統一！ アーンド近代化だっ!! ——

近代化の条件としての統一運動——他国に支配されたくなかったら「統一です」

T 「幕末」って好きですか？

S そりゃ好き好き！あたしは「る〇うに剣〇」ファンだから、原田佐之助が大好きですぅ！（急に生き生きする。戦国と幕末をネタにすると効果的）

T あ、新撰組の槍の名手、原田佐之助ですか。幕末が好きな人は、今日の授業に興味を持ってもらえると思いますよ。なにしろ、幕末は佐幕派にしろ勤王派にしろ「外国の圧力に対抗するには、今までの領邦分国的な体制をやめて、新たに国家統一をして、中央集権制にしなければならない」と考えたことは同じですから。この立場はイタリアもドイツも同じなのです。

S でもさあ、イタリアもドイツもヨーロッパの先進国だから、日本よりも、うーんと先に統一事業をやったんでしょう？

T いえいえ、イタリアが統一されて、イタリア王国が建国されたのは1861年つまり、明治維新より7年前。ドイツの統一に到っては1871年だから、なんと明治4年になるわけで、明治維新よりも遅かったのです。

S ほおおー。（幕末と同時代史にすると興味を持ちやすくなります）

T ちょうど1850年代後半～1870年という時期は世界的には大変な変動期にあたります。日本ではまさしく「幕末」にあたる時期ですが、アメリカでは「南北戦争」、ラテンアメリカでは「フランスのメキシコ侵入」、インドでは「インド大反乱」、中国では「アロー戦争」と同治中興、そしてヨーロッパでは「イタリアとドイツの統一」となるわけです。**いわゆる1850年代後半～1870年は世界史では「近代化への産みの苦しみ」の時期にあたる時期でした。**残念ながら死産に終わって、他国に征服される苦しみを味わう国もあれば、出産に成功し、近代化をなしとげる国もあるわけです。

S 出産に例えているけれど、近代化がうまくいく条件とは何？

T 分裂した国内を統一して安定した市場を確保し、産業の近代化を成功させること。もう一つの条件は憲法の制定と議会制民主主義の整備です。経済と法律を確立するには、まず分裂していた地域を一つの国家にまとめる必要があった。

世界史プリント101

6. ドイツの統一 (p267〜268)

(ドイツ統一への動き)

① ドイツ連邦成立（1815、ウィーン議定書）

35君主国と4自由市によるゆるやかな連合体

^{1}(議長国＝　　　　　　　　)

↓

② ^{2}(　　　　　　　　　　)（1834）

経済学者リストの提唱により、関税を廃止

↓

③フランクフルト国民議会（1848）で

ドイツ統一への動きが活発になる

^{3}(　　　　　　　　　　　)

オーストリアを中心とするドイツ統一の考え

V.S

^{4}(　　　　　　　　　　　)

プロイセンを中心とするドイツ統一の考え

^{5}(　　　　　　　　　)の勝利

＊なぜ小ドイツ主義が勝利したのか？

^{6}[

しかしプロイセン王がドイツ皇帝の座を拒否したため、ドイツ統一の動きが挫折する。

③ プロイセン宰相 ^{7}(　　　　　　　　)が

軍事力によるドイツ統一を主張

＝「^{8}(　　　　　　　　)」

「プロイセンによるドイツ統一に反対する

^{9}(　　　　　)と^{10}(　　　　　)

を戦争でやっつけて、ドイツ統一を達成しよう」

1・^{11}(　　　　　　　　　　　)戦争

別名：普墺戦争（1866）

シュレスヴィヒ・ホルシュタイン地方の処分を

めぐってオーストリアと戦争をおこし、打ち破る

↓

(戦争の結果)

オーストリアが議長国であったドイツ連邦を解体

し、プロイセンを盟主とする

^{12}(　　　　　　　　　)を作る（1887年）

2・^{13}(　　　　　　　　　)戦争

別名：普仏戦争（1870〜71）

スペイン王位継承問題をきっかけとする

^{14}(　　　　　)電報事件が発端となって

フランスと戦争をおこし、打ち破る。

↓

(戦争の結果)

ナポレオン3世は退位し、^{15}(　　　　　　)と

^{16}(　　　　　　)地方をドイツにゆずる

7・ドイツ帝国の成立とビスマルク外交

(p269〜p271)

^{17}(　　　　　　　　)の成立 ^{18}(　　　　)年

プロイセン国王 ^{19}(　　　　　　　　　)

がヴェルサイユ宮殿でドイツ皇帝の位につき、

ドイツ帝国が成立する

(ドイツ帝国の政治体制)

・皇帝が強い権力を持つ→帝国宰相は皇帝に

のみ責任を負い、強力な独裁権を持つ

↓

・帝国議会は男子普通選挙で選ばれたが、

責任内閣制でないため、議会は無力

その作業こそ「維新」や「統一」にあたるわけです。**イタリアもドイツも、日本も先進国となるには国家を統一しなくてはならなかった。**

ドイツ統一の前史——フランスがドイツ統一をジャマする比喩はスーパーで

T　と、言うわけでまずは統一です。ドイツ統一の流れを復習してみましょう。最初にドイツ統一の中心となったのはオーストリアでした。その黒幕はもちろんメッテルニヒ。1815年のウィーン議定書で「ドイツ連邦」を作り、オーストリア（カッコ1）がドイツ連邦の議長国に収まったのです。ところが次第にオーストリアは力を失ってきます。理由？　うーん、オーストリアという国が貴族の勢力が強く、近代的な工業国になれなかったことが大きかった。オーストリアはプロイセンよりも2倍も人口が多かったのに、農業国としての特徴が強く、重工業部門が立ち遅れていたことが響いています。それに引き替え、プロイセンは大きく成長し、三月革命以降の工業生産は順調に発展し、特に石炭と鉄鋼の成長が飛躍的に伸びています。

S　あのう、「飛躍的」なんて言われても、わかんないですう。

T　うむむ（汗）。そうねえ。だいたい石炭では7倍以上、鉄では6倍以上もの成長率を示していますねえ。（世界歴史体系「ドイツ史2」山川出版社 p351参照）

S　なんで、そんなに生産が増えたんですか？

T　「なんで」を問うとはさすがですねえ！　そうでなくっちゃ！　その理由は鉄道網の整備によることが大きいのですよ。機関車や線路の製造が活発に伸びていったことは重要です。あとはドイツ関税同盟（カッコ2）の影響も大きかった。工業製品に自信を持っているプロイセンの自由主義貿易政策に較べ、重工業が弱かったオーストリアの保護貿易主義では関税政策上の差が大きくなってしまったのです。

　さあて、1848年の三月革命の影響で、フランクフルト国民議会が開かれた時、**「うっとうしいフランスが二月革命で混乱している今こそちょうどいいチャンスだから、『ドイツ』」という統一国家を作ってしまおう」**という論議がおこったのです（シナリオ97参照）。

S　なんで、フランスがそんなにうっとうしいのですか？

T　うーん、キミがとあるスーパーの社長だったとする（と、街に古くからあるスーパーの名前をあげる）。そこへ最近力をつけてきた、新興の〇〇〇スーパーがすぐ隣の土地を買収して、大規模店を開店するというウワサを聞いてしまった。さあ、あなたならどうする？

S　そりゃあ、思いっきり邪魔して、妨害するなあ、あたしだったら。

T　つまりそれです。フランスとしては、隣がバラバラの商店街（領邦）の方が都合がいい。隣に大規模店舗（統一国家としてのドイツ）ができあがったら自分が危ない。というわけでドイツ統一を邪魔するわけです。

　そのフランスが革命でアップアップしている時こそ、ドイツ統一のチャンスだ！ところが「ドイツ」という国家を作るならばただの寄せ集めでは話にならない。核になる中心国が必要です。その核を、古くからの超大国オーストリアにするか、それとも新興国家のプロイセンにするか、でフランクフルト国民議会では意見が分かれてしまいました。**「老舗のオーストリアを中心としてドイツを統一していこう」** とする考えを**大ドイツ主義**（カッコ３）と言い、それに対し、**「新興のプロイセンを中心にドイツを統一しよう」** とする考えを**小ドイツ主義**（カッコ４）と言います。大ドイツ主義のメリットは何と言っても「人口も面積も他のヨーロッパ諸国を圧倒する最大国になれる」ことです。だから「大」ドイツ主義と言うのです。ところがフランクフルト国民議会で勝利したのは人口も面積も小さい、オーストリアを抜かした小ドイツ主義（カッコ５）の方でした。

S　何でやねん。大きい方がええがなー。

T　なぜでしょう？考えてみてください。うふふふ。

S　ひょっとして「ドイツ人以外の他の民族を抱え込まなくってすむから？」

T　そのとおり。その意見をカッコ６に書き込んでください。何しろオーストリアは多民族国家です。ドイツ人以外のマジャール（ハンガリー）人やチェック人やクロアチア人やスロヴァキア人やポーランド人やユダヤ人まで（ふぅー！）抱えるのは大変だ、という考えが主流になったのです。小ドイツ主義ならドイツ人だけですむ、というわけだ。

S　（鋭い生徒）小ドイツ主義の主張する「ドイツ」には、ホントにドイツ人だけしか住んでいないのですか？そもそもドイツ人って何ですか

T　うう〜！「ドイツ語を母国語とする人」がドイツ人という定義が一般的ですが、それだとユダヤ人をはじめ多くの民族が「ドイツ人」ということになってしまう。そこで外面の人種的特徴などでドイツ人を定義する傾向が生まれてきてしまった。これがナチズムの思想につながるのですが…。で、結局、小ドイツ主義ということになって、プロイセン王に「ドイツ皇帝になってくだせえ」と頼みに言って、断られてしまったことはシナリオ97でも言いました。プロイセン王にしてみれば「議会の言いなりになるロボット皇帝はごめん」ということなのでしょう。

ビスマルクの登場──ケンカ好きが役に立つ

T　さあて、いよいよビスマルク（カッコ7）の登場だ。1862年に首相に就任したオットー＝フォン＝ビスマルクは、メッテルニヒ退場後のヨーロッパで国際政治を主導した第一人者です。なので、この人の伝記を説明します。

　　ビスマルクは古いユンカーの家系に生まれています。だからオットーが保守派になることは生まれる前から決まっているようなものでした。母は望まない結婚をしたためか、オットーには冷たく異常に厳しかった。そのことがビスマルク少年に深い傷を与えることになります。ビスマルクは寄宿制のギムナジウム（中等高等学校）に入学しますが、彼はその学校について「まるで刑務所のようだった」と振り返っています。

　　成績優秀だったビスマルクはゲッティンゲン大学に進み、法律と政治を学びます。学生時代のビスマルクは手のつけられない暴れん坊で、得意のフェンシングで何度も決闘騒ぎをおこしています。国家公務員試験に合格して高級役人になったものの、イギリス人女性にうつつをぬかし、豪勢なプレゼント合戦をしたあげくフラれてしまい、ヤケになって役人をやめてしまいます。借金をかかえ、自殺用の首吊りロープを買ったこの時がビスマルクにとって最悪の時期だったかもしれません。

S　ほー！ビスマルクが荒れたあげく、自殺一歩手前まで行った!?

T　人生最悪の時期を救ってくれたのは、奥さんとの結婚でした。この結婚を機にビスマルクは政治に対する情熱を取り戻します。

　　時はあたかも二月革命、三月革命の激動期。この時に王党派として活躍したビスマルクは王から信頼され、外交官に任命されます。ロシア大使、フランス大使を務めたビスマルクは有能でした。ダンスが上手で、フランス語を巧みにあやつり、優雅なマナーを身につけていましたが、いざと言う時の度胸の良さは一級品で、学生時代に鍛えたケンカが役に立ちました。

　　1861年に新王**ヴィルヘルム1世**がプロイセン国王に即位すると、ビスマルクは次の年に宰相（さいしょう）に任命されます。これは異例の抜擢でした。

　　就任してわずか1週間後、さっそくビスマルクは議会で有名な「**鉄血演説**」をぶちあげます。その内容はですねえ。（もったいぶって演説）

　　「時代の大問題は、演説や多数決では決定しません。それが1848年と1849年の誤りでした（フランクフルト国民議会ではドイツ統一が成就できなかったことを示している）。すべては鉄と血が決定するのです！」

　　彼はドイツ統一のためには話し合いよりも、「鉄と血」つまり、「**武力と戦**

争」しか方法がないことを訴えたのです。この軍事力によるドイツ統一の政策を「鉄血政策」（カッコ8）と呼びます。

S　のっけから戦争を叫ぶとは物騒ですな。ヒトラーみたい。

T　ヒトラーと簡単に較べることはできません。なぜならビスマルクの主張する「戦争」とは、あくまでドイツ統一の手段にすぎず、対外侵略を目的とはしていないからです。さて、ビスマルクが戦争する相手とはどこでしょうね。ヒントはプロイセンを中心とするドイツ統一に反対する国です

S　そりゃ、オーストリア（カッコ9）かな。あとは、フランス（カッコ10）。

T　OK！そこでビスマルクはさっそくこの二国への戦争準備を始めます。

プロイセン＝オーストリア戦争——ビスマルクが相手をハメる技は超一流

T　まずオーストリアとの戦争です。工業力はプロイセンの方が上で、軍事力も強い。あとは大義名分だ。これがないと他国の介入を招いてしまう。
　この大義名分がタイミングの良いことにまんまと転がり込んできた。シュレスヴィヒ・ホルシュタイン地方をめぐる問題です。

S　なんですか。そのヘンな地名は。むむ、でもどっかで聞いたことも…。

T　牛の名前でしょう。ホルスタインという牛はこの地方で改良された種類なのです。その二つの地方の場所は教科書p268の地図に載っています。
　この二つの地域は、実はドイツ人が全人口の8割以上と圧倒的に多い地域なのにもかかわらず、デンマーク王の主権下に一応置かれていました。なぜかって？この二つの地方がオーストリアやプロイセンなどの強国の支配下に入れば勢力均衡が崩れるからですよ。ところが1863年にデンマーク国内のナショナリズムの高まりに押されて、デンマーク王が「北のシュレスヴィヒ地方をデンマークに併合する」ことをうっかり宣言してしまったのです。
　そのニュースを聞いたドイツ国民は怒った。ところがこれこそビスマルクにとってはチャンス到来でした。プロイセンはオーストリアを誘ってデンマークに宣戦布告したのです。他国はこのことにイチャモンがつけられない。もともとはデンマーク王がやってしまったフライングですからね。簡単にデンマークを破った後、北のシュレスヴィヒはプロイセン、南のホルシュタインはオーストリアの行政下におくことをビスマルクは「約束」します。でもね、口約束はいつでも破れるんだなあ。いつまでたってもホルシュタイン地方を明け渡さないプロイセンの態度にイラついたオーストリアはプロイセンについに宣戦布告してしまいました。待ってましたとばかりにプロイセンは

オーストリアを打ち破ります。これが1866年のプロイセン＝オーストリア（カッコ11）戦争。別名、普墺戦争です。
S　フランスは介入しないんですか？ドイツが統一されたら困るでしょう？
T　そこはビスマルクは手を打っておいた。中立を守ればライン左岸地方を譲ることをフランスに秘密条約で「匂わせて」おいたのです。実はこれはビスマルクの空手形でして、ウナギも匂いだけなら食べたことにはならない。こうしてまんまとオーストリアを打ち負かしたプロイセンは、オーストリアには寛大な条件で降伏を認めました。ただし、ドイツ連邦は解体させて、北ドイツ連邦（カッコ12）を新たに作ります。
S　「ドイツ連邦」と「北ドイツ連邦」〜？うー、チンプンカンプンだー！
T　この二つの連邦は似ている名前だけれども、全然違うから注意が必要。<u>ドイツ連邦は、「オーストリアを議長とする」、「ゆるやかな連合」</u>でしたが、ビスマルクがこれを解体して作った<u>北ドイツ連邦は「オーストリア抜き」で、しかも「プロイセンが仕切る集権型」</u>の連邦です。あとはカトリック国のバイエルンなどを残すだけで、ドイツ統一まであと少しです。

プロイセン＝フランス戦争——こんどは情報操作でワナにはめる

S　バイエルンをソーセージみたいに食っちゃえばいいんじゃない？
T　そうはいかないよ。フランスがでーんと控えていて、ドイツの統一に反対しているからだ。しかもフランスは泣こうがわめこうが、ドイツの統一なんか認めないことは明らか。そりゃ隣にデカいスーパーに出てこられちゃ困るもんね。と、なったら戦争しかない。まずは準備、というわけで鉄道を始めとするインフラを整備し、軍備も整えます。すべての準備を整えてからケンカをするのがビスマルクの流儀ですな。さーて、準備が出来たら、後はケンカをふっかける大義名分だ。ビスマルクはいつでも大義名分にこだわることに気をつけてくださいね。ケンカ慣れしている男なのです。

　またビスマルクにチャンスがやってきました。スペインでクーデタがおこり、女王が追放される事件が起こったのです。スペインは後継ぎの国王を探し、プロイセン王家の一族に白羽の矢が立ったのですが、フランスが猛反対しました。ドイツとスペインに挟み撃ちにされることを怖れたからです。そこでフランス皇帝ナポレオン３世がプロイセン王ヴィルヘルム１世にお願いしたのです。「あなたの一族をスペイン王にならないように約束してください」野心がないヴィルヘルム１世はあっさり承諾しました。

ところがここでナポレオン３世は失敗を犯した。フランス大使に命じ、温泉地エムスに滞在していたヴィルヘルム１世に、再度くどく確認させたのです。さすがにヴィルヘルム１世はムッときた。「**大使からは『陛下にお伺いいたします。将来においても貴殿のご一族をスペイン王にしないことを、再度ご確認いただけたら幸いです』という話があったが、会見は見送ることにした。この返事は宰相にまかせよう**」とビスマルクに電報を打ったのです。ビスマルクは、絶好のチャンスとばかりにこの電報の文面に手を入れて、尾ひれどころか、背びれ、胸びれまでくっつけて新聞に発表してしまったのです。「**大使は『一族からは未来永劫、二度と、絶対、スペイン王を出しません、と誓いなさい』と言ってきた。ワシは怒って大使をとっとと追い返してやったわい**」こりゃ、まるでケンカの果たし状だ。フランス人もプロイセン人も怒る内容です。これがエムス（カッコ14）電報事件です。まんまとビスマルクにのせられてカッとなったフランスは宣戦布告。そしてプロイセン＝フランス（カッコ13）戦争（別名：普仏戦争）が始まります。ナポレオン３世はプロイセン軍と戦いましたが、準備万端のプロイセン軍にかなうわけがない。みじめにもセダンで捕虜になり、退位するハメになります。この敗戦の結果、アルザス（カッコ15）地方全部とロレーヌ（カッコ16）の一部を新しく結成されたドイツ帝国に譲るなどの厳しい条件を飲んで、フランスは降伏します。

S　オーストリアには甘かったのに、なんでフランスには厳しかったの？
T　オーストリアという国は、同じドイツ人が中心となっていたことが決め手でしょう。つまり手を結びあえる可能性があった。それに対しフランスは異なる文化圏です。そこでビスマルクは決心したのです。「**フランスはどうせいつかは敵になる国だ。敵なら思いっきりヤってもかまわんわい**」と、前回説明したような厳しい賠償金を課しただけでなく、フランスへのツラ当てにプロイセン王ヴィルヘルム１世（カッコ19）のドイツ皇帝戴冠式を、わざとヴェルサイユ宮殿で挙行したのです。もちろんフランス人は泣いてドイツを恨みました。こうしてフランスの怨念の上にドイツ帝国（カッコ17）が成立します。1871（カッコ18）年のことでした。

　　　【参考文献】
　　加納邦光「ビスマルク　人と思想」（清水書院）はビスマルクの人とその時代を知るのに最適な文献でしょう。プロイセンの経済発展については世界歴史体系「ドイツ史２」（山川出版社）に詳しく述べられています。

≫102≪
ビスマルクの内政と外政
—— 統一に成功したビスマルク、とたんにラヴ＆ピースに豹変 ——

ビスマルクが作りたかったドイツ——皇帝独裁の政治体制

T　ええと、今日の主人公は、やはり徹頭徹尾ビスマルクのオヤジです。
　　ビスマルクは憎々しいことにヴェルサイユ宮殿でドイツ皇帝の戴冠式をおこなって、プロイセン国王ヴィルヘルム1世をドイツ皇帝にしました。
　　ヴィルヘルム1世はプロイセン王位に愛着があったので、このドイツ皇帝になることにはためらいがあり、さんざん駄々をこねて即位式前日まで拒否っていたようです。それもよりによってヴェルサイユ宮殿で！さすがに恥を知るヴィルヘルム1世、教科書 p269の即位の絵では浮かない表情です。「エヘン！どんなもんじゃい！」と目立つ軍服で威張っているビスマルクですが、エムス電報事件の一件でもムカついていたヴィルヘルム1世は即位式では、日頃信頼しているビスマルクにわざと握手をしなかったそうです。

S　なんでまた、ビスマルクはそんなに政治で横車を押せたんでしょうね？

T　それは宰相が強い権力を持っていたからです。プロイセン憲法を基盤として、ドイツ帝国成立の年（1871年）にできた「ドイツ帝国憲法」では、ドイツ皇帝が議会に優越する強い権力を持っており、宰相も議会ではなく皇帝にのみ責任を負う体制が定められていたからです。宰相以外の大臣は無く、宰相は強力な独裁権を持っていました。議会は男子普通選挙で選ばれることになっていましたが、なにせ責任内閣制ではなく、宰相は皇帝の「ご指名」となっていました。なので議会はあっても、力が無かった。

S　えーと、イギリスで労働者の男子普通選挙が定められたのが1884年だから、ドイツの方が「男子普通選挙」という面では早いのですね。

T　鋭いね！確かにそのとおりですが、しかし議会が弱くては意味がありません。皇帝に信任されている限り、宰相はやりたい放題でした。

S　大日本帝国憲法はドイツの憲法をもとに作られた、と教わった気がする。

T　それも正解。大隈重信はイギリス風の議会優先の憲法を主張し、植木枝盛も人民主権の憲法草案を発表したのですが、岩倉具視や伊藤博文はドイツ風の「天皇が強い権力を持つ」憲法を採用したのです。

世界史プリント 102

7・ドイツ帝国の成立とビスマルク外交
(p269～p271)の続き

（ビスマルクの内政）

ビスマルクの敵① = [1]（　　　　　　　　）
・カトリック教徒を弾圧する政策
　= [2]（　　　　　　　　）

ビスマルクの敵② = [3]（　　　　　　　　）
労働者を中心とする社会主義運動が勢力強化

- 1860年代 [4]（　　　　　　　　）の指導で
  社会主義運動が発展
  ↓
  [5]（　　　　　　　　）らによるマルクス主義
  運動の組織化

⇩

ラサール派とベーベル派の合同により [6]（
　　　　　　　　）が結成される（1875）

ビスマルクの政策 = 「[7]（　　　　　　　）」
　鞭: [8]（　　　　　　　　）の制定
　　= 社会主義政党や集会の禁止
　　↓
　　ドイツ社会主義労働者党を弾圧
　アメ: [9]（　　　　　　　　）の実施
　　= 世界で最初の社会保険制度

（ビスマルクの外交）

基本テーマ = 「[10]（　　　　　　　　）」
↓
[11]（　　　　　　　　）[12]（　　　）年
　構成国: [13]（　　　　　）、[14]（　　　　　）
　　　　　[15]（　　　　　）

問題点 = バルカン半島をめぐるロシアと
　　　　オーストリアの関係が悪化

（ロシアのバルカン半島進出）

1: ロシアは [16]（　　　　　　　　）主義を
　利用して、バルカン半島への勢力拡大をはかる
　↓
　ロシアは宗教紛争を利用して1877年に
　オスマン帝国に対し [17]（
　　　　　　　　）をおこし勝利する。
　↓
　[18]（　　　　　　　　）条約で今まで
　オスマン帝国領であった [19]（　　　　　）
　をロシアの保護下におくことに成功
　（地中海進出の足がかりを得る）
　→ イギリス、オーストリアが大反対

2: [20]（　　　　　　）会議 [21]（　　　）年
　ヨーロッパの紛争を避けるため、ビスマルクが
　会議を主催し、列国の利害を調整する
　↓
　[22]（　　　　　　　　）の締結
- ① サン＝ステファノ条約の破棄
- ② [23]（　　　　　）、[24]（　　　　　）
  [25]（　　　　　　）の独立承認
- ③ ブルガリアの領土は縮小され、オスマン帝国内
  の自治国となる
- ④ イギリスは [26]（　　　　　）島を得る
- ⑤ オーストリアは [27]（
  　　　　　　　　）の統治権を手に入れる

⇩

ロシアの南下政策のさらなる失敗
（ロシアの挫折その3：プリント98参照）
→ロシアは一時、ヨーロッパ方面の南下政策を
あきらめ、中央アジア、東アジアへの進出を計る

S　なんで？

T　「人民主権」や「議会優先」の憲法にしたら、自由民権運動や西南戦争に苦しんだ政府には命取りになってしまうからです。まだ政情が不安定な日本には「天皇の権威」で治める憲法の方が都合がよかったのでしょうね。

ビスマルクの戦い・その①：内政——意外にも大苦戦

S　宰相が強い権力を握っているのなら、ビスマルクの国内運営は万全だ。

T　ところがそうじゃない。意外に苦しんでいます。まずビスマルクの前に立ちふさがった敵はカトリック教会（カッコ1）でした。カトリック信者が多い南ドイツ地方をドイツ帝国に編入したため、カトリック教会との軋轢や闘争が増えてしまったのです。

S　財産狙いで、気の合わない娘と結婚してしまったあげくの夫婦ケンカか。

T　そうですねー。しかもカトリック教会の親玉であるローマ教皇は、教皇無謬性（教皇に誤りはないこと）を宣言して、ドイツ帝国に迫ってきた。

S　「あたしのやることに誤りなんてないわ！」と叫んでいる奥さんだ。

T　うーん、その例えは正しくないが、実に面白い！特にカトリック教徒の支持が多い「中央党」が手ごわかった。ビスマルクは中央党と戦って、国家による教会の締め付けを強め、カトリック教会を弾圧する政策をとりました。これを文化闘争（カッコ2）と呼びます。

S　なんで「文化」なんていう名前がついているんですか？

T　これは「中世じゃあるまいし、教皇無謬性なんて（近代の）文化に対する挑戦だ」とプロテスタントの多いプロイセン人が感じたからです。でも、1870年代の中ごろからもっと恐ろしい敵が現れてきた。それは社会主義（カッコ3）でした。産業革命の発展とともに工業化が進むと、貧富の格差も増大し、圧迫された労働者を中心として社会主義の考えが盛んになることはすでに言いました（シナリオ96参照）。カトリック教会が「過去の亡霊」だとすると、社会主義はビスマルクにとって「未来の悪夢」です。

ドイツでの社会主義運動は1860年代にユダヤ系のラサール（カッコ4：右）という人物が「全ドイツ労働者協会」を作り、労働者階級を組織化したことに始まります。ラサールは最初自由主義だったのですが、マルクスとの交友を通して社会主義の運動に肩入れするようになってきたのです。ラサールの運動の目的は「一切の制限のない普通選挙の実施」と、「国家援助

による協同組合の創設」でした。

　宰相になった当初のビスマルクは自由主義者に敵が多かったので、労働者を味方に引き入れようと企み、社会主義の親玉ラサールと会談しています。どうもこの二人はウマが合ったらしく、感触は良好でした。ビスマルクは「ラサールは今まで出会った人間の中で最も才能豊かで、魅力的な人物だった」と述べたほどでした。ああ、ところがラサールは1864年にオンナがもとの決闘で殺されてしまいます。ああ、何ちゅうこったい。

　次にベーベル（カッコ５）が1869年に「社会民主労働党」を作りますが、柔軟性のあったラサールとは違い、ゴチゴチのマルクス主義者のベーベルは**第１インターナショナル（1864年創設）**の影響下で、革命路線をブチあげてプロイセンと戦う姿勢を明らかにしていきます。

　そして、ラサール派とベーベル派は1875年にドイツのゴータという町で会同し、両派が合同して「ドイツ社会主義労働者党」（カッコ６）を結成します。強力な社会主義政党が出現したのを見たビスマルクは、「**こいつらは敵だ！**」と直感しました。代替わりしたローマ教皇と急いで手打ちをし、文化闘争に一旦ケリをつけると、猛然と社会主義を弾圧しはじめます。

　この時、ビスマルクがとった政策が有名な「**アメと鞭**」（カッコ７）。まずは「鞭」の説明。1878年に二度にわたって皇帝が狙撃される事件がおこります。犯人は社会主義者ではなかったのですが、ビスマルクはこの事件を悪用して「社会主義者鎮圧法」（カッコ８）を制定します。この法律には、社会主義者や共産主義者の出版や集会の禁止、そして社会主義者を居住地から追放することが盛り込まれていました。

S　それって、日本の治安維持法と似てますねえ。

T　この法律の目的は、出来たばかりで勢いのあるドイツ社会主義労働者党をやっつけることです。そして「アメ」にあたるのが社会政策（カッコ９）の実施。疾病・災害保険法や障害・老齢保険法を制定し、病気にかかったり、老齢で退職した労働者に年金を給付することにしたのです。ねらいは労働者を社会主義運動から切り離してしまうことでした。

S　で、結果として社会主義者たちをやっつけることができたんスか？

T　いや、社会主義者たちもしたたかで、相互扶助会や合唱サークルなどの名目で組織を維持したものだから、やっつけることはできなかった。ただし、**ビスマルクのおこなった保険制度は、制度としては世界初の社会保険でした。**この社会保険制度は世界中に広まっていくことになります。

もう一つ挙げておきたいのは、ビスマルクの**保護関税主義**です。最初は産業革命の進展により発展したドイツの産業界は自由主義貿易を歓迎していたのですが、1873年からアメリカで始まった恐慌により、ドイツ経済が不景気になると、ドイツの産業界はビスマルクに保護貿易を求めます。

S　ゴメン、話が全然わかりませーん。

T　**自国の経済が強い時は輸出に有利な自由貿易で攻撃に出て、自国の経済が弱い時は保護貿易というバリアーを張って防御するのが基本**ですよ。こんな不況の時に、自由貿易のままでは外国の機械や穀物の輸入に押されて、工業を支える産業資本家や農業を支えるユンカーが苦しくなるばかりだ。そこでビスマルクはかつての敵であった中央党に接近し、協力を得て保護貿易法を1879年に作ります。この保護貿易法で守られた産業資本家とユンカーが手を合わせてビスマルクを支える二つの車輪となるので、この法を「**鉄と穀物の同盟**」とも呼びます。

S　センセー、産業資本家ってブルジョワジーのことなんですかあ？

T　うっ！（大冷汗）<u>「ブルジョワジー」とは19世紀中ごろまでは、貴族と農民・労働者の中間にいる商人階級のことです</u>。彼らは富を持っているにもかかわらず選挙権や参政権が無い。そこでブルジョワジーはイギリス市民革命やフランス革命、七月革命、二月革命では革命を起こす主役となりました。しかしですねえ、<u>19世紀中ごろからヨーロッパの多くの国で産業革命が進むと、工場経営で大儲けするブルジョワジーが出現します。その儲けをさらに工場の拡大再生産に投資して儲けを増やそうとする人々を**産業資本家**と呼ぶのです</u>。そろそろ、ブルジョワジーというあいまいな言い方は改めて、「産業資本家」という言い方で統一していきますか。（生徒のいきなりの質問には日頃の準備が大切！）

ビスマルクの戦い・その②：外交──フランス大包囲網が中心

T　さて、次にビスマルクの外交ですが、これは押さえやすい。

　　普墺戦争、普仏戦争と立て続けに戦争を起こしたビスマルクが、ドイツ帝国成立後は戦争をしたがらなくなりました。**それは出来立てほやほやのドイツ帝国を育成するには、平和がぜひとも必要だったからです**。平和を保つのに必要なことがまず「国際緊張の緩和」。戦争が始まらないように、そして戦争に巻き込まれないようにすることが大切です。ビスマルクはもめごとが起こると、「誠実な仲買人」と中立を強調して議長となって会議を開き、各国を強引に仲直り（？）させています。その一例が後でやるベルリン会議です。さて、何と言っても一番危険なのは、他でもないフランスによるドイツ

帝国への復讐戦争です。やはり普仏戦争の恨みが大きい！
S　それってビスマルク自身がまいた種じゃないですか。
T　実はそうなんですが…。ともかくもビスマルクは「フランス包囲網の結成」(カッコ10)を外交の基本にします。**ケンカに勝つコツは「みんなで囲む」の一言**ですからね。まずは三帝同盟(カッコ11)を1873(カッコ12)年に作って、さっそくフランスを囲みます。その同盟の構成国は当然ドイツ(カッコ13)、ロシア(カッコ14)、そしてオーストリア(カッコ15)でした。年の覚え方ですか？「花見(873)はサンデー(三帝)」。これは「世界史年代記憶法」(代々木ライブラリー)の覚え方です。

　ところが仲間のロシア君とオーストリア君が仲が悪いのが悩みのタネでした。二人ともバルカン半島をめぐって争っている最中だったのです。

ロシアのバルカン半島進出──「ロシアより愛をこめて」

T　さあて、ロシアはクリミア戦争で負けてしまい、地中海とのつながりを妨害されてしまったのですが、こんなことではロシアはへこたれない。ロシアはしつこく地中海への南下政策を企んでいました。ただし大義名分はやはり必要なので、ロシアはパン＝スラヴ(カッコ16)主義を唱えます。
S　なんですかそりゃ。
T　汎(はん)スラブ主義(オヤジギャグかと思った生徒はシーン)。いや、昔はこう教わったんだ。ホント。Panという言葉はギリシア語で「すべての(all)」という意味です。パン＝スラヴ主義とはバルカン半島に多く居住している「すべての」スラヴ人の独立と統一を目標とした運動です。この運動は、1848年の二月革命における「国民主義」のあおりをうけて盛んになったのですが、スラヴ民族の中の最大の親分であるロシアにとってはうってつけの大義名分となりました。その逆に、バルカン半島に居住する「すべての」ドイツ系民族の勢力を拡大しようとする運動をパン＝ゲルマン主義と言います。これは最初はオーストリアが、そして後にドイツ皇帝ヴィルヘルム2世が領土的野心のために、さかんにとなえるようになります。

　何はともあれパン＝スラヴ主義の気運に乗って、1875年にオスマン帝国領だったボスニア・ヘルツェゴヴィナで反乱が起きると、翌年にはブルガリアなどバルカン半島で反オスマンの独立運動が次々と炸裂します。

　オスマン帝国は、自分の領域内のこれらの反乱を力で弾圧しました。するとロシアは「コルァ、わしの可愛い兄弟に何すんねん！」といちゃもんをつ

けて1877年にオスマン帝国に攻撃をかけました。これがロシア＝トルコ〈露土〉（カッコ17）戦争です。オスマン帝国も奮戦したが、1861年の農奴解放令以来、近代化を続けていたロシアの電撃戦にはかなわずについに降参。ロシアは1878年にサン＝ステファノ（カッコ18）条約を結ぶことに成功します。この条約の内容？いやあ、これが見事なんですよ。セルビアとモンテネグロとルーマニアをオスマン帝国から独立させ、ブルガリア（カッコ19）をロシアの保護下に置くことを取り決めたのです。

S　それのどこが見事なんですか？

T　教科書ｐ270の地図を見てください。それぞれの国の位置がわかった？この地図に実はロシアのねらいが隠されているのです。**赤線が引いてあるサン＝ステファノ条約でのブルガリアの国境は、エーゲ海に面しているでしょう？このエーゲ海沿岸に海軍基地を作ってしまえば、ボスフォラス・ダーダネルス両海峡を通らなくても地中海に進出できるってわけです。**

S　ロシアも頭いいねえ！でもブルガリア領だよ、そんなことできるの？

T　この当時のブルガリアはロシアの子分なので、基地建設くらい楽勝だ。ところが世の中には「具眼の士」というのもいるもので、イギリス首相のディズレーリ爺さんが見破ってしまった。「**ふん！わしの目をごまかそうとしても無駄じゃ。ロシアの狙いは地中海進出だ。許してたまるかい！**」

　　危うく戦争になりかかるところをビスマルクが引きとめた。「**まあまあ、会議で決着をつけましょう。議長の私は『忠実な仲買人』として中立を保ちます。その証拠にドイツはいっさい領土を要求しませんから**」こうして開かれたのが1878（カッコ21）年のベルリン（カッコ20）会議です。

S　これって、年号はどうやって覚えるんですか？

T　「露土戦争」は、実はイギリスによる「インド帝国成立」と同じ年の1877年におこっています。そこで「ロード（露土）はインド帝国でバナナ（877）を食べる」と覚えておきましょう。ベルリン会議は露土戦争の次の年です。

　　ロシアが会議に出席したのは、実は甘い期待があったからです。

　　「普墺戦争、普仏戦争の時にはロシアはドイツに対して好意的に中立を守ったし、ロシアは三帝同盟にも加わっているから、悪いようにはせんだろ。」ところがビスマルクはロシアの南下政策に厳しかった。「**ロシアの南下政策を認めると、列強間でクリミア戦争のような大戦争が起こってしまう！**」

　　次の絵はベルリン会議の様子を描いた、有名な絵なのですが、主役を張っているのは中央のエラそうなビスマルクです。握手している相手はロシア代

表で、左側で座っている人と立って話しているのがイギリス代表のディズレーリです。それぞれの人物にフキダシをつけて、何を言っているのか想像して書いてもらうと面白いですよ。こ

の時、ビスマルクはイギリスやオーストリアの肩を持って、ロシアにむりやり譲歩を求めたのです。ディズレーリに睨まれつつ、ビスマルクは言いました。

「ロシア君、キミは地中海に野心があるのではないかとディズレーリ爺さんをはじめ、皆がウワサをしているのだよ。でも君はボクの友達だから、特別に顔を立ててあげよう。パン＝スラヴ主義に敬意を表して、スラヴ人の国の独立は認めよう。けれどもブルガリアの領土はもう少し小さくしておく必要があるなぁ。ボスフォラス海峡より北に国境を引くべきだねぇ」

　ロシアは必死に抵抗しましたが、結局ディズレーリとビスマルクの要求に屈し、ベルリン条約（カッコ22）を結ぶハメになります。このベルリン条約により、サン＝ステファノ条約は破棄されてしまいました。ルーマニア（カッコ23）、セルビア（カッコ24）、モンテネグロ（カッコ25）の独立は承認されたものの、肝心のブルガリアの国境線が縮小されてしまい、ボスフォラス海峡より北にブルガリアは閉じ込められてしまいます。それどころか、イギリスは小アジアの下にあるキプロス（カッコ26）島の行政権を、オーストリアはスラヴ人の多いボスニア＝ヘルツェゴヴィナ（カッコ27）の統治権を獲得してしまいました。まさしく「漁夫の利」です。

　こうして「地中海に進出したい！不凍港が欲しい！」というロシアの南下政策は3度目の挫折をしてしまいました。**（1度目：ロンドン会議〈1840年〉、2度目：パリ会議〈1856年〉）** しかたなくロシアは一時、中央アジア・東アジアへ進出の矛先を向けますが、日露戦争の敗北後、再びヨーロッパに戻ってきます。いやあ、本当にロシアはあきらめが悪い！

　【参考文献】

　　前回の文献がそっくり使えます。紹介しておきたいのが、S.ハフナー「ドイツ帝国の興亡　ビスマルクからヒトラーへ」（平凡社）。東西ドイツ統一以前の本（1987年原書出版）なのでいささか古いのですが、大変わかりやすい文献で、ドイツ近現代史に興味がある方には一読の価値があります。

≫103≪
三国同盟と北欧史そして国際運動
―― ビスマルクのエゴイズムと世界愛の対比がツボ ――

三国同盟――ビスマルクの矛盾に満ちた人間性が反映しています

T　今日も最初の主人公は、やっぱりビスマルクのオヤジです。

S　うええー、三回連続でもう飽きたーっ！

T　ごめんねー。この親父が19世紀後半のヨーロッパの主役であることは間違いないので、しばらくこのヒゲオヤジと付き合ってください。

　まず、ビスマルクの人間性を少し言っておきましょう。有能だし、頭脳明晰、ケンカ慣れしていて度胸もある、と言うとすごい立派なトップに見えますが、もちろん欠点もあった。被害妄想が強く、平気で敵を作っては憎みまくる。しかし自分や自国の都合で、昨日の敵とも平気で手を組む節操のなさはビスマルクの大きな特徴というか、欠点です。

S　つまり、すげえ有能だけれども自己チューということですか？

T　そうでしょうね。実はこんなビスマルクの人間性がわかると、これからやる三国同盟や独露再保障条約の意味がわかりやすくなるのです。

　ビスマルクは普仏戦争以来のフランスの復讐心に対抗するために、かつてロシア・オーストリアと三帝同盟（1873年）を結んでいましたが、このロシアとオーストリアがバルカン半島の覇権をめざしてケンカしてしまったのです。ロシアが南下政策で南をめざして露土戦争が起こった時に、どっちかの味方をせにゃならんハメになったビスマルクは、イギリスのディズレーリ爺さんやオーストリアの肩を持って、やむなくロシアに厳しい態度を取ったのです（シナリオ102参照）、そのためにドイツとロシアの関係がこじれてしまいました。**「普墺戦争や普仏戦争の時は味方してやったのに、あんたはとんだ恩知らずだな！」**とロシア皇帝にイヤミを言われたドイツ皇帝ヴィルヘルム１世はとんだ赤恥をかいてしまいました。

　「いくらなんでも、仲の悪いオーストリア君とロシア君と一緒はマズい！」ことを知ったビスマルク…　と言ってもこの二国のどちらかと手を切ったら、その国が最大のラスボスのフランスと仲良くなってしまうのは火を見るよりも明らか。そこでビスマルクは三国同盟（四角１）を結びます。これは構成

世界史プリント 103

7・ドイツ帝国の成立とビスマルク外交
(p269〜p271)の続き

ビスマルク外交の目的＝「フランスを孤立させる」

⬇

・1 [_____] の締結

構成国：2( ) 3( )
4( )

フランスによる5( )の保護国化
（1881年） ↓

同じ国をねらっていたイタリアがフランス
に対して不満をもったのがきっかけとなる。

・6 [_____] の締結

構成国7：( ) と 8( )

バルカン半島進出をめぐってオーストリアと
ロシアの関係が悪化

↓

三帝同盟を解消して、ドイツが（オーストリアを
ぬきにして）ロシアと同盟を結びなおす。

↓

ドイツ、オーストリア、イタリア、ロシアによる
フランス大包囲網の完成

↓

9「( )」の成立

8・北ヨーロッパ諸国 (p271)

（スウェーデン）
・北方戦争（p231）での敗北
 ＝10( )海の制海権をロシアに奪われ
  北ドイツの領土もプロイセンに奪われる。
  ただしノルウェーとフィンランドを領有
・19世紀に憲法が成立し、責任内閣が確立

（ノルウェー）
ウィーン会議の結果11( )領
となるが、1905年に国民投票により独立する。

（デンマーク）
19世紀中ごろにシュレスヴィッヒ＝ホルシュタイン
地方をプロイセンに奪われる。→農業牧畜中心の国へ

（フィンランド）
長くスウェーデン領だったが、1809年にロシア領に
なる→20世紀、第一次世界大戦後に独立を達成

9・国際的諸運動の進展 (p271)

19世紀＝国の制約を越えた「国際的組織」が誕生

⬇

国際協力や国際親善に貢献

（社会主義運動）
12( )（1864）
の結成＝世界初の国際的社会主義団体
指導者：13( )（ドイツ）
→内部分裂やパリ＝コミューンの失敗により解散

（戦争犠牲者救助）
14( )
＝戦争などの被災者救助のための国際組織
創立者15( )（スイス）
クリミア戦争におけるイギリスの
16( )の看護活動に刺激され
創立される
＊イスラム教国では「赤新月社」と呼ばれ、
マークも「月」である

（スポーツ）
17( )の創立
フランスのクーベルタンによる

国がドイツ（カッコ２）、イタリア（カッコ３）、オーストリア（カッコ４）の三国からなる同盟で、1882年に成立しました。この三国同盟は軍事同盟でして、そのうち一国が戦争にまきこまれれば、他の国も参戦することになっていたのです。実は1881年にフランスが力づくでチュニジア（カッコ５）を保護国化してしまったのですが、このことにイタリアが不満を抱いていたことがこの同盟のきっかけでした。え、何でかって？教科書ｐ254の地図を見てください。チュニジアってイタリアの真下にあるじゃあないですか。統一したばかりのイタリアはさっそくこのチュニジアを手に入れようと、ジーっと目をつけていたのですが、フランスというトンビに油揚げをさらわれてしまったのです。ムカついていたイタリアに目をつけたビスマルクが「**イタリア君、どうだね、君もフランスが憎いだろ？ワシと友達になればフランスに仕返しができるぞう**」と誘ったのです。おや〜、何か言いたそうですねえ。

S　うむー、三国同盟にロシアが入っていませんね。
T　そりゃロシアとオーストリアが仲が悪いからです。鬼嫁と鬼母に挟まれて苦しめられている夫みたいなドイツとしては、この二人を一緒にさせるのは無理。と、言って「お前はコラえてくれ！」なーんて言ったら、ボコにされるに決まっている。そこでビスマルクはロシアにこっそり言い寄ったのです。「…**実は一番、愛しているよ♡**」（生徒「ギャー!!」）
　　そりゃ、あなた、命がかかっているのだからウソも言うわな。さらに、「**オフクロ（＝オーストリア）には黙って、こっそり会おうな、な！な！**」
S　うはは、そこまで言われりゃ折れちゃうかもねー。
T　ロシアもほだされて、ウンって言っちゃったのが運のつき。ロシアもアフガニスタンへの進出をめぐってイギリスと仲が悪くなっていたから、味方が欲しかったところだ。そこで結ばれたのが、独露再保障条約（四角６）。これはドイツ（カッコ７）とロシア（カッコ８）二国間の安全保障条約です。おまけにロシアがあれほど欲しがっていたバルカン半島への干渉権まで認めた内容だったので、ロシアが飛びついたのは言うまでもない。
S　なんで**再**保障条約なんですか？さっぱりわけがわからん。
T　ドイツの安全は三国同盟で確認しているのですが、さらにロシアと新しい条約を結ぶことでドイツの安全を**再**確認したので、**再**保障条約なのです。
S　もしもロシアとオーストリアが戦争を始めちゃったらどうするんですか？ドイツはこの二国と別々の軍事条約を結んでいるんですよねー。
T　えっ（絶句！）。うーん、再保障条約は「ドイツがフランスを、ロシアがオ

ーストリアを一方的に攻撃した場合はドイツ、ロシアとも好意的中立は守らなくてよい」という内容が入っているのです。ドイツが統一された今となっては、ドイツがフランスを攻撃することはないので、これはオーストリアを攻撃しないようにロシアを牽制した内容なのですよ。

こうして、下の図のような国際関係をビスマルクは作り上げたのです。ちなみに図の中の（カッコ）は両国間の不安定要素です

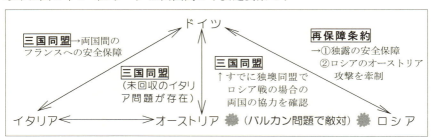

ともかくもビスマルクにしたら、フランスに対抗するために、ロシアとオーストリアを何が何でも味方につけておきたかったのです。

S　ロシアと再保障条約なんかを結んだら、オーストリアは当然怒るよね？「あたしの敵を味方にする気か！」

T　そのとおり。鬼母にバレたら大変なので、再保障条約は秘密条約にして、その内容はオーストリアには黙っていたんですよ。これこそがビスマルクの「綱渡り外交」です。こんなところにも、**「自分さえよければ何でもいいや」**というビスマルクの人間性が漂ってきますねえ。とりあえず、ドイツはオーストリア・イタリア・ロシアと同盟を結んでフランスを囲んだので、フランスがドイツにどんなに復讐したくてもできなくなってしまいました。このような対フランス包囲網を「ビスマルク体制」（カッコ９）と呼んでいます。が、実はこの体制は長続きしないのです…。ビスマルクにしかできない曲芸のようなものですから。→

北欧諸国史──入試で出たらギブアップの領分ですね

T　えーと、山川教科書だと三国同盟の次に、北欧史が来るのですねえ（p271）。しかし、北欧諸国の近代史が半ページしかないとは…。

S　別に、あたしたちはそんな国々と関係ないから、いいんじゃない？

T　北欧の家具やムーミンは好きなのに、歴史に関心がないのは考えものです

な。長い人生、北欧史を習うのはこの時だけかもしれませんので、しっかりやっときましょう。えーと、北欧史で一番有名なのがバイキングだ。でも、その後の北欧はどのくらい知っているかな？（ぜんぜん知らないと、そこで終わってしまうので、知っていそうな生徒を当ててみる）
S　うーむ、カルマル同盟とか、北方戦争のカール12世とか…。
T　さっすが！（カルマル同盟はシナリオ64、北方戦争はシナリオ80参照）
S　今の俺はバイキング腹だ…。今さらバイキング以外のものは受けつけん。
T　ん、もう！何を「孤独のグルメ」みたいなことを言っているんですか！
　　では、カルマル同盟からの簡単な復習を。デンマーク女王マルグレーテのもとでデンマーク・スウェーデン・ノルウェーの三国が結んだ1397年のカルマル同盟は、マルグレーテの死とともに崩壊への道を走り始めてしまいます。ま、ハンザ同盟との争いのために一時的に作った同盟、という側面もありましたからね。16世紀の初めにはスウェーデンがカルマル同盟から離反してしまいます。宗教改革の波に乗ってプロテスタントに改宗し、修道院の土地や財産を没収したデンマークとスウェーデンは中央集権化を進めていきます。この両国はバルト海の覇権をめぐって争い、結果を言ってしまうとスウェーデンが勝利をおさめます。デンマーク王クリスチャン4世は勇猛な王様でしたが、三十年戦争に参戦したあげく、神聖ローマ帝国のヴァレンシュタインにあっけなく敗れてしまいます。そこでタッチ交代したスウェーデン王グスタフ＝アドルフは三十年戦争で武勇を轟かせ、ヴァレンシュタインをも打ち破ります。
S　でも、自分は戦死してしまったんでしょ？
T　よく覚えているね！でも、引き換えにスウェーデンはバルト海沿岸地域を手に入れ、その後、最大の領域を支配します。17世紀中ごろのスウェーデンの領土は、右の図で影がかかっている部分です→。
　　でも奢れるものは久しからずとやら。ピョートル大帝のもとで台頭してきたロシアがバルト海に進出しようとしてスウェーデンと戦争を始めます。これが北方戦争でしたね（シナリオ80参照）。まだ少年だったスウェーデン王カール12世がピョートル大帝相手に善戦し、ロシアを大いに苦しめたのですが、結局はロシアの勝利に終わり、スウェーデンはバルト（カッコ10）海東岸の領土と、制海権をロシアに奪われてしまいま

す。ここまでが今まで勉強してきたところですよ。

　弱り目にたたり目と言うべきか、この北方戦争に参加していたプロイセンからもバルト海沿岸の領土をむしり取られたスウェーデンでは、しばらく国王と貴族の争いがおこり、混乱状態が続きます。

　北欧諸国の転機となったのはやはりナポレオンの出現でした。「ナポレオンというフランスの脅威に味方するか、どうか」という問いに「Yes」か「No」を選択するだけで、その国の運命が変わってしまうのです。

　デンマークはナポレオンに屈し、スウェーデンはナポレオンに楯ついてイギリスに味方します。そこでナポレオンはロシアと結んだ1807年のティルジット条約でスウェーデン領フィンランドをロシアが獲得することを容認します。そして2年後、13世紀からスウェーデンの支配下にあったフィンランドはついにロシアに併合されてしまいました。この後、100年以上もフィンランドの苦難は続きます。ナポレオンは弱体化したスウェーデンの次期国王に自分の右腕であったベルナドット元帥を即位させます。が、ベルナドット元帥はあっさりとナポレオンを裏切ってフランスと敵対してしまったのです。

　（現在のスウェーデン王室はベルナドットの子孫にあたります）

　デンマークはナポレオンの没落とともにスウェーデンとの戦争にも敗れてしまい、ウィーン会議の結果、カルマル同盟以来400年以上も連合していたノルウェーをスウェーデン（カッコ11）に割譲してしまいました。ノルウェーはこの連合をいやがって自前の憲法を作って抵抗しました、が、結局はスウェーデンがこの憲法を承認することでノルウェーとの連合に成功し、1905年にノルウェーが独立するまで、ノルウェーの外交と軍事を支配します。

　一方、デンマークは1864年にプロイセンとの戦争に敗れ、シュレスヴィヒ・ホルシュタイン地域をぶんどられてしまいました。この戦争によって**「強国に対抗するなら、北欧が連帯するしかない」**という機運が生まれてきます。今まで、ずーっと身内でいがみあってきたのですが、19世紀後半から北欧諸国がやっと独自の連帯意識を持つようになったのです。

　こうしてスウェーデンとデンマークは、立憲君主国として農業や牧畜を主とする国づくりに励むようにななります。

S　北欧は植民地支配には熱心ではなかったのですか？もうかるのに。
S　うん。農業生産物ならイギリスなどすぐ近くに輸出国がたくさんあったので、無理して遠い海外に植民地をつくる必要はなかった。イギリスにしても、赤道を越えてチーズやバターなどの乳製品を輸入することは無理だったしね。

したがって北欧諸国は帝国主義的な植民地経営には意欲を示さず、国内の農地の開拓、育成に力を注いで成功します。そのようなわけで、外交的にも植民地獲得競争でおこる他国との衝突が少なく、自主的な平和路線をつらぬくことができたのです。

S　うーん、倫理でやった老子の「小国寡民」みたいですね。いいね！

T　しかも世界的な北欧文化がおこるのも19世紀です。えーと、文学や思想だと、デンマークのアンデルセンやキルケゴール、ノルウェーのイプセン、スウェーデンのストリンドベリ、音楽や美術ではデンマークのニールセン、フィンランドのシベリウスや、ノルウェーのグリーグやムンクを生みだします。20世紀に入っても北欧の文化活動は活発で、スウェーデンでは「ニルスの不思議な冒険」のラーゲルレーヴが活躍し…、え？知らない？リンドグレーンは？「長くつ下のピッピ」書いた人だけれども…お、これは知っているね！なんと言っても有名なのは、「ムーミン」を書いたフィンランドのトーベ＝ヤンソンですなあ。

S　なんか童話やアニメの話に集中していませんか。センセーの趣味ー？

T　いや〜、そのう…(^_^;)、ま、ともかくもスウェーデンを世界的に有名にしているのはノーベル賞ですよ。（平和賞のみはノルウェーで授賞式。これはスウェーデンとノルウェーが連合していた名残です）

国際的諸運動の進展──一粒の麦から大きな実りが！

T　19世紀の後半から、各国の利害に固執するよりも、世界的な視野を持つ国際的な運動が展開され始めます。一国だけでは限界があるテーマを世界的な規模にまで広げて実現してしまおう、という考え方が生まれてきます。

　　まずは第一インターナショナル（カッコ12）。1864年にドイツ人の有名な経済学者マルクス（カッコ13）らが指導者となってロンドンを本部に作られた労働者階級の連帯のための世界初の社会主義者の国際組織です。

　　もとは1862年のロンドン万国博覧会に見学にやってきたフランスの労働者代表（社会主義に理解があったフランス皇帝ナポレオン３世が旅費を負担）が、イギリスの労働者代表と意気投合して勢いで作ってしまった組織なのですが、各国の有名人の協力を得て強い影響力を誇りました。イギリス第三回選挙法改正（1867年）で都市労働者にも選挙権を与えるきっかけともなります。しかし1871年のパリ＝コミューンの壊滅（シナリオ100参照）や、マルクスの革命方針に反対するバクーニンらアナーキストの内部分裂によって、

第一インターナショナルは崩壊してしまいます。
　やはり有名なのは国際赤十字（カッコ14）でしょう。スイスのアンリ＝デュナン（カッコ15）が作り上げた戦災者救助のための国際組織です。デュナンは金持ちのボンでして、カルヴァン派の友愛活動に参加、クリミア戦争でのナイチンゲール（カッコ16）の無私の奉仕活動に深い感銘を受けていました。たまたまイタリア独立戦争でオーストリアとフランスが戦ったソルフェリーノの戦い（1859年）に遭遇し、戦争の悲惨さを肌で思い知ります。死体の山、腐肉の匂い、麻酔なしの手術、負傷兵の絶叫…
S　あのー、今は4時間目で、お昼ご飯の直前なんですが…。
T　ごめん、ごめん！ともかくもデュナンは旅行馬車から飛び降り、敵味方の区別なく看護に奔走します。この体験から「**敵味方の区別なく**」「**戦争の被害者を医療と看護活動で救う**」国際赤十字のプランが芽生えました。
　最初は一人きりでした。ですが直に理解者や仲間が増え、必死の活動が実りプロイセン王ヴィルヘルム1世を始めとする多くの王族の支援を受けて国際赤十字が1864年に発足します。しかし活動に夢中になりすぎたデュナンは自分の事業に失敗して破産の憂き目にあい、パリではホームレス同然の暮らしを強いられます。ですが彼の作った国際赤十字は世界中に広まりました。運動に共鳴したイスラム圏でも、宗教上の理由からシンボルを月とする「赤新月社」の名称で人命救助に大活躍しています。
S　水戸にも赤十字病院がありますもんね。
T　第1回ノーベル平和賞受賞者にデュナンが選ばれたのも当然でしょう。
　そして最後に国際オリンピック委員会（カッコ17）の創立。フランスのクーベルタン男爵が、戦争を中止して行った古代ギリシアのオリンピアの祭典を模範として「スポーツによる世界平和と友好」をめざして作った組織です。第1回大会は1896年にアテネで開かれています。
S　2020年に再び東京でオリンピック！世界が平和になりますようにっ！

【参考文献】
　歴史学研究会編「世界史資料6　ヨーロッパ近代社会の形成から帝国主義へ18・19世紀」（岩波書店）は権利の章典から、三国同盟、再保障条約にいたる原典の日本語翻訳がそろっており、大変に役立ちます。東海大学文学部北欧学科編「北欧学のすすめ」（東海大学出版会）は北欧史について整理された記述が載っていますが、北欧の教育の在り方にも詳しく言及されています。

≫104≪
アメリカ合衆国の領土拡大
―― 教科書のアメリカ地図をドンドン使いまくるべし ――

アメリカ合衆国の領土拡大――千年に一度の大バーゲン！
T　ええと、今日の舞台はアメリカ合衆国です。
S　あれれ、山川教科書だと「ラテンアメリカの独立」（p272）からですが？
T　うーん、「ラテンアメリカの独立」は、歴史上の文脈では「ウィーン体制の崩壊」と関連して語られることが多いので、そっちの方（シナリオ94）でもう説明しちゃったのです。というわけでアメリカ合衆国やります。
　　まず、独立当初は連邦派か反連邦派かでモメていたアメリカ合衆国ですが、3（カッコ1）代目大統領に反連邦派のジェファソン（カッコ2）がなった時にビッグチャンスが訪れました。な、な〜んとナポレオンがフランス領となっていたミシシッピ川以西のルイジアナ（カッコ3）をたった1500万ドルで売ってくれたのです。
S　あのう、1500万ドルっていくらなんですか？
T　うむむ、仮に1ドルを100円としたら15億円ですね。さて、ここで教科書p275のアメリカ合衆国の地図を見てください。あ、この地図は今日の授業でバンバン使いますよ！この地図の茶色の領域がミシシッピ川以西のルイジアナで、面積がなんと214万km²なのです。広いでしょう！
S　と、言われてもピンと来ないな。
T　日本の面積が37.8万km²、ということはミシシッピ川以西のルイジアナの面積は日本の約5.7倍にもなるわけです。（広さや面積は小さなものは**東京ドーム**で、大きなものは**日本**と比較すると良いです）
S　お、そりゃ買いだな！しかしなんでまた、そんな安値なんですかね？
T　ミシシッピ川以西のルイジアナは1763年のパリ条約でフランスからスペインに譲渡されていたのですが、1800年にナポレオンがスペインからこの土地を譲り受けていたのです。ところがミシシッピ川以西のルイジアナという所は当時はヤブや森林だらけの厄介な土地でした。わざわざ兵隊や移民を派遣して、長年かけて開拓するほどの根気なんかナポレオンにはなかったので、アメリカ合衆国にさっさと売ってしまったのです。歴史にIfはないのですが、

世界史プリント104
3．南北アメリカの発展
1・アメリカ合衆国の領土拡大
(p273〜p275)

① 19世紀前半のアメリカ歴代大統領による政策

1( )代 2( ) 1801〜09

・反連邦派→各州に強い自治権を与える

・領土を倍増

　3( )

　をフランス（第一執政ナポレオン）から買収

4( )戦争

　ナポレオンによる大陸封鎖令

　　→イギリスが海上封鎖をおこない、アメリカ

　　　とヨーロッパへの貿易を妨害する

　　→イギリスとの戦争に発展

（影響）

(1) 州を越えたアメリカ人としての自覚が高まる

(2) イギリスからの工業製品の輸入がとだえ、

　　アメリカの工業化が促進される

5( )代 6( ) 1817〜25

　ラテン＝アメリカ諸国の自立を支援

　→7( )を発表

　アメリカ外交の基本となる

8( )代 9( ) 1829〜37

　初めての西部出身の大統領

　資本家よりも農民や小市民を重視する

　＝10( )

　　　↓

　反ジャクソン派（資本家重視：北部を基盤）

　→ホイッグ党を結成 11(現在の　　　　　)

　ジャクソン派（小市民重視：南部を基盤）

　→12( )を結成

先住民を 13( )へ強制的に移住

→例：チェロキー族の「涙の旅路」

「14( )」が加速され、西部開拓

が進み、先住民の抵抗が強まる

　　　　↓

「15( )」として拡大を正当化

②アメリカ合衆国の領土の拡大

　1819年 スペインから 16( )買収

　1845年 17( )を併合

　1846年 オレゴンを併合

　1848年 18( )戦争で

　メキシコから 19( )を獲得

　（アメリカの領土が太平洋岸に達する）

　同年にカリフォルニアで金鉱が発見され

　移住民が殺到 20(＝　　　　　　　　)

2・南北戦争とその結果（p275）

西部の開拓→南部と北部の対立が激化

[南部]

① 21( )栽培地＝<u>奴隷制が必要</u>

② 綿花の輸出先としてイギリスとの貿易を重視

　＝22( )貿易を主張（綿を大量に売るため）

③ <u>州の 23( )を主張</u>（自給自足が可能）

[北部]

① 24( )が発達＝<u>奴隷制が不必要</u>

② 工業製品の輸入をめぐりイギリスと対立

　＝25( )貿易を主張（イギリスの製品に関税

　をかけ自国の製品を国内で安く売るため）

③ 26( )制を主張（強力な中央集権国家を

　作ったほうが産業資本家に有利なため）

人道主義者による奴隷制反対運動

例：27( )夫人の「アンクル＝トムの小屋」

「もしも」ナポレオンがこの広大な土地をアメリカに売っていなかったら、5時間目の授業は英語ではなくフランス語となった可能性はありますよ。

米英戦争——雨降って地固まる

T　えー、次はアメリカ=イギリス（米英：カッコ4）戦争です。

S　あれえ、この2国はたしか独立の時に仲直りしたんじゃなかったっけ？

T　うーん、ここでも実はナポレオンが関係してくるのです。ナポレオンが大陸封鎖令（1806年）をおこなったことで、大陸諸国が逆に経済的に行き詰ってしまったことは以前も解説しました（シナリオ92）。

S　あ、「お茶が無い、お菓子もない、おまけにパンツもない」ですか。

T　そこでアメリカが出てくるわけです。アメリカは初代大統領ワシントンの方針で、フランス革命～ナポレオン戦争時には中立国としての立場をとったのですが、その立場を悪用してヨーロッパで商売をしたのです。

「大陸諸国のみなさん、お困りのようですなー。どうでっか、ウチには砂糖もお茶もコーヒーもパンツ（綿）もありまっせ。お安くしときます」

イギリスにとってはアメリカに商売されたのではフランスに圧迫をかけられなくなる。そこでイギリスはアメリカの商船をドンドンとっ捕まえはじめた。ムカついたアメリカには面白くもない想像がわいてくる。

「よく考えてみればイギリスは独立戦争の時の敵だったし、インディアンの領地を手に入れるにはまずインディアンを陰で支援しているイギリスをやっつける必要があるなあ。それに、今のイギリスはナポレオン戦争で手一杯だ。うまくすればイギリス領のカナダも手に入るかも。うししし」

S　要するに、米英戦争勃発にはいろんな理由や思惑があったわけですね。

T　そうなんです。こうして米英戦争は1812年にアメリカ側から宣戦布告して始まったものの、米英双方とも戦争の見通しが甘く、ダラダラした戦いが続き、結局は1814年に講和条約が結ばれて、引き分けで終了します。しょーもない戦争で、やったことは土地を奪うためのインディアン皆殺しという残虐。しかし米英戦争は意外な方面で影響を与えました。

まず<u>米英戦争を通して「アメリカ合衆国」というまとまりが生まれてきました</u>。イギリス軍がワシントンに進撃して首都を焼き、大統領官邸までが焦げてしまったので、やむなく白い塗料でごまかしたことから大統領官邸のことを「ホワイトハウス」と呼ぶようになったらしいです。これはさすがに合衆国のプライドを傷つけた事件でした。それまでは州ごとにバラバラな傾向

が強かったのですが、団結しなくては戦争に勝てないことを悟ったのです。この団結の象徴となったのがアメリカ国歌の誕生です。

S　アレって、独立の時にできた歌じゃなかったんですか？

T　アメリカ国歌「星条旗 The Star-Spangled Banner」はこの米英戦争の時に生まれた歌ですよ。合衆国のボルチモアにあるマクヘンリー要塞を陥落させるため、イギリス海軍は一晩中艦砲射撃を繰り返していました。このときイギリス軍艦に交渉のため乗り合わせていたフランシス＝スコット＝キーという合衆国の弁護士が「ああ、こんな激しい砲撃ではわが要塞もコナゴナだ」と悲観しつつ夜明けにマクヘンリー要塞を見ると、なんと巨大な星条旗が見事にはためいているではないですか！この光景に感激したキーが即座に詩を作って発表したところ大ウケし、俗謡に乗せて歌われたのがアメリカ国歌の始まりなのであります。

S　フランス国歌みたいに歌って！歌ってーっ！

T　（しまったーっ！）では1番だけ日本語で歌ってみますね。ウオッホン。

　　　見よ、夜明けに／苦難の中、ひるがえりし／雄々しき旗を。
　　　誇りに満ち、我らは呼ぶ
　　　敵の弾をものともせずに
　　　照り輝くその星々、
　　　これこそ我が星条旗と！
　　　おお、今ひるがえる星条旗が／自由の国に、勇者の地に！

（これもウケます。ただし、上の歌詞は実は私が実際に日本語で歌えるように勝手に意訳したものです。英語の歌詞はおまけをご覧ください。歌いたくない方は…これはYou Tubeでも音源がたくさんあります。個人的に好きなのはホイットニー＝ヒューストンのあまりに見事な歌唱です！）

　　あとは、<u>米英戦争中はイギリスから工業製品が輸入できなかったため、アメリカ国内の工業発展が進んだ</u>ことも大きな影響でしょう。

S　フランスは大陸封鎖令で工業発展ができなかったんですよね。

T　アメリカ合衆国は豊富な資源に恵まれていることと、ピューリタン精神に基づく北部の商工業重視の姿勢が工業発展を促したと言えるでしょう。

モンロー宣言──マリリンじゃありません、ですが大切です

T　第5（カッコ5）代目のモンロー（カッコ6）大統領（→）

は1923年に…
S お、マリリン＝モンローじゃない？
T 女優のマリリン＝モンローは本名がノーマ＝ジーン＝ベイカー。お母さんが「あたしの先祖はあのモンロー大統領でねー」と言いふらしていたので芸名をモンローとしたらしい。マリリンはこの話を本気にしてなかったようだけれども結果としては大統領よりも有名になってしまった…。まあともかく、モンロー大統領はシモン＝ボリバルやホセ＝マルティンのもとで独立をとげていたラテンアメリカ諸国を支援する、というか本音は<u>ラテンアメリカの市場を独占する目的で</u>**モンロー教書**（カッコ7）を発表したことで有名です（シナリオ94参照）。
<u>モンロー教書にはロシアのアラスカ進出を牽制する意味もあったのですが、</u>この主張が百年近くアメリカ外交の基本となります。
S お前の女には手を出さないから、オレの女には手を出すんじゃねえ、か？
T げ、下品な例えですねぇ…。

ジャクソニアン＝デモクラシー——先住民には涙と受難の時代

T 第7（カッコ8）代目大統領のジャクソン（カッコ9）は、初めての西部出身の大統領です。サウスカロライナの貧農の出身でした。
S 待ったあ！教科書p275の地図を見ると、サウスカロライナ州って明らかに東部じゃあないんですか！まったく勝手なことを言うんだから！
T （あうっ！）当時はアパラチア山脈より西が西部だから、サウスカロライナ州はたしかに西部じゃあない…。ジャクソン大統領は後にアパラチア山脈より西のテネシー州で活躍したので、初めての西部出身の大統領と言われた…と思います。貧民出身はウソではない。家族をすべて失い14歳の時には天涯孤独の孤児になっているのです。と、言うわけでファイト一発でどん底からのし上がってきたのがジャクソンの人生です。こういう人間に共通していると思うのですが、**金持ちへの反感が強いこと**と、**無教養による偏見丸出し**がジャクソン大統領の特徴。まず北部の資本家に対抗して農民や都市の下層民の保護を訴え、すべての<u>白人成人男性</u>に選挙権を与える改革を実行しました。この1830年代のジャクソン大統領による民主化運動を「ジャクソニアン＝デモクラシー」（カッコ10）と呼びます。
S えーと、イギリスで成人男性市民すべてに選挙権が与えられたのが1884年の第3回選挙法改正ですから、アメリカ合衆国の方がずっと早いですね。

T　お！いいところに気がつきました！ジャクソン大統領の時代はみんながやる気マンマンで、政治的な活動が活発な時代だったのです。特に南部の農民や下層市民を中心としたジャクソン派が「民主党」(Democratic party：カッコ12) を作り、北部の資本家を中心とした反ジャクソン派がホイッグ党を作ります。このホイッグ党の一部が後に共和党（Republican party：カッコ11) になります。ジャクソンは米英戦争でも軍人として大活躍しています…が、無教養が災いします。なにせ書いたスペルは間違いだらけ。All　Correct（よろしい）という単語を Oll Korrect と勘違いし、略記号で O. K. と書いてしまった、という伝説があるほど。

S　OK 牧場の始まりですかあ〜？

T　そうらしい…ですね。無学者にありがちな偏見だけはたっぷり持っており、先住民への偏見は隠そうともしなかったし、米英戦争では軍人としてインディアン狩りに熱中し「人口が増えるといかんから、まっさきに殺れ」と命令して、先住民の女・子どもを優先的に殺していった話は有名です。

S　げえええ！そんな人がよく大統領になれたもんだ！

T　先住民の虐待や皆殺しは当時の常識であったのでしょう…。ジャクソン大統領自身、議会での演説で平然とこう述べていたほどでしたから。
　　「インディアンと我々が共存するなど不可能だ。やつらには知性も勤勉さも道徳的習慣さえない。そんな連中が消滅するのは自然の理なのだ。」
　　まずジャクソンは、「インディアン強制移住法」を制定し、先住民を先祖代々の土地から追放し、保留地（カッコ13）へ強制的に移住させました。

S　保有地が与えられたから、OK なんじゃないですか。

T　いいえ、はるか何千キロも先にある西の保留地はほとんどが価値のない荒れ地でした。先住民を追い出し、土地を奪って、白人の自営農民に与えたことで、ジャクソンは白人の支持をまんまと得ることができたのです。一番悲惨だったのが、1838年のチェロキー族の「涙の旅路」で、教科書 p 274にその絵が載っています。チェロキー族はアメリカ合衆国の文化を受け入れ、憲法や学校も作っていた先住民でしたが、合衆国がしたことは彼らの土地を奪って、不毛の土地に追い出したことでした。この移動で1万5000人いたチェロキー族のうち4000人が赤痢などの病気で死んだのです。

西漸運動──Go West!を正当化した「明白なる天命」

T　白人たちが西へ西へと移住を開始できたのは先住民を追放したことと、ミ

シシッピ川以西のルイジアナを手に入れたこと、そしてメキシコに戦争をふっかけて西部を奪い取ったことが大きい。先住民を追い出した1830年代には、西部の始まりは今までのアパラチア山脈からミシシッピ川に変わっています。実際ミズーリ州セントルイスには現在ゲイトウェイ・アーチ（↓）がそびえ立っているのですが、このアーチこそ「西部」の始まり。合衆国政府は格安で土地を売ってくれたので、自由と土地を求める中小自営農民にとって「西に行くこと」こそ最大の情熱になってしまいました。この動きを「西漸運動」（カッコ14）と呼んでいます。ところが西経100度を超えると、とたんに乾燥地帯になってしまい農業が難しくなるのです。

S　西経100度と言われてもわからんですぅ。

T　うーん、教科書p275の地図ではノースダコタからカンザスの真ん中あたりが西経100度です。そこで開拓農民は「えーい、いっそのこと地の果てまで行ってやれ」と、カリフォルニアへと突っ走ってしまいました。このカリフォルニアが農業には都合の良い場所だったので、実は一番西側の端っこのカリフォルニアの方が西部開拓には早かったのです。

S　しかし、先住民の土地を奪うことに罪悪感はなかったんかな？

T　「罪悪感なんかなかった」が答えです。それは**「かつて旧約聖書の時代にヘブライ人がパレスチナのカナンの地を支配できたように、神は我々に西部に進出することを命じているのである」**と信じきっていたからです。この考えを「明白なる天命」（Manifest Destiny：カッコ15）と呼び、白人による西部進出の正当化の理由になります。

アメリカ合衆国の拡大──意外に試験に出やすい注意ポイント！

T　アメリカ合衆国は19世紀を通じて西に領土を増やしていきます。おっと、教科書p275の地図に色分けがしてあるから確認すること！1819年にはスペインからフロリダ（カッコ16）を買収、1845年にはテキサス（カッコ17）をメキシコから奪って併合し、1846年にはオレゴン（カッコ18）を併合、1848年にはアメリカ＝メキシコ（米墨：カッコ18）戦争でメキシコに勝利してカリフォルニア（カッコ19）を獲得します。

S　う、メキシコって、すごい大きかった国じゃあないんですか！

T　そう。だからカリフォルニアやテキサスにある地名の多くは実はスペイン語。ロサンゼルスは「天使」、サンフランシスコは「聖フランチェスコ」、サン

ディエゴは「聖ヤコブ」、エルパソは「峠」という意味です。
S　年号がうっとうしい。覚えられんー！
T　おすすめは「ルイジアナ₀₃さんと風呂₁₉へ行く、敵_{テキサス45}の死後、オレ_{オレゴン46}はよろけて、狩_{カリフォルニア48}りは失敗、アラ_{アラスカ67}、空しい」かなあ。

南北戦争――北部と南部は相性が悪かった…

T　さて、いよいよ南北戦争だ。1849年にカリフォルニアで金鉱が発見されて移民が殺到するゴールドラッシュ（カッコ20）がおこり、西部の開発が進んでくると、しだいに合衆国北部と南部の対立が激化してきます。と、言うのも南部と北部は産業の基盤が大きく違っていたからなのです。

　もともと南部は昔から州の自治（カッコ23）の要求が強い土地柄のうえ、綿花（カッコ21）栽培地として有名でした。ホイットニーが綿繰り機を発明して、綿の種を効率的に取り除けるようになってから、綿が大量に加工できるようになり、イギリスへの綿の輸出量が増大しました。綿の生産が南部で増えると奴隷制の存続と拡大が必要となり、イギリスに綿の原料を大量に売るために、自由（カッコ22）貿易が求められたのです。

　一方、北部はプランテーション中心の南部とは違い、自営農民が中心となって開拓していた土地です。工業が米英戦争で発達し、資本主義（カッコ24）が発達し、奴隷制が必要でなかったという事情もあります。
S　なんで、北部で奴隷制は必要でなかったのですか。
T　奴隷は土地にしばりつけられているので、北部の工場が日雇い労働者をほしい場合、奴隷では臨時で雇うことができない。そして工業が発達している北部としてはイギリスの安い工業製品に対抗するために保護（カッコ25）貿易を求めていたのです。工業を発展させるならイタリアやドイツみたいな統一をおこない、中央集権を確立してしまうのが早い。というわけで北部は中央政府の権力が強い連邦（カッコ26）制を主張しました。
S　うーん、「北部」と言うと、「自由主義」ってイメージがあるんですが。
T　それは「北部」と「奴隷の自由」のイメージが重なってしまうからですよ。

【参考文献】
　野村達朗「大陸国家アメリカの展開」（山川出版社：世界史リブレット32）は19世紀のアメリカ史を概観するときに良い導き手になってくれます。猿谷要「西部開拓史」（岩波新書）も合衆国の歴史を知る上で重要な文献です。

38

≫105≪
南北戦争と合衆国の重工業化
―― 工業国アメリカ誕生の苦しみの姿――

南北戦争の原因――ミズーリ協定とカンザス＝ネブラスカ法が発端

T　南北戦争の続きです。前回やり残したことを付け加えなくては…

S　あの「アンクル＝トムの小屋」？私、読んだことないからわからん。

T　ああ、なんてこったい！この本こそ南北戦争の起爆剤となってしまった本なんですがねえ。「進撃の巨人」もいいが、文学も読まなあかん。
　　ストウ（プリント104：カッコ27）夫人が書いた小説「アンクル＝トムの小屋」は善意の黒人奴隷トムが白人主人の迫害を受け、忍苦のうちに一生を終えることがテーマとなっていますが、実は教育や伝道など多くのテーマがちりばめられている興味深い小説なのですよ。

S　でも、たかが小説で「奴隷制はいかん」という気持ちが燃え上がってしまうなんて、ド単純じゃないですか？

T　たかが小説、されど小説ですよ。仮説ですが、ピューリタンとしてピルグリム＝ファーザーズの系譜を継いでいる北部のアメリカ白人上流階級は理想主義的な傾向を持っているような気がします。現実よりも「かくあらまほし」を優先するところは、奴隷制反対運動や禁酒法運動につながっています。なにはともあれ、**北部は経済的には奴隷を必要としない上に、北部と南部は政治的にも肌が合わない。さらに奴隷制廃止か存続かの視点から見ても正義は我にあり、**ということで南北対立の気運は盛り上がる一方です。そこへやっかいな法律問題が転がり込んできた。いわゆる1820年のミズーリ協定（カッコ１）です。ミズーリ州が新たに誕生した時…

S　州って誕生するもんなんですか？日本の県みたいに政府によって最初から分けられているんじゃないのですか？

T　いえいえ、そこが日本とアメリカの違い。明治以降、中央集権で通してきた日本に対し、アメリカ合衆国は地方分権を尊重するお国柄です。なにしろアメリカ合衆国も19世紀初めは人跡未踏の地も多く、大地が地の果てまでも続くと思われたので、白人成年男子人口が五千人を越えれば准州とし、６万人に達すれば州に昇格させて、連邦に加入できるしくみでした。

世界史プリント 105

2・南北戦争とその結果 の続き (p275～276)

新しい州がうまれると、その州で奴隷制を
認めるかどうかで、北部と南部が激しく争う
↓
¹(　　　　　　　　) 1820年
　ミズーリ州ができた時に、ミズーリ州を奴隷州と
　して認めるかわりに、北緯36度30分以北には
　今後、奴隷州を作らないことを定めた協定
↓
²(　　　　　　　　　　) 1854年
　カンザス、ネブラスカ両州ができた時、
　北緯36度30分以北にあるのに、住民投票で
　奴隷州になるかどうかが決定されることになった
　⇒ミズーリ協定の破棄
↓
奴隷制反対をとなえる³(　　　　　) が設立
↓
共和党の⁴(　　　　) が大統領当選（1860）
これに反発した南部諸州は⁵(
　　　　) を作りジェファソン＝デイヴィスを
大統領に選ぶ
↓
奴隷制をめぐる北部と南部の対立から
⁶(　　　　　　)（1861～65）が始まる
（南北戦争の経過） 当初は南軍が優勢
↓
リンカンは1862年に⁷(　　　　　　　　)
を出して開拓者に土地を与えることを約束、
また、1863年⁸(　　　　　　　　) を出し、
内外世論の支持を集める
↓
⁹(　　　　　　　　　　) での北軍勝利
　1865年に南部の首都リッチモンドが陥落

3・アメリカ合衆国の重工業化と大国化
(p276～277)

南北戦争の終了（1865年）＝**奴隷制の廃止**
　　　しかし…
　　　　↓
（南部）
① 州法によって黒人の権利を制限
　解放された黒人は¹⁰(　　　　　　　　)
　（分益小作人）として苦しい生活をおくる。
② 南部は民主党の堅固な地盤となる。
③ ¹¹(　　　　　)（クー＝クラックス＝クラン）
　などの秘密結社による黒人への暴行

（西部）
開拓農民が西部へ進出＝小麦の生産地帯を形成
1869年に¹²(　　　　　　　　　) が完成
　　　↓
1890年代にフロンティアが消滅

（北部）
南部、西部と鉄道による連結→天然資源の供給により
石炭・石油・鉄鋼などの工業が躍進
　　　↓
<u>19世紀の終わりには世界一の工業国となる</u>
① 労働運動の高まり
・1886年 ¹³(　　　　　　　　　　)
　¹⁴(　　　　　　) の結成
　＝アメリカ最初の統一的労働組合
② 世界各地からの¹⁵(　　　　　　) の流入
<u>アメリカの躍進＝太平洋地域への関心が高まる</u>
・1854年　ペリーによる日本の開国
・1867年　ロシアから¹⁶(　　　　　　) 買収

ところが時代が進むにつれて、19世紀の半ばに西部が開拓されるようになり人口も増え、西に新たな州が生まれるようになってきたのです。

S　たった6万で州？水戸市は人口が30万だから5つも州ができるぞ！

T　私の故郷の埼玉県行田市なんて、人口8万だから「行田州」ができてしまう。さすが「のぼうの城」の町ですなあ。うははは。おっと、それはともかく、人口も増えて新たに西にミズーリ州がめでたく出来ることになったのですが、え？「ミズーリ州ってどこ」だって？

　　ええと、資料集p205を…、何？資料集忘れちゃったって？しょうがないなあ。ちょっとだけよ～。ココです。

　　このミズーリ州が新たに認可される時に起こってしまったのが、「ミズーリ州を、奴隷を認める奴隷州にするか、認めない自由州にするか」という議論です。

S　ミズーリって、南部と北部の中間なので判断が難しいですねえ。

T　そこでミズーリ州を奴隷州にするか否かの争いが激しくなったのです。やっとこさ結ばれた妥協が、1820年の「ミズーリ協定」でして、内容は「ミズーリ州は奴隷州として認めはするが、その代わりこれ以降、北緯36度30分以北には奴隷州を作らないことにする」です。

S　北緯36度30分と言われても、意味が分かりませーん。

T　上の地図だと、ミズーリ州だけ北にボコッと突き出ているのだけれども、**1820年以降にミズーリ州から西にできる州のうち、ミズーリ州の一番下の境界線から北にできる州はすべて「奴隷制を禁止する自由州」にします**、という協定なのです。つまり「ミズーリ州の南端から北に新しくできる州はこれからは奴隷州にはしませんよ」という内容でした。

S　ふーん。で、そのお約束は守られたんですか？

T　しばらくはね。でも1854年にミズーリのすぐ西にあるカンザスとネブラスカという二つの地域が人口6万を超えたので州に昇格することになった時に問題になった。この時に「**この二つの州を奴隷州にするか、しないかは州の住民が決めるべきだ。いや、これは州の自治という合衆国建国以来の理念に基づくものである！**」という意見と、「**待った！それを言うと、法で定めたミズーリ協定を無視することになるぞ！**」という意見に分かれ、大変な議論となりました。かのリンカンも下院議員として奴隷制を攻撃する演説をおこない、この時に政治家として名を知られるようになってます。結果？大論戦の末、「**カンザスとネブラスカの二州は住民投票で奴隷州か否かを決めるべし**」

というカンザス＝ネブラスカ（カッコ２）法が成立してしまいます。さて、カンザス＝ネブラスカという二つの州はミズーリ州の西側にあり、しかも緯度もだいたい同じ。と、言うことは…？

S　そりゃあ、ミズーリ協定を無視する内容になりますねえ。

T　そのとおり！「こんなアホな法律、認められるか！」と怒った北部の奴隷制反対主義者たちがホイッグ党と別れて作った政党が共和党（Republican Party：カッコ３）となります。

　奴隷州を作るか作らないか、でスッタモンダしたあげく問題がこじれてしまい、南北を分かつ対立になってしまいました。背景にあったのは、<u>新しく開拓される西部を、北部と南部が自分の体制下に置くことができるかどうかという問題</u>だったのです。そんな折、なんと共和党のリンカン（カッコ４）が大統領に当選してしまったのです。共和党初の大統領でした。

リンカン大統領の登場——なんとレスラー出身?!

T　エイブラハム＝リンカンは当時はまだ西部だった1809年のケンタッキー州の丸太小屋に生まれています。父親は大工や農業で食べていくのが精一杯だったほど貧しく、本人も正式な学校教育はあまり受けられなかった。

S　んな、無学者が大統領にまでなれたんですか？

T　ほとんど本人の独学です。父親が土地をだまし取られてしまい、一家が夜逃げをするハメになったことから、「人にだまされないために法律を勉強しよう」と決心したことが始まりらしい。と、言っても先立つものがなくてはやっていけないので、若いころはプロレスラー（？）をやっていた。

S　えー!!ウッソー！リンカンがレスラー？

T　身長が190cm以上あったのでできたのでしょう、が、あまり強くはなかったらしい。まあ、強かったら大統領にならず、そして世界の歴史も今とは違っていたでしょう。雑貨店の店員もやりながら勉強に励み、弁護士の資格を取りながら、ホイッグ党からイリノイ州議会議員、そして下院議員に当選します。しかし図に乗っての上院議員への出馬は見事に失敗し、しばらくは弁護士稼業で食べていくハメになります。ところが1860年の大統領選挙でリンカンは共和党の大統領候補に選ばれてしまいました。理由？リンカンが奴隷制反対の立場を明らかにしていたこと、そして丸太小屋に生まれてからの立身出世の人生がアメリカン・ドリームみたいで、アピールポイントが高かったことです。大統領選挙ですが、南部を代表する民主党が大統領候補をめぐっ

て仲間割れしてしまい、棚からボタモチといった感じでリンカンがなーんと大統領に当選してしまったのです。

　南部は怒った。「奴隷制廃止なんか実現したら綿産業主体の南部はオマンマが食っていけなくなる！そんな主張をする共和党の大統領なんか認められるかー！やーめた、やめたっ！合衆国からわしゃ脱退する！」と、一斉に南部諸州は連邦から脱退し、アメリカ連合国（Confederate States of America：カッコ5）を作ってしまいました。首都はリッチモンド。ワシントンD.C.との直線距離は160km程度で、東京と静岡ぐらいの近さでした。大統領は軍人上がりのジェファソン＝デイヴィス。ちなみに右が南軍の軍旗です。この旗を知っておくと名画「風と共に去りぬ」を見る時に、内容がわかりやすくなりまっせ。

　南部諸州の離脱は、合衆国崩壊の危機です。さすがにリンカンもあわてて、「分裂を避けることができるなら、奴隷制に関して介入はしないし、その意図もありません」と、大統領就任演説で訴えてしまったほどです。

S　えー！リンカンと言ったら、奴隷制廃止のはずなのにぃ！

T　リンカンにとっては合衆国の統一こそ最重要課題だったのですよ。奴隷制廃止は理想であり、合衆国の分裂は現実の問題でしたから。しかし問題はこじれきってしまっており、ついにリンカンの努力にもかかわらず、南北戦争（Civil War：カッコ6）が始まってしまったのです。

南北戦争の経過と結末──リンカン大統領の苦悶と勝利と死

T　南北戦争の当初は、南軍が優位に立っていました。南軍は愛郷心が強かったし、将軍や将校に優秀な人材が多かったのも大きい。南軍のリー将軍の活躍によって、ワシントンD.C.が攻撃にさらされてしまったほどです。

　しかし、経済力に勝り、海軍を握り、外交でも優位に立っていた北軍がしだいに強みを発揮してきます。

S　でもですね、南部は綿をヨーロッパに輸出しているのだから、ヨーロッパ諸国と南部、て言うか連合国は経済と外交で関係が深いんじゃない？

T　いやあ、南部もそう期待したんだけれども、うまくいかなかった。何と言っても南部は政府を最初から作らなくてはならなかったし、肝心の綿花が折からの不況が災いしてイギリスにあまり売れなかったのです。と、なると欧州と古くからの外交関係がある北部、つまり合衆国の方が有利。

　となると南部にとって頼みの綱は西部との友好関係なのですが、リンカン

大統領が出した1862年のホームステッド法（カッコ7）で西部諸州が北軍の味方になってしまいました。この法律は、5年間公有地に定住して開拓をした者には160エーカーの土地をタダであげる、という内容です。

S　160エーカーと言われてもわからんです。

T　ええとですねえ、1エーカーは一辺が63.6mの正方形の面積ですが、ピンときませんね。1エーカーを坪に直すと約1224坪強なので、畳が約2248枚分ということになります。これが160エーカーだと畳が40万枚弱となる。いつもの「東京ドームに置き換え」だと、東京ドームが11.5エーカーなので、<u>160エーカーは東京ドーム14個弱の広さとなります</u>。

S　ほおおー、それがタダでもらえるの？

T　5年間、開拓に従事すればね。ホームステッド法は西部に多かった自営農民にとっては大変においしい法律なので、さっそく西部諸州は北軍に味方してしまったわけです。（もっと大きな開拓地の払い下げは以前からやっていたのですが有償でした。これをタダにしたのがホームステッド法）

さらにリンカンが放ったのが1863年の奴隷解放宣言（カッコ8）で、<u>南部の黒人奴隷を奴隷から解放する</u>という内容です。

S　南部だけですか？

T　そう。あくまで南部を追い詰めるための政策でしたから、南部の黒人をターゲットにしたのです。その甲斐もあって1863年7月にゲティスバーグ（カッコ9）の戦いで北軍は決定的勝利をおさめます。そして、その4カ月後の11月にリンカンは戦場のゲティスバーグで戦死者を弔う有名な「ゲティスバーグ演説」をおこないます。式典では大学教授が延々2時間もの大演説をおこなった後、リンカンがわずか2分の演説をしたのですが、この2分の演説こそ世界史に永遠に残る記念碑になります。（以下抄訳）

「この地で戦った名誉ある死者たちから、私たちは高貴な事業を引き継がなくてはなりません。彼らの死を無駄にしないためにも私たちはここで決意しましょう。神の下でこの国に新たな自由を誕生させることを、── そして人民の、人民による、人民のための政治を地上から滅ぼさないことを」

S　あ、それ聞いたことがあるなあ。たしかに有名だ。

T　そして「南部だけではなく、合衆国全体ですべての奴隷制は廃止されなくてはならない。それこそが建国の父たちの出した独立宣言の精神である」と考えるリンカンは合衆国全体の奴隷制廃止を実行するため、ついに憲法の改正にふみきります。翌1864年に「全合衆国の奴隷制を廃止する」内容の憲法修正第

13条を議会に提出し、1865年1月に可決されます。この憲法修正第13条を実現させるためのリンカン大統領の苦渋に満ちた戦いを描いたのがスピルバーグ監督の映画「リンカーン」です。ぜひぜひご覧ください。

　政治的にも経済的にも、そして戦略的にも圧倒された南軍は首都のリッチモンドを奪われ、ついに1865年4月9日に南軍は無条件降伏をします、が、そのわずか5日後、劇場で演劇を鑑賞していたリンカン大統領は南部出身の俳優に後頭部を狙撃され、暗殺されてしまいました。この悲報に接した大詩人ホイットマンがリンカンに捧げた詩を最後に紹介します。

　先ごろライラックの花が前庭に咲き／西の夜空に輝く巨星が時ならず沈んだ時／私は嘆き悲しんだ。これからも春が来るたびに／永遠に悲しみ続けることだろう

南北戦争後のアメリカ──北軍の勝利で、世界の「工業」国へと急成長

T　リンカン大統領が暗殺された後を継いだのが、副大統領であった民主党出身のアンドリュー＝ジョンソン大統領です。

S　大統領が共和党なのに、なんで副大統領が民主党出身者なんですか？

T　南部に勢力の強い民主党出身者であった方が、南北がまとまりやすいというリンカンの配慮だったのです。この民主党出身の新大統領が戦後処理をすることになったため、南部への処置は寛容、というか生ぬるいものになりました。黒人は奴隷から解放されたものの土地をタダで分けてもらうことはできず、学問もないので都市労働者になることもできない。そこで白人の地主からシェアクロッパー（分益小作人：カッコ10）として土地を借り、苦しい生活を強いられます。分益小作人の意味ですか？土地の収穫物の約半分を白人地主にシェア（分け与え）しなくてはならなかったので、シェアクロッパーって言うのですよ。また、アンドリュー＝ジョンソン大統領は州の自立性を尊重したため、南部は民主党の基盤となり、黒人の選挙権を取り上げたり、人種差別を肯定する法律まで作ってしまうのです。このような歪んだ法律を「ジム・クロウ法」と呼び、1964年の公民権法の施行まで延々と続いてしまうのです。また悪名高いKKK（カッコ11：クー＝クラックス＝クラン）という秘密結社が黒人に暴行をふるうなどの惨事も頻発します。資料集p244にKKKのメンバーの写真があります。

S　あれ、映画「ルパン三世カリオストロの城」の伯爵の部下の服装ですよ。

T　ああ、クラリス姫の結婚式のシーンですね。宮崎駿監督はKKKの服装を参考にしたかもしれません。「悪」のイメージにピッタリですから。

西部ではホームステッド法を受けて、開拓農民がドンドン進出して農地を広げた上に、大陸横断鉄道（カッコ12）が完成し、西部の穀物や牛肉を東部に供給できるようになります。教科書p277に大陸横断鉄道完成の記念写真がありますが、実際に鉄道の敷設作業をしていたのは中国系移民の人々です。こうして1890年代には未開拓のフロンティアは消滅します。

　南北戦争で勝利した北部は、鉄道網を通じ南部や西部から石炭や石油・鉄鋼などの天然資源や原料を手に入れることが可能となり、**19世紀の終わりにはアメリカ合衆国はイギリスを抜いて世界一の工業国になります。**

S　工業国になった、ということは貧富の差や労働問題も大きくなる？

T　そう。まず農民たちが困ってしまった。と言うのも、農業の機械化で生産力が上がり、作りすぎて穀物の値段が安くなってしまった上に、大陸横断鉄道での輸送料金が高すぎるのです。そこで農民たちは人民党という党を作って、農民運動を展開しています。また、政府と結びついた独占大企業によって低賃金・重労働に苦しめられた都市労働者は、1886年にゴンパーズを会長とするアメリカ労働総同盟（カッコ13）、略称 AFL（カッコ14）という最初の労働組合中央組織を結成します。うまくいったかって？結果は疑問ですね。AFL は女性・黒人・不熟練労働者を除外した上に、資本家との協調のもとに自分たち熟練労働者の利益ばかり優先した組織でしたから。しかも1890年代に入ると西ヨーロッパ以外の世界各地から移民（カッコ15）が流入してきます。そうした移民は英語が話せない、宗教も違うし、教養も技術もないので、ほとんどは不熟練労働者として低賃金でこきつかわれるハメになります。つまりアメリカは労働力には不足しない国なのです。

　と、いうわけで工業国となりつつあったアメリカ合衆国は、しだいに製品の輸出先を求めて太平洋地域に関心を高めるようになります。すでに南北戦争前にペリーが日本に開国をうながしていますし、1867年にはロシアからアラスカ（カッコ16）を、たった720万ドル（今のレートではたった7億2千万円！）で買っています。ロシアは後で後悔したろうねえ！

【参考文献】

　アラン・ネヴィンズ「リンカーンの時代——危機に立つアメリカ民主主義」（講談社）は少し古い文献で小説風ですが、南北戦争時の雰囲気がよくわかる本です。リンカンについては山ほど文献があるのですが、意外に面白かったのは内田義雄「戦争指揮官リンカーン」（文芸春秋）でした。ぜひおすすめ！

≫106≪
19世紀欧米の文化 Ⅰ
―― 芸術分野はやはりロマン派中心。でも全部の説明は無理です ――

19世紀欧米文化の特徴――文化の保護者が貴族から市民へ

T　フランス革命までのアンシャン＝レジームの時代は、貴族階級や教会がいわゆる「文化」を独占していた状態でした。社会の中心を占めていた貴族や教会こそが文化のパトロン＝「ご主人様」であったからです。ところがフランス革命以後は身分ではなく、カネを握っているブルジョワジー、つまり市民（カッコ１）階級が社会の中心となってきました。

　　市民階級が主張した「自由主義」や「国民主義（カッコ２）」が文化の領域にも入り込んで、19世紀欧米独特の文化を作り上げます。

S　あー、その説明からしてもうわからん。

T　うーん、えーと、みなさんのお父さんが金持ちになったら娘に何をさせようとするでしょうかっ？

S　そりゃあ習い事でしょ。ピアノとかバレエとか。

T　つまり、自分が若いころには高嶺の花だった文化や教養を娘に身に着けてもらいたいんですよ。そりゃあ娘にはエエとこのボンと結婚してもらいたいから、「文化」という付加価値をつけさせたいのです。19世紀初めの頃のブルジョワジーたちは、前の世紀とは異なって経済や政治の中心に躍り出てきたので、なんとかして自分を飾りたい。その重要な手段が、前世紀まで貴族や教会が独り占めしてきた「文化」だったのです。だから子どもにピアノやヴァイオリンのおけいこをさせ、ルノアールみたいな有名な画家に子どもの肖像を描かせたがるのです。

S　要するに19世紀文化とは、ブルジョワジーの見栄ですか。

T　その要素も否定できない。つまりブルジョワジーは身分という拘束が解かれて自由になったのですが、中身は何もない。そこでとりあえず旧時代の「文化」を身にまとって見栄を張ったのです。そして、ブルジョワジーが国民経済を握るようになると「国民意識」の自覚と結びついて、「わが祖国」の文化を作る基盤を築きあげました。

　　そして「学問」や「大学」も広く市民階級に開放されると、近代の実証科

世界史プリント106

4．19世紀欧米の文化

1・貴族文化から市民文化の時代へ（p278）

フランス革命など市民革命による政治・社会変化

① 文化の担い手が貴族から[1]（　　　　　　）へ
　→古典古代（ギリシア・ローマ）の形式よりも
　　個性や感性を重視するようになる

② [2]（　　　　　　　　）の文化への影響
　→国民国家への統合への自覚をよびさます

③ 近代諸科学の飛躍的発展

2・文学・芸術における市民文化の潮流
（p278～279）

啓蒙主義や革命思想の普遍主義・合理主義への反発
　　　　　　↓
[3]（　　　　　　　）主義の発展

内容
[4]
（19Cにブルジョワジーを中心に栄えた芸術）

19世紀前半の動き

文学

[5]（　　　　　）や[6]（　　　　　）による
　古典主義の完成
　　　　　　↓
幻想や感性を重んじるロマン主義の新たな誕生

[7]（　　　　　）（独）「歌の本」「ドイツ冬物語」

絵画

情熱的、幻想的なロマン主義絵画の誕生

[8]（　　　　　　　　）（仏）
「キオス島の虐殺」
「民衆を導く自由の女神」（教科書p259）

音楽

[9]（　　　　　　）[10]（　　　　　　　）

[11]（　　　　　　　）による古典主義音楽の完成
　　　　　↓
情熱的、感情的なロマン主義音楽の誕生

[12]（　　　　　　　　　）（仏）「幻想交響曲」

19世紀後半の動き

非現実的なロマン主義に代わり、多様な芸術様式が
誕生する

・[13]（　　　　　　）＝人生の真実をありのままに
　描写しようとする

（文学）

[14]（　　　　　　　）（仏）「人間喜劇」

（絵画）

[15]（　　　　　　　）（仏）「石割り」

・[16]（　　　　　　　　）＝人間を科学的に
　観察し、社会の問題や矛盾を描く

（文学）

[17]（　　　　　）（仏）「居酒屋」「ナナ」
[18]（　　　　　　）（仏）「女の一生」

・[19]（　　　　　　）＝絵画において、
　光による色の変化を重視する芸術

（前期印象派）

[20]（　　　　　）（仏）「印象・日の出」「睡蓮」
[21]（　　　　　）（仏）
　「ムーランド＝ラ＝ギャレット」

（後期印象派）

[22]（　　　　　　　）（仏）「タヒチの女」
[23]（　　　　　　　）（オランダ）「ひまわり」

（彫刻）[24]（　　　　　　）（仏）「考える人」

学が自由自在に発展するようになります。つまり19世紀の欧米文化の特徴は、文化や学問が市民階級に広まったことで生まれてきたのです。

ロマン主義の定義――けっこうルーツは古い

T　19世紀の文化の特徴は、何といってもロマン（カッコ３）主義です。

S　ロマンチックと関係あるのですか？

T　大ありですね。中世の12世紀頃、ロマンス諸語（フランス語やスペイン語）で恋愛を中心とする騎士道文学が書かれるようになったことから「ロマン」とか「ロマンチック」という言葉が生まれたのです。ちなみに「ロマン」とは本来は「ローマ的」という意味で、ロマンス諸語は古代ローマの公用語（ラテン語）の方言として生まれた言葉です。当時の知識人階級であればだれでも読めるラテン語の古典とは違い、これらのロマンス諸語で書かれた作品は感情重視でその地方の人しか読めないので、地域性がとても強い。

19世紀までの貴族文化はギリシア・ローマの古典をお手本とした形式や普遍性を重んじる文化でして、悪い言い方をすれば、型にはまった「お上品」な文化でした。ところが貴族階級から自由を主張する市民階級が文化の中心を握るようになると、古典に対立してきたロマンが勃興することになります。ロマン主義とは「個人の感情や想像力を重んじ、地域の歴史や民族主義の伝統を尊ぶ芸術」（カッコ４）を意味します。「普遍的」で「秩序」が整っているギリシア・ローマを中心とする古典主義に対し、ロマン主義は「地域的」で「感受性豊か」です。ただし、ロマン主義が生まれるためには古典主義の完成が重要になってきます。「入れ物がしっかりしていないと、水を入れることができない」、つまり形式という入れ物ができていないと、感情やファンタジーという水を入れることができないのです。したがって文学や絵画、音楽でも古典主義の完成こそがロマン主義成立のためには必要となるのです。

文学――作品を少しかじっていると、説明がラクです

T　文学で古典主義を完成させたのはドイツのゲーテ（カッコ５）とシラー（カッコ６）と言われています。確かにこの二人は形式的に見ても古典的な均整を美事に保っている作家ですが、感情の表出が豊かで、ロマン主義の先駆けともなっています。特に戯曲や詩での感情表現はすばらしい。

S　と、言われても、わからんなあ。

T　ゲーテの詩の「魔王」やシラーの「歓びに寄す」などはその感情の表現に

おいて、すでにロマン派的と言っていいでしょう（＝プレ(前)・ロマン主義）。
S 「歓びにキッス」？
T ん、もう！よっしゃ、シラーを歌おう。たぶん君たちも知っとるだろう。

Freude schöner Götter Funken　　　　歓び、たたえよ
フロイデ シェーネル ゲッテル フンケン
Tochter aus Elysium　　　　　　　　　神の力を。
トホテル アウス エリーズィウム
Wir betreten feuertrunken　　　　　 天の御園へと
ヴィル ベトゥレーテン フォイエルトゥルンケン
Himmlische dein Heiligtum!　　　　 歌い走らん。
ヒムリッシェ ダイン ハイリヒトゥム

（すみません、右の日本語は、メロディーに合わせた勝手な意訳です。）
S お、そりゃ、ベートーベンの「第九」のメロディーですな！
T 日本人が暗唱できるドイツ語の詩の中で最も有名なものです。ドイツ語の語尾がきちんと韻を踏みつつも、すでに感情表現が燃えるように鮮やかです。そして19世紀の初期になると、よりロマンチックな傾向がはっきりしてきます。資料集にはロマン派の文学者の一覧が載っていますので、参照してもらうと良いでしょう（浜島書店「ニューステージ」ではp208）。
S と、言われても、何がなんやら…。トホホホ。
T 例えばホイットマンの詩はすでにリンカンのところで紹介してますね。ロマン派文学は、特に自然や恋愛、そして魔法などの幻想的なテーマを扱う時に瑞々しい美しさを出しています。ドイツのE.T.A.ホフマンなんかいかがでしょう。チャイコフスキーのバレエで有名な「くるみ割り人形」の作者ですよ。でも、ホフマンの本当の職業は裁判官だったんです。
S ロマン派って民族や地域と結びついているって言ってましたよねえ。文学でそういう作品ってありますか？
T うう（汗）、ハイネ（カッコ7）の「ドイツ冬物語」なんかはその例でしょうね。「やっぱオラの故郷はええだんべー」と語っている詩なんです。

絵画——形式に支えられた上での感情の噴出と爆発

T 絵画におけるロマン主義の代表者はドラクロワ（カッコ8）です。しかし、彼の作品はもう紹介しちゃいましたねえ（シナリオ95参照）。「キオス島の虐殺」と「民衆を率いる自由の女神」ですが、これらの作品は見る人々を煽り立てるような感情の激しさや、荒々しい躍動するようなタッチがまさしくロマン派です。しかし古典主義的形式も見事ですよ。
S どこがなんですか？あたしゃ、絵の見方なんてわからんのですが。
T まず、絵の構造が「三角形」を基準にまとめられていることに注意。「キオ

ス島の虐殺」では、人物の塊が左右二つの三角形を作っています。また「民衆を率いる自由の女神」では女神の掲げる三色旗を頂点とする三角形が作られています。この三角形を基準とした古典的な構成がドラクロワの絵に堅固な形式を与えているのです。

S　ふーん、ドラクロワ以外で何かないの？

T　ではジェリコーなどいかがでしょう。右はフランス・ロマン派を代表するジェリコーの代表作「メデューサ号のいかだ」。1816年に海難事故にあったメデューサ号の生き残りの人々がいかだで12日間漂流し、多くの死者を出し  ながらついに救助される瞬間を描いた劇的な絵です。140人以上の漂流者のうち生き残った人は15人だけでした。

S　なに、コレ、死体？おええー！

T　うーん、ちょっとドギツイ絵ですね。この絵を描くために、ジェリコーは実際に死体安置所に行って、死体をスケッチしてきたそうですよ。この絵に感激したドラクロワが描いたのが、あの「キオス島の虐殺」です。このジェリコーの絵でも、①「帆」と②「救助船に手を振る男」を頂点とする二つの大きな三角形が、この劇的な絵に強い安定感を与えています

S　あれれ、先生のプリントには画家の名前があまり出ていませんねえ。

T　作家や画家や音楽家の名前をあげると、とてもではないがプリントに書ききれませんので、教科書p279の一覧を参照してください。ごめん。

音楽——ストーリー性豊かな大管弦楽の嵐へ

T　音楽における古典主義の完成はハイドン（カッコ9）、モーツァルト（カッコ10）そしてベートーベン（カッコ11）によって成されています。提示部・展開部・再現部の3つの部分からなるソナタ形式が整えられ、曲は見事な均整を保っています。

　ところがロマン派の音楽になると形式を乗り越えて、感情の激しさが炸裂してしまうのです。ロマン派の代表曲はなんと言ってもベルリオーズ（カッコ12）の「**幻想交響曲**」。ドロドロしたストーカー大管弦楽曲です。まず、この交響曲にはストーリーがある。もちろん架空のストーリーなのですが、それがまたロマン派的な自己チューで、いやなストーリーなのですよ。

「ベルリオーズはイギリスの美人女優ハリエット゠スミッソンに一目ぼれ

し、歓喜と激情に駆られながら後をしつこくつけまわす（第一楽章）。このスミッソンを表わす主題が全曲を通じて偏執狂的に表れてきます。」

S　ううう、何かいやだなあ、その曲。

T　「スミッソンが舞踏会で他の男と楽しげに踊るのを見たベルリオーズの心にどす黒い嫉妬と怒りが沸き起こる（第二楽章）。羊飼いが笛を吹いている野原を散策するベルリオーズ。いつしか野原は暗い雲が広がり、遠雷が響いてくる。羊飼いの笛に応答がなくなった時、ベルリオーズの心にも善の呼びかけが通じなくなり、真っ暗な狂気と殺意でおおわれてしまう（第三楽章）。ついにベルリオーズはスミッソンを殺害し、捕まったベルリオーズは死刑となってギロチン台に送られる。群衆の怒りの罵声の中、血まみれのギロチン台に首を置いたベルリオーズは一瞬スミッソンのことを思い出すが、小太鼓が一斉に鳴らされ、重いギロチンが落ちてきてベルリオーズの首をはねる（第四楽章）。最終楽章でついに地獄に堕ちてしまったベルリオーズの魂。怪鳥の鳴く声が響く中、最後の審判が始まってしまう。チューバがグレゴリオ聖歌『怒りの日』を吹く中、ベルリオーズには永遠の地獄落ちの判決が下り、愕然とするベルリオーズの周りを悪魔が嬉しげに跳ね回る。そこへスミッソンの亡霊が現れ、ゾンビのあまりの醜さにベルリオーズが悲鳴を上げる。そしてこの異常な曲は悪魔の歓喜の大絶叫で終わるのです。」

S　ギェー！何だか聞きたいような、聞きたくないような…！

（演奏はシャルル＝ミュンシュ指揮パリ管弦楽団〈EMI〉が迫力があります）

T　この物語性がロマン派音楽の特徴となっているのですなあ。でもベルリオーズはこの曲をちゃんと交響曲の形式にそって書いているのですよ。

S　他に物語的な曲ってありますか？

T　うーん、「交響詩」というジャンルがあるけれども、オーケストラで物語を表現する形式です。これはロマン派の時代にできた形式で、代表的なものはリストの「前奏曲」（伊丹十三監督の映画「タンポポ」のテーマ曲）とか、リヒャルト＝シュトラウスの「ツァラトゥストラはこう語った」（キューブリック監督の映画「2001年宇宙の旅」のテーマ曲）が有名です。

　　ロマン派は国民や民族の伝説や大事件をテーマにした作品が多く、国民主義とのつながりも深くなってきます。ヴァーグナーの楽劇「ニーベルンクの指輪」とか、スメタナの交響詩「わが祖国」とか、ムソルグスキーの歌劇「ボリス＝ゴドゥノフ」やボロディンの歌劇「イーゴリ公」などです。

19世紀後半の芸術表現──多様な様式が出現。ジャポネスクにも言及

T　ロマン主義も19世紀中ごろの二月革命のあたりからいろいろな種類に枝分かれします。そして、ロマン主義の自由な空想や妄想に反発して出てきたのが写実主義（カッコ13）。これは、ありのままの人間の姿を描こうとする考えです。例えばバルザック（仏：カッコ14）やディケンズ（英）そしてドストエフスキー（露）などが写実主義の代表的な大作家。彼らが描こうとするのは欲と煩悩と罪にまみれた人間の生々しい姿です。え？ストーリー？では一つだけ。バルザックの「あら皮」を紹介します。

「ある青年が自分の人生に絶望して自殺しようと思い悩んでいる時に、骨董店で不思議な『あら皮』という動物の皮を買ってしまう。この皮は持ち主のどんな願いでも叶えるけれども、そのたびに小さく縮んでしまい、最後にこの皮がなくなった時に持ち主も死ぬ、という設定なのです。『あら皮』を手に入れた青年はたちまちのうちに金持ちになり、美人と結婚しますが『あら皮』はどんどん小さくなってしまう。最後に青年は自分自身の煩悩によって、もだえ苦しみながら死んでしまう」というすごい内容。

　絵画の分野での写実主義の代表的な画家は、クールベ（カッコ15）。資料集 p 209にはクールベの「石割り」という絵が載っています。→

S　んまあ、味もそっけもない絵ですな。

T　労働者が働いているところを描いてあるだけのそっけない絵ですが、描写は美事です。この絵の特徴は「現実に見た風景をそのまま描いている」というところにあります。クールベは**「私は見たこともない天使なんて描けない」**と言っていますが、まさしく絵画における写実主義の根本を語っている言葉です。次に紹介するのは自然主義（カッコ16）。

S　「自然を美しく描こう」とする考えですね。イェーイ！

T　ああ…、全然違います。これは、「**人間社会をその矛盾も含めてありのままに表現する**」という考え方なのですよ。したがって、自然の美しさをたたえるわけではないので注意してください！自然主義はその性質から、特に文学で取り上げられますが、有名な作品としては、ゾラ（カッコ17）の「居酒屋」とか「ナナ」です。また内容ですか？うーん、これは言いたくないなあ。露骨すぎるんです。高校生の皆さんには毒だなコリャ。止めます。（ブーイング）しょうがないなあ、「**バツイチの女が下層労働者のオトコとデキてしまって同居するようになり、洗濯屋を開くのですが、オトコがアル中になって**

しまい女にＤＶをふるい始め、ついに狂って死ぬ。女も貧窮のどん底に落ちて、幼い娘を残して孤独死してしまう…」という内容。「ナナ」は、「居酒屋」で取り残された幼い娘ナナが売春婦になる話です。
S　うわー、サイテー！聞かなけりゃよかった！
T　というわけで、モーパッサン（カッコ18）の「女の一生」は話しませんよ。自然主義は、人間の悪よりも、社会構造の欠点、たとえば「貧富の差」や「男女差別」などを主題にすることが多いので、内容がキツイ。実際にゾラはユダヤ人差別問題にも取り組み、後のドレフュス事件でも活躍します。
　　19世紀後半の絵画では印象派（カッコ19）。自然の光による色の変化を表現しようとした芸術で、代表者はモネ（カッコ20）です。彼の描いた「印象・日の出」があまりに荒々しく日の出の光を表現したため、絵の名前から「印象派」と名付けられてしまったのです。

S　未完成みたいに見えるけれど…？
T　眼を細めて見るのがコツですよ。ほれ、朝の光が目に飛び込んできます。そしてルノワール（カッコ21）も印象派の画家として有名。19世紀末の後期印象派になると、筆の使い方がより自由になり、さらにヨーロッパに紹介された日本の浮世絵の影響を受けて、構図も大胆になります。ゴーガン（カッコ22）の絵は平面的になり、日本風（ジャポネスク）になってきます。またゴッホ（カッコ23）も浮世絵をさかんに模写し、「ひまわり」のような色使いの激しい、感情の燃え立つような絵を作り上げます。
　　彫刻ではロダン（カッコ24）が有名。「考える人」を知らない人はいないと思うけど（と、言いながらマネすると生徒が爆笑）、きれいな飾りだった彫刻表現をより深め、人間の内面を表現する高い芸術にしています。

【参考文献】
　　筑摩世界文学大系26「ドイツ・ロマン派集」（筑摩書房）はハイネの「ドイツ冬物語」を始めとする重要なドイツ・ロマン派の作品が載っていますし、ロマン派に関する説明や論考も豊かです。絵画は学校図書館にある名画全集を見るのが一番なのですが、基本的には高階秀爾監修「西洋美術史」（美術出版社）でしょうか。音楽史は、出版が古いのですがパウル＝ベッカー「西洋音楽史」（新潮社）が意味深い優れた文献です。

≫107≪
19世紀欧米の文化 Ⅱ
──哲学史と科学史がやっかい。探検やら都市論も扱います──

18～19世紀哲学の発展①──ドイツ観念論

T　さて、文化史の続きです。えーと、今日は哲学史…か。うーん、やはりカント（カッコ1）から始めましょう。シナリオ83でも説明したのですが、カント（1724～1804年）からドイツ観念論が発展してきます。カントの作品で重要なのは「純粋理性批判」、「実践理性批判」、「判断力批判」のいわゆる三大批判。

S　ヒハンって、なんか怒られているような感じでイヤです。

T　いや、この場合の「批判」とは「徹底的に吟味する」とか「明確な線引きをする」という意味です。人間はそれまで何かというと「神様」のおかげにしてきましたが、このようなあいまいさを近代の人間は否定するようになってきました。それは科学や啓蒙主義の発展による「理性」の役割の強調が大きいのですが、それが行き過ぎて人間の理性を絶対視する考えも登場してきました。そこでカントが理性の意味をきちんと線引きをして整理しました。その成果が三大批判です。このカントの仕事によって近代哲学の基礎が打ち立てられているのです。

S　うーん、やっぱりよくわからんです。ゴメン。

T　つまり、カントは「知ることや考えることの意味や範囲」を明らかにしようとしたのです。たとえば知るためには経験が必要なのでしょうか？痛い目に合わなければ骨身にしみないのでしょうか？カントは経験も必要だけれども、経験だけがすべてだとは思わないのです。経験はいわば素材であって、その素材を整理する力を「悟性」（わかるための力）とカントは呼びます。さらにその上に「理性」（価値を判断する力）があってこそ「知る」ことができるとカントは考えました。例えて言えば「経験」（人にだまされた）→「悟性」（だまされた手口がわかった）→「理性」（だまされた自分がバカだった。もうだまされないぞ）という流れになります。この理性は人間に与えられた生まれつきの力（先天的な能力）なのですが限界がありまして、理性だけですべてを知ることはできません。ただし理性は判断力や道徳法則を見いだすためには必要な力であるとカントは考えたのです。

　　カントのように「考えること」とか「精神の内面性」を重視する考えを観念

世界史プリント107

2・近代諸科学の発展（p279〜282）

①哲学

[ドイツ哲学]

^{1}（　　　　　）（独）ドイツ観念論の完成者
↓
^{2}（　　　　　　）（独）
　　　^{3}（　　　　　）哲学をとなえる。
　　　弁証法＝世界は「対立」から「発展」が
　　　　　　生まれる、とする考え
↓
多くの哲学の流派を生む

・唯物論＝世界は精神ではなく、物のみから
　　　　構成されている、という考え
　　代表者：^{4}（　　　　　　）（独）
　　　　　^{5}（　　　　　）（独）

・実存哲学＝自分の生きる意味を求めることを
　　　　　哲学の目的とする考え
　　代表者：^{6}（　　　　　）（デンマーク）
　　　　　^{7}（　　　　　）（独）

[イギリス哲学]

功利主義＝「幸福は量的に量ることができる」
　　代表者：^{8}（　　　　　）
社会進化論 ^{9}（　　　　　　　）
　　　　　^{10}（　　　　　）

[フランス哲学]

実証主義＝事実にのみ知識の源泉を求める
　　代表者：^{11}（　　　　　）

②経済学

[イギリス経済学]

古典派経済学＝アダム＝スミスの影響を受け
　　　　　　自由放任主義を主張
　　代表者：^{12}（　　　　）、^{13}（　　　　　）

③歴史学

^{14}（　　　　　）（独）：史料を厳密に検討し
　　正確な史実を究明する近代史学を始める

[科学・技術]

大学・企業での化学や工学の発明・発展
＝^{15}（　　　）^{16}（　　　　）の利用

⇓

19C. 物理学・化学の進歩（教科書p281 一覧を参照）

生物学 ^{17}（　　　）（英）
　著作「^{18}（　　　　　）」で進化論を提唱
　→諸分野で激しい論争をまきおこす

細菌学・予防医学の発展

^{19}（　　　　　）（独）^{20}（　　　　　）（仏）

[地理上の探検]（p281〜282）

19C.＝欧米人による世界各地の探検が進む

① 太平洋地域

^{21}（　　　　　）（オランダ）
　＝オーストラリアに到達（17世紀）
^{22}（　　　　　）（イギリス）
　＝太平洋の探検によりニューギニア、ハワイ、
　　ニュージーランドを調査（18世紀）

② アフリカ

^{23}（　　　　　）と ^{24}（　　　　　）
　によるアフリカ内陸部への探検（19C.）
　→ヨーロッパ列強のアフリカ進出を促す

極地（北極・南極）への探検への試み

3・近代大都市文化の誕生（p282）

生活の変化

^{25}（　　　　　　　）の普及と都市改造計画
　＝電化生活や地下鉄など都市生活の変化

論と呼びます。このような内面性にこだわる哲学者にドイツ人が多かったので、「ドイツ観念論」という呼び方もします。ナポレオンのベルリン占領下「ドイツ国民に告ぐ」という演説をおこなった**フィヒテ**や、**シェリング**がドイツ観念論の代表的な哲学者なのですが、ドイツ観念論を完成させた哲学者はやはりヘーゲル（カッコ２）です。ヘーゲルが唱えたのが弁証法（カッコ３）という理論です。例えば、誰かが文化祭で「**売店をやりたい！もちろんクレープ屋！**」と提案したとします。すると「**いや、クラスのきれいどころをメイドにして喫茶店にした方がもうかる**」という反対意見も出てくる。この売店派の意見を「正」とすると、それに反対するメイド喫茶派の意見を「反」とします。「正」と「反」が互いに話し合って折り合いをつける。そして生まれた結果が「**メイド喫茶でクレープを売る**」となる（笑）。この話し合いの結果を「合」と呼ぶと、世界のすべての現象は「正」v.s.「反」⇒「合」という動きを繰り返して発展していくことになります。この運動法則をヘーゲルは「弁証法」と呼んだのです。ヘーゲルによれば、人間は生まれつき自由なのではなく、すべての人間は少しでもより自由になろうとする本性をもっている。つまり人間精神の本質は「自由への欲求」という点にある。すべての歴史の動きも「弁証法」にしたがって動いており、歴史の発展は「自由」の実現の過程に他ならないのです。

S 「正」v.s.「反」⇒「無」にはならないのですか？

T ならない。肯定と否定がぶつかってゼロになるのではなく、ヘーゲルは対立の中に両者の同一性を見て、対立の内部から発展的な形態が産み出されると主張したのです。このヘーゲルの弁証法は後の時代の考え方に大きな影響を与えていきます。例えばヘーゲルは「歴史を動かしていくものは『精神』である」と考えていました。ところが「**いや、『精神』なんて観念的なものではなく、『物質』（自然）が世界を弁証法で動かしているのだ**」という考え方が、よりによってヘーゲルの周囲から出てきてしまったのです。このような考え方を「唯物論」と呼びます。代表者は、「**神が人間を造ったのではない、人間が神を造ったのだ**」と言ったフォイエルバッハ（カッコ４）や、人間も自然の一部と見て科学的社会主義をつくりあげたマルクス（カッコ５）です。

S んー、モノで世界を考えるとわかりやすいけど、それだと人間が抱えている「悩み」とか「不安」は哲学的な問題にはなりませんねぇ。

T 鋭いなあ！そこでデンマークのキルケゴール（カッコ６）が出て来ます。彼はヘーゲルの影響を強く受けた哲学者なのですが、「**ヘーゲルの哲学は人間として一番大切な『個人の生きる意味』よりも『集団としての歴史』にば**

かり意識を取られている」と批判します。キルケゴールのように「**個人の生きる意味**」を中心に考える哲学を実存哲学と呼びます。同じような立場をとる哲学者としてはドイツのニーチェ（カッコ7）が出て来ますが、この人は「**神は死んだ**」という問題発言で有名になった人です。え？意味？　ニヒリズムを宣言したものだと言う人もいるけど、私自身は、神ではなく人間の知性が普遍性を組み立てる時代になり、「**もし神が死んだとしても、人間は生きていくのに必要な倫理基準を自分の内側に持たなくてはならない**」と宣言したものだと考えています。

18～19世紀哲学の発展②──イギリスとフランスの哲学の流れ

T　さて、イギリスの哲学です。さっそく取り上げるのはベンサム（カッコ8）の功利主義哲学です。彼の考えは「**幸福は量的に計ることができる**」。簡単に説明すると、幸福というものは、その快楽の「**大きさ、強さ、確実さ、維持する時間の長さ、純粋さ、生産する力**」などを尺度にして数値化して計算できる、もちろん数値が大きい方が幸福である、という考えです。要約して言えば、「**最大多数の最大幸福**」となります。

S　ドイツ観念論に較べると、なんだか、ミもフタもない考えですね。

T　まあ、たしかにそういうところがあります。けれども哲学としてはわかりやすいし、重要な基準の一つとなりますよ。しかし、いかにも経済が発展していたイギリスらしく、ゼニカネ勘定っぽいところがあるのは否定できない。

　ベンサムに対し、ジョン＝スチュアート＝ミル（カッコ9）も功利主義哲学に属する哲学者ですが、ミルは「**幸福は体重じゃあるまいし、単純に 秤(はかり)で測れるものじゃあない。量よりは質が大切だ**」と説いています。

S　まあ、同じ額の定食なら量が大事か、質が大事か、というわけですか？

T　うははは、定食に置き換えるとは見事ですねー。次はスペンサー（カッコ10）。この人は倫理や社会は進化するという「社会進化論」をとなえています。

　さて、フランス哲学ではコント（カッコ11）が出て来ます。この人はサン＝シモンの弟子で、「社会学」という名称を創始した人です。え？この人の主張？一言で言うと「世界は進歩するためにある」です。「**古代や中世では学問は『神学』のためにあったが、近代では論理的な『哲学』が中心になった。現代の学問はより実証的な『社会学』が中心となる**」と予言し、マルクスやマックス＝ウェーバーの社会科学の基礎を作っています。

S　もしかして、社会主義って社会学から来たのですか？

T 厳密に言うと違う。社会主義は「経済的平等」とか「人間の解放」という目標をもった学問ですが、社会学は純粋に「社会を観察し分析する」学問なのです。でも社会現象のメカニズムを探究するというところは似ています。

18～19世紀経済学・歴史学の発展——体系的な学問として確立

T 経済学では二つの新しい言葉を理解しておく必要があるね。「自由放任」を主張する資本主義と「史的唯物論」にもとづく「社会主義」だ。まずアダム＝スミスから始まる古典派経済学のモットーが「自由放任」（フランス語でレッセ＝フェール laissez-faire）。

S なんじゃそりゃあ？

T 英語にすると let do（なすに任せよ）。元々は、自然の秩序を重んじるフランスの重農主義者が重商主義を批判するときに使っていた言葉で、**「政府は経済活動に干渉せず自然（市場）に任せよ」**という意味です。この考えをイギリスの経済学者アダム＝スミスが体系化して、「経済活動における自由放任」（による社会の調和）を主張したのです。このアダム＝スミスの古典派経済学の流れを継いだのがマルサス（カッコ12）とリカード（カッコ13）です。マルサスは「**人口論**」、リカードは「**比較生産費説**」が有名。え、意味？これは「政治・経済」で扱う用語なのでそちらで勉強してくだされい（保護貿易を主張した経済学者のリストはシナリオ95を参照）。

　次は社会主義。「史的唯物論」は別名「唯物史観」とも言うけれども、**「歴史の発展法則を『精神』ではなく『物質的生産様式』から解明しようとする考え」**です。マルクスはヘーゲルの「弁証法」を受け継ぎますが、ヘーゲルのような「精神」ではなく「物質的生産様式」を重視します。そして資本主義的な生産様式はその自由放任にまかせた生産がもたらす対立（社会矛盾）によって行き詰まり、最終的には社会主義的生産様式へと発展することを弁証法を用いて説いたのです。

　歴史学ではドイツのランケ（カッコ14）が重要。ベルリン大学教授だったランケの特徴は**「歴史と言うものは、『それが本当はいかなるものであったのか』を知ることが重要だ」**と主張し、史料を厳密に検討・批判することを求めました。ランケ以前の歴史学は「文学」的側面が強かったのですがランケ以降の歴史学になると「批判的学問」になっていくのです。

自然科学史——意外に入試に出やすい分野！

T　えー、自然科学の分野なんですが、これはもう教科書p281の一覧表を見ておいてください。いいですね、わかりましたね。では次は…

S　え！説明ぐらいしてくださいよー。

T　うーん、実は理系は苦手なんだ。しょうがないなー、世界史の試験によく取り上げられる科学者をおおまかに説明しましょう。

　19世紀も後半になると、今までの石炭に代わり、電気（カッコ15）と石油（カッコ16）を用いる第2次産業革命の時代となってきます。この電気に関して、19世紀前半に巨大な業績を残したのがイギリスの**ファラデー**です。実はファラデーという人は家が貧しく、ほとんど学校に行っていません。本屋の丁稚(でっち)になった時、主人の目を盗んで科学関係の本をむさぼり読み、独学で大学の先生の助手になってしまった人です。特に電気と磁力が仲良し関係にあることに興味を持ち、電磁気学の分野で大きな活躍をしました。あるオバハンがファラデーに「電気なんて何の役に立つん？」と聞いたとき、「今、生まれたばかりの赤ちゃんがどんな大人になるかはわかりません」と答えたと言いますが、現代では電気は立派に成長し、世界を支える巨大な大黒柱になっています。後はドイツの**マイヤー**と**ヘルムホルツ**ですね。二人とも「エネルギー保存の法則」で有名です。

　えっ、意味？うーん、すっごく単純に言うと「光や熱や電気のエネルギーの量は、形態が変わっても失われることなく同じに保たれる」という法則なのです。この法則が進化していくと、なんと「質量はエネルギーと交換できる」というアインシュタインの特殊相対性理論になります。たとえば一円玉一枚を消失させた場合、もの凄い膨大なエネルギーに変換されてしまうのですが、エネルギーの総和は同じに保たれるのです。

　あと化学で重要な人は有機化学の**リービヒ**ですね。

S　有機化学って何ですか。

T　（えっ）有機物 Organic matter について研究する学問。「オーガニック」とは「生きている」という意味で、生物からしか取れないと思われていた物質ですねえ。ちなみに無機物は鉱石から採れる物質です。リービヒはこの有機物の研究で大きな業績を残したドイツ人で、例えばクロロホルムなどの物質を発見したのもリービヒ。このリービヒの研究の上に、生物の関与なく化学的に合成される有機化合物、例えば染料・農薬・医薬品・合成繊維が生まれてきたのです。

　生物学の分野でダーウィン（カッコ17）は外せない。**進化論**を唱えた彼の著作「種の起源」（カッコ18）は人々の世界観まで変えてしまったほどだ。

しかし現在のアメリカ合衆国でも保守的な地域では進化論に反対するキリスト教原理主義者が多くいるというのは事実です。ブッシュ大統領（父）に近い大物伝道師は「**進化論を信じる人々よ、厄災が起きても神に救いを求めるな。あなたがたは神を拒否したのだ。何かあればダーウィンを呼べ**」と言ったといいます。
　細菌学ではドイツのコッホ（カッコ19）とフランスのパストゥール（カッコ20）が偉大な業績を残しています。コッホは結核菌を発見し、結核菌感染の診断に用いるツベルクリンを製造しています。だが、日本人にとっては北里柴三郎の先生だったことで有名でしょう。北里柴三郎はコッホのもとで学び、破傷風菌やペスト菌の発見や血清療法の発見に成功しています。コッホは教育者としても優れていたようで、北里はコッホを日本に招いて歓待し、コッホの死後、北里はコッホを偲ぶ神社まで作っていますよ。

S　え、そんなのあるんですか。

T　はい、北里研究所内に「コッホ・北里神社」がありまして、現在でもコッホの命日の5月27日には祭祀を執り行っています。
　さて、パストゥールは狂犬病のワクチンによる予防接種を最初に提唱した人物。実は狂犬病は最も恐ろしい感染症の一つで、狂犬病に感染した犬やコウモリに噛まれることでヒトも発症してしまいます。発症すると水を怖がる症状（恐水症状：水を飲もうとすると喉の筋肉の痙攣が起こってつらいため水を避ける症状）を示し、99.99％助かりません。

地理上の冒険――ヨーロッパのアフリカ侵出の糸口に…

T　近世ヨーロッパでは、探検は新しい市場の開拓と密接に結びついています。（シナリオ65「大航海時代」81・82「ヨーロッパの海外進出」参照）17世紀前半に全盛期を迎えたオランダでは、東インド会社がタスマン（カッコ21）船長を派遣してオーストラリア沿岸を探検させます。この時の探検でタスマンが初めて到達したのが、オーストラリア東南にあるタスマニアという島。もちろんタスマン船長の名から命名された島です。

S　動物のタスマニアデビルって、ここの出身かー。

T　タスマンはオーストラリアとニュージーランドを探検したのですが、完全には調べきれなかった。そこで18世紀にオランダに代わって世界進出をなしとげるイギリスが太平洋の調査に派遣したのがクック（カッコ22）船長です。彼は水兵あがりの船長なのですが海図作成や測量術に詳しく、オーストラリアの東岸地帯とニュージーランドを調べ、南極圏航行にも初めてチャレンジ

した人です。クックはハワイ諸島に初めて到達したヨーロッパ人なのですが、島民とのささいなトラブルで殺されてしまいました。

　次はアフリカなのですが、独自の文明を築いていたアフリカ（シナリオ42参照）も、情報が少なかったヨーロッパ人には「暗黒大陸」として恐れられていました。そこへ、「えいやー！」と冒険したのがリヴィングストン（カッコ23）という宣教師の医者でした。アフリカを初めて横断したヨーロパ人となったリヴィングストンでしたが、三回目の探検で行方不明になってしまいました。リヴィングストンを捜索する旅に出たのがアメリカ人ジャーナリストのスタンリー（カッコ24）でした。奥地のタンガニーカ湖付近でやっとこさ出あったリヴィングストンは食われるどころか、病気で倒れているところを現地の人に助けてもらっていたのです。この時、リヴィングストンやスタンリーのアフリカ探検の報告が、実はヨーロッパ列強のアフリカ進出のきっかけになってしまったのです。

近代大都市文化の誕生——欧米ブルジョワジーの力の見せ所

T　近代大都市文化は、まず都市整備から始まりますね。一番の例がナポレオン３世がオスマン知事に命じたパリ大改造計画（シナリオ99参照）

S　そのオスマン知事って、オスマン帝国と何か関係があるのですか？

T　いや、彼の名前 Haussmann はドイツ語風に言えば「ハウスマン」。これをフランス語読みにすると「オスマン」になる。花の都パリを作り上げたオスマン知事の祖先はアルザス出身ですから、実はドイツ系の人でしょう。

　19世紀中ごろにはウィーンでも城壁を取り壊し、大規模な都市改造計画がおこなわれています。特に上下水道（カッコ25）の整備により都市の衛生状態が良くなり、大都市がコレラなどの伝染病に脅かされなくなったことは大きい。都市の居住環境が良くなったため、産業資本家が都市中心部や周辺を整備して快適な居住空間を作り上げます。決定打となったのが万博などの都市型巨大イベントの開催でして、美術館やコンサートホールなどの文化施設がブルジョワジーの寄付で都市に多く作られるようになるのです。

【参考文献】

　哲学史は今道友信「西洋哲学史」（講談社学術文庫）を参照しました。各哲学者の原著を岩波文庫などで読むのが一番なのですが、概説書としては村岡晋一「ドイツ観念論―カント・フィヒテ・シェリング・ヘーゲル」（講談社選書メチエ）がわかりやすいと思います。都市論なら山之内克子「ウィーン・ブルジョワの時代から世紀末へ」（講談社現代新書）が文化との関連がしっかり書かれており、優れています。

≫108≪
オスマン帝国の動揺と西アジアの変容
―――「帝国」であったが故の弱み―――

オスマン帝国支配の動揺――――「奢れるものは久しからず」とやら

T　さあて、文化も終わったのでヨーロッパとは一旦離れます。これからは中東から東へ向かって順番にそれぞれの地域の歴史を見ていきましょう。
　　実はこれから見ていくアジアの歴史は、「オスマン帝国」、「ムガル帝国」、「清王朝」などの多くの国や地域を支配、もしくは宗主下に置いていた「帝国」が18世紀ごろから求心力を失い、地方勢力が分離独立の兆候を示し始め、だんだんと分解していく歴史なのです。しかもちょうど同じ18世紀ごろからヨーロッパ列強がこれらの帝国に進出し、列強が作り上げてきた「世界経済システム」にどんどん組み込んでしまう時代と重なってきます。まず血祭りにあげられるのはヨーロパに近接し、一部を包含し、イスラーム世界の代表でもあったオスマン帝国です。

S　日本は東の端だったのでラッキーだったんかな？

T　地理的にはラッキーだったかも。時間稼ぎが多少はできたからね。
　　オスマン帝国の興隆については、すでに②巻のシナリオ44で扱いましたが、今回のテーマはオスマン帝国の衰退です。

S　あんなに強かったオスマン帝国がなんでまあ、弱くなったんですかあ？

T　オスマン帝国内部の抱える問題としては、①広すぎる領土維持の限界、②オスマン支配の正当性の動揺、③中央集権体制の崩れが挙げられます（林佳世子「オスマン帝国500年の平和」p 302〜328）。外部の問題としては、<u>新大陸発見によるヨーロッパ経済の発達と軍事力の強化が大きい</u>。と、言っても、新大陸の発見から数えて、ヨーロッパ列強の軍事力がオスマン帝国に対抗できるようになるためにはレパントの海戦まで約80年かかってしまうのだけれどもねえ。今までは「戦争をすれば征服地が増えて、税収が増える」という図式だったのですが、ヨーロッパの強大化とともに、オスマン帝国にとって戦争が富の源泉でなくなってしまった。特に第２次ウィーン包囲に失敗してしまったことは大きい。この後の戦争ではオスマン帝国の方が受け身に回ることが多く、しだいに守勢に立つことになってしまいます。オスマン帝国はつ

世界史プリント108
第12章 アジア諸地域の動揺
1．オスマン帝国支配の動揺と西アジア地域の変容
1・オスマン帝国支配の動揺（P283～284）

第2次ウィーン包囲の失敗

→ ^{1}（　　　　　　　　　）条約（1699）

内容：^{2}（　　　　　）、トランシルヴァニアを

オーストリアに割譲（初めての領土の外国への割譲）

オスマン帝国の衰退の始まり（18世紀～）

　ロシア（エカチェリーナ2世）に黒海の北岸を

　奪われる（18世紀後半）←ロシアの南下政策

　　　　　　　　　↓

フランス革命の影響→ギリシア独立運動を始め

としてアジア・アフリカでオスマン帝国からの

独立を求める運動がおこる（19世紀）

2・アラブ民族のめざめ（p284～286）

（アラビア半島）

^{3}（　　　　　　）派＝イスラム復古運動を

　　　　　　　　おこし、改革を訴える宗派

アラビアの豪族 ^{4}（　　　　　　　　）家と結んで

^{5}（　　　　　　　　）を建設（18C中頃）

（シリア）

19世紀初め、アラブ文化の復興運動がおこる

（エジプト）

① ^{8}（　　　　　　　　　　　　　）

　実力によってエジプトの支配者となり、

　オスマン帝国のエジプト総督の名称を受ける

　　　　　　　　↓

　エジプトの近代化を推し進め、旧勢力の

　　^{9}（　　　　　　　）を虐殺し、近代的な

　陸海軍、工場・学校の建設に努力する。

　　　　　　　　↓

　シリアの領有をオスマン帝国に要求し

　二度にわたってオスマン帝国と戦争をおこなう

　＝ ^{10}（　　　　　　　　　　　　　）

②ムハンマド＝アリー死後のエジプト

　近代化と戦争により莫大な債務をかかえ、

　金を貸していたイギリスの財政管理下におかれる

　　　　　　　　↓

　イギリスに反発した ^{11}（　　　　　　　　）が

　反乱をおこす（1881～82）が失敗し、

　イギリスはこれをきっかけにエジプトを

　軍事占領する

3・オスマン帝国の改革（p286）

19世紀初めより近代化のための諸改革を行う

〈例：^{12}（　　　　　　　　　）軍団の解散など〉

① ^{13}（　　　　　　　　　　　）が

　徹底した西欧化改革 ^{14}（＝　　　　　　　）

　を始める。

　しかし…↓

　近代化にともなう貧富の差の拡大と、

　外国資本によるオスマン帝国の経済的支配をまねく

② ^{15}（　　　　　　　　　　）の発布（1876年）

　クリミア戦争後、政治の近代化が訴えられ、

　宰相ミドハトが憲法を発布する

　（アジア最初の憲法）

　しかし…↓

^{17}（　　　　　　　　　　　　　）が

　露土戦争の勃発を理由に、憲法を停止し

　議会を閉鎖する。（近代化の不徹底）

　　　　　　　　↓

　露土戦争の敗北＝ベルリン条約によりバルカン半島

　にあったヨーロッパ側の領土のほとんどを失う

いに1699年、オーストリアとカルロヴィッツ（カッコ１）条約を結び、ハンガリー（カッコ２）とトランシルヴァニア（現在のルーマニアの一部）をオーストリアに割譲しました。この条約によってオスマン帝国は初めての大きな領土縮小を経験します。

　イケイケの時はすべてがうまく行くものだが、負けが込むとツキから見放されるもので、オスマン帝国の衰退の時代が始まります。戦っても勝てないとなると、できるだけ平和を保ちたいのが人情ですから、18世紀に入るとオスマン帝国はできるだけ戦争を避けるようになります。18世紀初期のオスマン帝国期を歴史では**「チューリップ時代」**と呼んでいます。

S　へー、かわいい名前だけれども、何ですかそれ？
T　ヨーロッパから入ってきたチューリップが流行した平和で太平な時代でもあったからです。今でもチューリップは実はトルコの国花なのですよ。→
　あれほどおっかなかった番長も、花を髪に飾った平和主義者になると、すっかりナメられてしまい、オーストリアだけでなくロシアからも、ピョートル大帝にアゾフ海を取られ、支配下にあった黒海北岸のクリム＝ハン国をエカチェリーナ２世に取られてしまいます。

　おまけに19世紀に入るとフランス革命の影響で、オスマン帝国下にあった諸地域で革命騒ぎが広まってしまいます。最初がギリシアの独立運動（ギリシア独立の動きはシナリオ95に書いておきました）。このギリシア独立が成功してしまったことにより、オスマン帝国では各地に独立運動が飛び火してしまうのです。ただし19世紀のオスマン帝国からの独立運動は「宗教」という土台の上に「民族」という要素が強くなってくるのが特徴です。つまりヨーロッパの「国民主義」の影響が強く響いてくるのです。

　オスマン帝国にとってのケチのつけはじめがアラビア半島の独立運動でした。これは18世紀なのでまだ民族よりも「宗教」の要素が強い。18世紀の中ごろにワッハーブ（カッコ３）派というイスラームの宗派がアラビア半島を中心に盛んになってきます。これは当時のイスラームの神秘主義（スーフィズム）や聖人崇拝を許容するシーア派を激しく批判し、ムハンマドの時代のイスラームに戻ることを強く主張した新しい宗派でした。

S　なんだか「イスラーム原理主義」みたいですねえ。
T　うん。現代のイスラーム原理主義の考えの源流の一つがワッハーブ派の主張なのです。このワッハーブ派に協力したのが中部アラビアを支配していた

豪族のサウード（カッコ4）家でした。宗教を核にして政治勢力を強化しようと考えた一族は、日本史で言えば仏教を支援した蘇我氏や、一向宗を地盤とした雑賀衆が似ているかもしれませんねえ。サウード家はワッハーブ派の勢いをもって中部アラビアにワッハーブ王国（カッコ5）を建国し、リヤドを都にしてオスマン帝国から分離独立してしまいます。

　オスマン帝国は、勝手に独立されたら困るのでワッハーブ王国をやっつけようとしたが、しかし十分な軍事力がオスマン帝国にはなかった。

S　美少年軍団のイェニチェリ軍団を使ったらいいんじゃない？

T　うーん、江戸幕府末期の旗本と同じでして、格式や力はあったけれども実戦には役に立たなかったのが実情。しかたがないので、オスマン帝国はエジプトでナポレオンとも戦ったエジプト総督のムハンマド＝アリー（カッコ8）にワッハーブ王国の制圧を頼み込んだ。ムハンマド＝アリーはアラビアに攻め込んで苦戦の末にワッハーブ王国を滅ぼすことに成功します。このムハンマド＝アリーこそ次節の主人公となります。

エジプトのムハンマド＝アリー朝の成立――外国から金を借りると後が怖い

T　以前、東方問題（シナリオ98）でも大活躍していたムハンマド＝アリーがまた出て来ます。ムハンマド＝アリーは実はマケドニア出身。

S　あれっ？何だかエジプトの支配者って、非エジプト人が多いのでは？

T　いいカンしてますねえ。サラディンはクルド人だし、マムルークはトルコ系だ。ムハンマド＝アリーはオスマン帝国の命令でアルバニア軍の副隊長としてエジプトに赴き、ナポレオン軍と戦ったのが出世の始まり。何しろ戦いが上手で、カリスマと指導力が抜群の男です。1805年にエジプトの総督に就任すると、英仏の近代化の利点を認めてさっそく軍隊の近代化に乗り出します。まずは徴兵制を敷き、英仏から軍事顧問を雇って、士官学校も開きます。そこでマムルークが近代化の邪魔になってくるのです。

S　マムルークって、たしか「トルコ人の軍人奴隷」ですよね。

T　昔は確かに強かったマムルークですが、エジプトで「マムルーク朝」を作りいったん権力の味を覚えると、既存勢力化し「握ったものは離さない欲深オバハン」みたいな存在になってしまった。当然、新エジプト総督ムハンマド＝アリーの言うことなんか聞かない。しかも実戦で弱っちいことはナポレオンとの戦いで実証済み。そこでムハンマド＝アリーは1811年にオスマン皇帝からワッハーブ王国攻撃を命じられた時に、「この機会に邪魔者を除いて

しまおう」と決心します。「宴会やるぞ」の言葉にだまされて、のこのこ集まったマムルーク（カッコ９）の親分たちをだまし討ちにして、鉄砲で皆殺しにしてしまいました。その虐殺シーンを描いたのが右の絵です。

S 目の前で人がドンドン殺されているちゅうのに、ムハンマド＝アリーは表情一つ変えてませんね。

T いやあ、こういう太いところがないと世界史の教科書に名前は残せない。大した度胸ですな。こうして後顧の憂いを絶ったムハンマド＝アリーは近代化された軍隊を率いて、アラビアのワッハーブ王国を滅ぼしてしまいます。やれやれ、と思っていたら、今度はギリシア独立運動がおこってしまい、ムハンマド＝アリーにも動員令がかけられました。オスマン帝国皇帝マフムト２世が「シリア総督の地位を認めてやるから！」と頼むのでしかたなく出陣したところ、ムハンマド＝アリーが苦労して作ってきた近代的海軍までも、ナヴァリノの海戦でイギリス・フランス連合海軍に沈められてしまうハメになります。大損害を出したムハンマド＝アリーは、「せめてご褒美にシリアをください」とお願いしたのですが、ギリシアを失ってカッカしていたマフムト２世は逆ギレしてしまい、「んなもの、やる余裕なんかないわい！」という態度を示してしまった。これに怒ったムハンマド＝アリーが**「ヨシ、こうなったら実力で奪ってやる」**とシリアに攻め込んだのがエジプト＝トルコ戦争（カッコ10）です。

　結果から言えば、1831～33年の第一次エジプト＝トルコ戦争はムハンマド＝アリーの率いる近代的なエジプト軍の圧勝でした。

S オスマン帝国の軍隊は近代化してなかったんですか？

T いや、これは後でも説明するけれどもオスマン帝国軍も近代化を着々と進めてはいたのです、が、老帝国にありがちなシンクロ率の低下やらシステム不良やら、内輪もめなどの戦争以外の要素で連敗してしまったのです。

　勝利を収めたムハンマド＝アリーは、シリアとエジプトの世襲権をオスマン帝国に要求しました。と言うのも、もうすでに英雄ムハンマド＝アリーも70歳を超え、自分の目の黒いうちに倅（せがれ）に後を継がせたくなったのです。しかしこれはオスマン帝国には飲める要求ではない。帝国の中枢であるエジプトとシリアを永久に他人にくれてやるようなものですからねえ。

　こうして始まった1839年の第二次エジプト＝トルコ戦争もムハンマド＝ア

リーの優勢に進んでいたのですが、この戦争に外国が絡んできてしまうので話がややこしくなってきます。まず、オスマン帝国はイギリスの支援を当てにして、1838年に**トルコ＝イギリス通商条約**を結ぶのですが、これが「**イギリスの商品に３％しか課税ができない**」、「**この課税制限はオスマン帝国の支配する地域全域に適用できる（もちろんエジプトを含む）**」という不平等条約だったので、オスマン帝国をはじめ、アラブ世界は大いに苦しみます。

　また、ヨーロッパ列強もムハンマド＝アリーの領土拡張とエジプトの強大化を嫌がり、かつ、この戦争をきっかけにロシアがどんどん南下してくることを怖れてこの戦争に割り込んできます。（この戦争については、すでにシナリオ98の「東方問題」で扱っているので参照してください）

　結果から言えば、ヨーロッパ列強の介入により第二次エジプト＝トルコ戦争でムハンマド＝アリーはシリアを失うハメになってしまいました。しかし何とかエジプト総督の世襲権を確保したムハンマド＝アリーはエジプトに自らの王朝を打ち立てます。これが**ムハンマド＝アリー朝**です。

　アリー自身、エジプトの綿花を中心とする殖産興業に力を尽くし、近代的な工場や学校までも建てまくった人ですが、カネがかかった。アリーの子孫の時代はちょうどアメリカ南北戦争のために綿花が品薄になっており、「綿花バブル」だったのですが、南北戦争が終了すると財政赤字になってしまい、考えもせずに外国に債券を売りまくったので、利子も払えなくなってしまった。今がチャンスと見たイギリスのディズレーリ首相は「**債務返済の足しになるから、エジプト政府が保有しているスエズ運河株を買ってあげましょう♡**」と甘い声をかけて、フランスのレセップスが1869年に作り上げたスエズ運河の株の４割をエジプト政府から買い取り、1875年についにスエズ運河を手に入れてしまったのです。これで、イギリスはインドへの海の門を手に入れたわけです。しかし、このカネだけでは焼け石に水。1876年についにエジプトは財政破綻してしまい、一番の債権者のイギリスとフランスがこの後、エジプトを実質的に支配します。

S　なんか「ナニワ金融道」の世界ですねえ。
T　そりゃ、カネを貸してくれた人には逆らえない。しかし英仏の債権回収の大義名分の下の行政介入と搾取に怒ったエジプト人も多く出て来た。そこへ「イスラームの吉田松陰」と言ってもよい扇動思想家アフガーニーがパン＝イスラーム運動を始めるのです。この人は重要なので後で詳しく取り上げますよ。アフガーニーの思想的影響を受けた「エジプトの志士」たちの代表がウラービー（オラービー：カッコ11）という軍人で、「**エジプト人のための**

エジプト」を唱えて、ヨーロッパ列強に対する反乱を起こしたのです。このスローガンはヨーロッパで流行した「国民主義」を反映して、大いにウケた。しかし、「小さな反乱は植民地化へのいいチャンス」というわけで、イギリス軍がウラービーを破りエジプト全域を支配します。

オスマン帝国の改革——明治維新よりもはるかに早かった

T　さあて、このムハンマド＝アリーとエジプト＝トルコ戦争を戦っていたのがマフムト2世というオスマン帝国のスルタンです。塩野七生「イタリア遺聞」（新潮社）によると、このスルタンのお母さんは海賊にさらわれたエメという名のフランス人貴族の娘さんだといいます。

　この話が本当なら、息子のマフムト2世は半分はフランス人の血を受け継いでいるわけで、西欧化改革に熱心だった理由もなんとなくわかります。まずマフムト2世は、もうすっかり時代遅れの役立たずのくせに、しかも権威だけは意味もなく高いイェニチェリ（カッコ12）軍団を、さっそく力づくで解散してしまいました。ここはムハンマド＝アリーと似てますね。

S　「御家人や旗本は、近代の軍隊では要らない」というわけですか。

T　お、そのとおりですね！ちなみに右がマフムト2世の肖像画なんですが、完全にヨーロッパ風の格好です。もちろん軍隊も西欧の軍事顧問を呼んで、バッチリ近代化しました。さらに後を継いだオスマン帝国スルタン、アブデュルメジト1世（カッコ13）が、1839年に**ギュルハネ勅令**を出し、新たな西欧近代化改革に着手します。この改革を「タンジマート」（カッコ14）と呼びます。この「タンジマート」とは、「軍隊の近代化」、「法治主義に基づく近代国家化」、「宗教の別を問わない法的な平等」などを中心とする上からの近代化改革運動です。

　しかし近代化や諸改革にもかかわらず、ムハンマド＝アリーとのエジプト＝トルコ戦争では連戦連敗し、ロシアにはあの二つの海峡まで取られてしまったのです。クリミア戦争ではロシアの南下政策を阻みたいヨーロッパ列強が味方してくれたので、やっとこさ勝てたのが実情でした。理由？日本の幕末でも、実は幕府軍の方が最初に近代化したのにもかかわらず、薩長と争って鳥羽伏見の戦いで負けちゃいました。つまり幕府やオスマン帝国の軍隊はいくら外見は新しくしても、軍人のなり手を限定する昔ながらの身分制度や軍人官僚制が残っていたり、いつまでも外国人頼みだったりして、真剣に戦

争する軍隊にならなかったのが敗北の原因なのです。おまけにトルコ＝イギリス通商条約のため、オスマン帝国も産業が壊滅状態になってしまい、エジプトとほとんど同じ1875年にオスマン帝国も破産してしまいます。

S　不平等条約は早くなんとかしないと、国が亡んじゃいますねー。

T　ここでオスマン帝国も何となくわかってきた。つまり**西欧の技術ばかり取り入れても、強国にはなれない。制度や文化の導入も近代化に必要なのだ**ということです。これは中国もぶつかることになる問題です（いわゆる「中体西用」）。そこで「西欧列強が採用している『憲法』や『議会』を作る必要がある」という流れになってきます。そこでヨーロッパで法律を学んだことがあるミドハト＝パシャ→という法律家が宰相となって作った憲法がミドハト憲法（カッコ15）です。二院制議会と内閣責任制を定めた進んだ内容を持つ憲法で、しかも、アジアで初めての憲法です。

S　大日本帝国憲法じゃあないんだ。

T　ミドハト憲法は1876年、大日本帝国憲法は1890年だからオスマン帝国の方が早かった。ただしこの憲法はたった1年で停止させられてしまいます。というのも専制政治を目指していたスルタンのアブドゥル＝ハミト2世（カッコ17）がこの憲法に大反対でして、1877年にロシア＝トルコ（露土）戦争が起こったのをいい口実にして、ミドハト憲法を停止してしまったのです。このアブドゥル＝ハミト2世は井伊直弼みたいなキャラクターでして、ミドハトを追放して殺してしまうやら、思想家のアフガーニーまで暗殺してしまうやら、と、志士や学者を手にかけて近代化をストップしてしまったスルタンなので、後世の評判は良くありません。おまけに露土戦争には大負けし、バルカン半島にあった領土を多く失ってしまったというオマケつき。つまり「帝国」という制度にはもう限界があったのです。この限界を打ち破るのがケマル＝アタテュルクなのですが、その話は後で！

【参考文献】

シナリオ44でもあげた林佳世子「オスマン帝国500年の平和」（興亡の世界史10：講談社）とシナリオ98でも扱った山口直彦「エジプト近現代史」（明石書店）が基本的な文献で、面白い本ですよ。バーナード＝ルイス「イスラム世界はなぜ没落したか？―西洋近代と中東」（日本評論社）はネオコンの歴史家による絶妙な分析。加藤博「イスラーム世界の危機と改革」（山川出版社：世界史リブレット37）はとても勉強になります。

≫109≪
西アジアとインドの変容
―― イギリス東インド会社の「強欲」の勝利と征服 ――

イラン・アフガニスタンの動向――現在でも新聞によく出てくる地域

T　オスマン帝国からドンドン東に向かっていきましょう。オスマン帝国はけっこう広い領域を持っていたので、今日はイランやアフガニスタン方面にまですっ飛んでの歴史を扱うことになります。

S　なんか、そのあたりって物騒な地域というイメージがあるんですけどね。

T　紛争が今でもよく起こる地域であることは間違いない。それには歴史的な理由もあるのです。それも説明していきたいね。イランはサファヴィー朝という強大な王朝がありまして、アッバース1世のころが最盛期でした。

S　すっかり忘れています。ごめん。

T　アッバース1世という君主は、そうだなあ、信長が死ぬ10年前に生まれて、江戸幕府二代目将軍の徳川秀忠と同じころに亡くなっている人です。彼が作ったイスファハーンの都は「世界の半分」と称えられたほどでした。

S　お、その「世界の半分」はなーんとなく覚えている。

T　しかし信長政権と同じように、アッバース1世の死後、サファヴィー朝もガタガタになってしまいます。やはり**「人生五十年、下天のうちをくらぶれば、滅せぬもののあるべきか―」**で、結局はサファヴィー朝はアフガン人に滅ぼされてしまいます。その後のイランはあれこれ群雄割拠の時代が続きましたが、結局はカージャール朝（カッコ1）が1796年にイランを支配しました。時代で言うとナポレオンが登場してきた時代にあたります。カージャール朝の都は本拠地であったテヘラン（カッコ2）という小さな町です。この町が現在のイランの首都にまで発展します。

　　ただしカージャール朝はオスマン帝国のようなしっかりした中央集権制度や官僚制を持っておらず、遊牧部族に依存していた不安定な王朝でした。**まず南下政策をめざすロシアにとっては、カージャール朝はいいカモです**。すでにアレクサンドル1世からイラン方面への南下政策は始まっていたのですが、ギリシア独立運動（1821～29年）を口実に南下政策をめざしたロシア皇帝ニコライ1世はけっこう強気のイケイケドンドンの性格でして、トルコ＝

世界史プリント109
4・イラン・アフガニスタンの動向
(p286〜287)

(イラン)

　イランに¹(　　　　　　　)が成立

　(18世紀末、都：²(　　　　　　))

↓

ロシアの南下政策によるイランへの圧迫

カフカス地域をめぐる争いでロシアに敗北した

イランは³(　　　　　　　　　)

(1828)でロシアに治外法権を認める

↓

ロシア、イギリスなどの外国勢力に反対する

イスラム教シーア派の⁴(　　　　　　)

が武装蜂起するが、鎮圧される

(アフガニスタン)

⁵(　　　　　　　)(18C〜)が独立を保つ

↓

・ロシア→カージャール朝を支援して、侵入を開始

・イギリス→ロシアに対抗し、インドへのルートを
　　守るためアフガニスタンに侵入

∥

イギリスは3回の⁶(　　　　　　)

をおこない、2度目の戦争でアフガニスタンを

保護国とする=「インドへの道」を確保

2．南アジア・東南アジアの植民地化
1・西欧勢力の進出とインドの
　　　　植民地化 (p287〜288)

① インド社会の変化

17〜18世紀のインド→ヨーロッパ各国の東インド

会社との交易で各地の政治・経済が活発化する

インドの中心生産物である⁷(　　　　　　)

が大量にヨーロッパに流入し、大量の金銀がインドに

もたらされる。

↓

農業生産物の現物分配を基礎としていたインド経済

の構造変化

② アウラングゼーブ帝死後のムガル帝国の衰退

　=地方の独立勢力の力が高まる

　→英仏東インド会社が彼らの抗争に介入

③ イギリス東インド会社によるインド侵略

イギリス東インド会社とフランス東インド会社が

インド支配の拡張をたくらみ、対立、抗争する

1 ⁸(　　　　　　　)(1744〜61)

　3回にわたるインドをめぐる英仏戦争

　=イギリスの勝利

2 ⁹(　　　　　　　)(1757年)

　東インド(ベンガル地方)をめぐる抗争

　=イギリス東インド会社が勝って東インドを支配

3 ¹⁰(　　　　　　　)(1767〜99)

　イギリス東インド会社が南インドをねらった戦争

　=イギリスが勝って、南インドを制圧する

4 ¹¹(　　　　　　　)(1775〜1818)

　西インド諸侯軍とイギリス東インド会社との戦い

　=イギリス東インド会社が勝ち、西インドを支配

5 ¹²(　　　　　　　)(1845〜49)

　インド西北部のシク教徒(p198)と

　イギリス東インド会社が戦い、イギリスが勝利

　=イギリス東インド会社がインド北西部を支配

⇩

イギリス東インド会社によるインド支配の完成

　→一部は藩王国として間接統治を認める

エジプト戦争に介入する前に、イランのカージャール朝と戦って1828年にトルコマンチャーイ条約（カッコ３）を結びます。
S　その条約は「トルコ」がついているんで、ロシアとトルコの条約みたい。
T　だまされやすい名前なのですが、実はロシアとカージャール朝の間に結ばれた条約ですよ。この条約の内容もぜひ覚えておこう。東アルメニアをロシアに割譲した上に、ロシアの治外法権も認め、関税の自主権もイランは失うという内容だったのです。<u>この条約はイランがヨーロッパ列強と結んだ最初の不平等条約です。</u>
S　アルメニアって何ですか？
T　うん、こりゃわからないかもね。右の地図は現在のアルメニア共和国の大雑把な位置なのですが、国の位置はこれで確認してください。
S　左が黒海、右がカスピ海ですか？
T　そのとおり。おまけに他の西欧列強からも「ロシアには認めて、オレには認めないのかよっ、コラッ！」とゆすられてしまい、他の西欧列強にも同じ内容の条約を認めるハメになってしまったのです。
S　こりゃ、集団によるイジメですねえ。
T　この不平等条約に当然イランの人々は怒ったのですが、特に腰抜けのカージャール朝に対してバーブ教徒（カッコ４）が起こした反乱が重要です。このバーブ教とはイスラームの中のシーア派の最大宗派である十二イマーム派から出た新たな宗派です。
S　その「十二イマーム派」というのは、前にも出てきたけど（シナリオ45参照）、いったいどんな宗派なんですか？
T　シーア派は「ムハンマドの血筋を重視して第４代のアリーとその子孫だけを最高指導者（イマーム）として認める宗派」です（プリント39参照）。そのうち十二イマーム派というのは、アリーから数えて12代目の子孫が９世紀末に「神隠し」にあったと考え、いつかその子孫が最後の審判の時に再臨すると信じている宗派で、現在でもシーア派の中でも最大の勢力を持っています。え？イマームの意味？シーア派ではコーランを解釈できる最高の宗教指導者とされ、イマームがお隠れになっている間はイランのホメイニ師のようなイスラーム法学者が代理できることになっています。
　この十二イマーム派の中から、19世紀の初めにサイイド＝アリー＝モハンマドという人が出てきて、自分のことを「隠れイマーム」へのバーブ

（「門」、「入口」という意味）と称えたので、この人物の教説を信じる人々を「バーブ教徒」と呼びました。サイイド＝アリー＝モハンマドは商業の自由から無産者や孤児・寡婦の保護など斬新な社会改革を主張したのですが、特に「男女平等」の主張はイスラームの中でも革新的なものでした。ところが革新的過ぎてしまい、教祖様は自らをイマームの再臨であると宣言してしまったことで、カージャール朝によって捕らわれ、殺されてしまいます。農民や中小商人を中心とする信者たちは外国との不平等条約を認めた上に、教祖様を殺したカージャール朝に激しく抵抗したのですが、結局はカージャール朝によって壊滅させられてしまいました。

　さてロシアはトルコマンチャーイ条約の後、トルコ＝エジプト戦争につけこんだり、クリミア戦争などバルカン半島方面を中心とした南下政策をおこないますが、結局はヨーロッパ列強の反撃にあって失敗に終わったことは知ってのとおり（シナリオ98参照）。だいたいムカつくと弱い者に八つ当たりするのが人間の自然、というわけでロシアが次に狙ったのがアフガニスタン。実はアフガニスタンにはカイバル峠があって、「陸からのインドへの門」になっているのです（シナリオ17・42参照）。したがってインドをねらう外国勢力がこぞって奪いたがるのがアフガニスタンなのです。アフガニスタンの歴史はアーリア人やアレクサンドロス大王などインドへの侵入をめざす外国人による征服とそれに抵抗する歴史なのです。

S　あれっ？地図帳で見るとアフガニスタンからカイバル峠を越えるとインドではなくて、パキスタンへと続いていますねえ。なんじゃコリャ？

T　（汗）実はパキスタンは宗教的な理由で1947年にインドと別れて独立した国でして、もともとはインドの一部だった地域なのですよ。というわけでアフガニスタンさえ手に入れればインドまであと一息。南に進みたがるロシアが「インドへの門」であるアフガニスタンを見逃すわけがない。一度狙ったら離さないストーカーのロシアは、実際にソヴィエト時代の1979年になってもアフガニスタンに侵攻しているのですからねえ。

　アフガニスタンは18世紀まで、イランのサファヴィー朝とインドのムガル帝国が支配していた地域なのですが、18世紀の半ばにドゥッラーニー朝が独立し、やっと独自のアフガン王国（カッコ5）が成立します。しかしその独立をロシアとイギリスにつけ込まれてしまったんですなあ。

　トルコマンチャーイ条約を取りつけた後、ロシアはイランをそそのかしてアフガニスタン西部を攻めさせたのですが、ドゥッラーニー朝はイギリス東

インド会社の助けを借りてイランを撃退します。
S　ロシアの心は「アフガニスタンをゲットして、インドへ GO ！」ですか。
T　そこでイギリスはロシアの南下を遮るために、アフガニスタンを力づくで手に入れようとします。これをアフガン戦争（カッコ６）と言います。
S　イギリスなら、アフガニスタンみたいなド田舎は圧勝ですな。
T　いやー、そうはいかなかった。なにしろ地形がご覧のとおり（↓）岩山が多く守りやすく攻めづらい。アフガニスタンは民族や言語が分裂している地域でありながら、長年にわたって外国人の侵入を受け続けてきたためイスラームのスンナ派を核とする団結が強く、外国からの圧力に抵抗し続けてきた歴史に注目しなくてはなりません。イギ

リスは第２回アフガン戦争で悪戦苦闘の末にアフガニスタンの外交権をなんとか手に入れることには成功したのですが、第一次大戦後の第３回アフガン戦争では結局惨敗し、アフガニスタンの独立を許すことになります。ちなみにコナン＝ドイルが書いた「名探偵シャーロック＝ホームズ」の友人であるワトソン君も第２回アフガン戦争に軍医として従軍し、あやうく死にかけたことが「緋色の研究」という作品に書いてありますよ。３回もアフガン戦争をおこなったイギリスが攻めあぐね、現代の1980年代のソヴィエト軍が撤退し、現在のアメリカ軍までもが大苦戦したアフガニスタンの強さの理由は地形の他にも、アフガニスタンの歴史そのものにあると思います。

イギリス東インド会社のインド進出――「お家争いの内輪もめ」を巧みに利用

T　さて、次は大本命のインドだけれども、西欧列強、特にイギリスとフランスそれぞれの「東インド会社」の進出と争いについてはやりましたね（シナリオ81参照）。シナリオ75でも言及したのですが、良い植民地の基準が①交通の便が良く②人口が多く③古くから産業が盛ん、となるとインドと中国こそがターゲットになってくるわけです。

　　特に政治的に弱体化し、強い求心力を失っている場合は都合が良い。

「オスマン帝国、ムガル帝国、そして清のいずれも、西欧列強の進出が可能だったのは国内的に弱体化していたせいである。これらの帝国の支配層が国民の大多数から見て異民族であった事実に注目しなくてはならない。西欧の侵入に抵抗させるためには民族感情に訴えるしかないのだが、これらの帝

国ではそれが無理だった。それに対し日本やアフガニスタンのように支配層と一般民衆が同一民族であった地域では、西欧の圧力に対して効果的な抵抗が見られたのである」**という言葉はとっても参考になりますねえ。

S　ふーん、なるほど。で、その言葉って誰の引用なんですか？

T　あ、マクニールです。短くまとめてしまいましたが、優れた分析です（W.マクニール「世界史」下、中公文庫p241～243）。というのも、当時インドを支配していたムガル帝国はイスラームの王朝であり、インドの全人口の1割もイスラーム教徒はいなかったからです。そこに気が付いたアクバル大帝はヒンドゥー教徒へのジズヤ（人頭税）の廃止をおこなって、イスラームとヒンドゥーの融和政策を積極的におこなったのですが、3代後の熱狂的なイスラーム教徒アウラングゼーブ帝がジズヤを復活させて、アクバルの融和政策をチャラにしてしまいました（シナリオ45参照）。アウラングゼーブ自身は大変な力量を持った君主でしたが、89歳で死んだ後、国内は分裂状態。そこを西欧諸国に突かれてしまったのです。特にインド南部東岸のカーナティック地方（教科書p289地図）は、権力闘争で地方勢力が反目していたため、フランスとイギリスの東インド会社同士が巧みにこの争いを利用します。「お味方してあげましょう♡」と割り込んで、結局は3回にわたるカーナティック戦争（カッコ8）で両社は激突し、最終的にはイギリス東インド会社が勝利します。

S　フランス東インド会社が負けちゃった理由って何ですか？

T　（うっ！）そのォー、イギリス東インド会社が商人（ブルジョワジー）の出資と指導を中心とした「金儲けへの合理的発想」をもった会社だったのに対し、フランス東インド会社は王室が主な出資者であったため、会社が専制的な王権や伝統にしばられていたことが敗北の大きな要因だったと思われます。会社システムの優劣が大きく響きましたね。フランス東インド会社はカーナティック戦争の初期にはデュプレクスという優れた力量を持つ総督を持っていたのに、結局は本国へ召還してしまうというヘマを犯してしまいます。そしてインドで特に豊かな地方であったベンガル地方の地方勢力の争いにつけこんで、両社が戦ったプラッシーの戦い（1757年：カッコ9）でフランス東インド会社が負けてしまったのが決定打になります。

　ベンガル地方はガンジス川の河口にある州で、米を始めとする穀物の収穫が豊かで、文化や産業も盛んな地域です。このプラッシーの戦いによりイギリス東インド会社がインド貿易をついに独占するようになります。

18世紀初めのインドは世界的な綿布（カッコ7）の生産地であり、イギリスをはじめとするヨーロッパ諸国でインド産綿布は引っ張りだこでした。このような状況のなかでイギリス東インド会社はインド産の綿布を輸出して大儲けして、笑いが止まらない状態でした。その結果として金銀が綿花の代金としてインドに流入し、農村を中心とした農業生産物の現物分配を基礎としていたインド社会を破壊してしまいます。しかし、そのうちイギリス国内からは**「綿布を買うのにイギリスから金銀を持ち出すのはいやだな。金や銀も現地調達すればもうかるのに」**という勝手な声が出始めました。「国内の金銀の流出を嫌がる」考え方を何て言ったかな？

S　へっ？いやー、きれいさっぱり忘れました。

T　「重商主義」って言いましたよね。「**貿易黒字によって貨幣を蓄積することを重視する考え**」の重商主義にとっては、インド綿を買うことによって国内の金銀が流出することはソンになってしまう。金銀までもインドで手に入れようとするイギリス東インド会社は、プラッシーの戦いで勝ったご褒美としてベンガル地方の徴税権（ディーワーニー）を手に入れます。これがインドにとっては致命傷となった。イギリス東インド会社は徹底的な収奪をおこなったため、ベンガル地方は荒れ果ててしまったのです。ちなみに右はプラッシーの戦いを勝利に導き、初代ベンガル知事となった、あのクライヴの肖像画です（→）。

S　何と言うか、デブですねえ。言っちゃ悪いけど。

T　クライヴ自らが徴税権をタテにしてベンガル地方で金銀を奪い上げて私腹を肥やしたらしく、見事なタイコ腹になってしまった。彼は後でイギリス議会から汚職の件で呼び戻され、結局は自殺してしまいます。

　　イギリス東インド会社が次にねらったのがインド南部の豊かなマイソール王国でした。そして起こしたのがマイソール戦争（カッコ10）です。しかし、ここの征服に意外に手間取って30年以上もかかってしまいました。①まずマイソール王国のスルタンが英明で、イギリス東インド会社に勇敢に立ち向かったこと、そして②イギリス東インド会社がよりによって西インドを中心とするマラータ同盟とほぼ同じ時期に戦争を起こしてしまったこと。これがマラータ戦争（カッコ11）です。③この時期になんと「アメリカ独立戦争」と「フランス革命」が始まってしまい、イギリス東インド会社が手一杯になってしまったことが理由としてあげられます。

S　センセーはさっきからベンガルとかマイソールとかマラータとか言っているけど全然位置がわかりませんっ。

T　教科書のp 289の地図を…、エッ、教科書を忘れた？では簡単に黒板に書いてみますよ。こんな位置関係です（→）。幸いなことにマラータ同盟はお家争いをおこして内輪もめをやっていたので、休戦にもちこむことができ

た。そのチャンスにマイソールに攻め込んだイギリス東インド会社でしたが、マイソール軍は新兵器の「ロケット砲」を打ち込み、イギリス側は大パニックに陥ります。このロケット砲に注目したイギリス軍はさっそく研究と改良を重ね、後に米英戦争では派手に使用しました。だからアメリカ国歌に、**rocket**（ロケット）という言葉が出てくるのです。

　英明なマイソール王国のスルタンはナポレオンと同盟を結ぼうとしたため、あせったイギリス東インド会社の軍隊は4回目のマイソール戦争で力づくでスルタンを敗死させ、やっと南インドを制圧しました。さて、内輪もめに夢中になっていたマラータ同盟はやっとこの時、自分たちがヤバい状況にいることに気がついたのですが時すでに遅く、3回のマラータ戦争でついにイギリス東インド会社の軍隊に屈服するハメになります。

S　みんなで力を合わせれば、勝てたのにねえ。

T　名前だけのムガル帝国は置いておいて、残るはインド北西部のシンド地方とシク王国だけになった。なにしろカイバル峠を越えようとするロシアの南下をくいとめるためにはシンド地方とシク王国を押さえておかねばならない。と、言うわけで最初にシンド地方が、そして次にシク戦争（カッコ12）によってこれらの地域はイギリス東インド会社が制圧することになってしまいます。こうしてイギリスの「会社」がインドという広大な土地を支配することにまんまと成功するのです。

【参考文献】

　シナリオ45でも取り上げた永田雄三編「西アジア史Ⅱイラン・トルコ」（山川出版社）が手に入りやすく、わかりやすい基本的な文献です。マーティン・ユアンズ「アフガニスタンの歴史」（明石書店）は現代政治の状況理解にも役に立つ優れた本です。インド関係の文献は次回で紹介します。

≫110≪
インド大反乱とインド帝国の成立
──楽をしてもうけようとするとバチがあたる話──

植民地統治下のインド社会──二つの徴税制度を覚えることがヤマ

T　さて、今日もインドの歴史です。イギリス東インド会社がインドのほぼ全域を支配してしまったことは、前回に勉強しましたね。

S　「イギリス東インド会社は軍隊を持っている」って言ってましたけど(シナリオ81参照)、会社が「軍隊」を持っていいんスか? ヤバクね?

T　今では、例えば「トヨタ」とか「日立」みたいな超巨大な会社でも軍隊は持っていないですね。普通、軍隊というものは国家の主権のもとにあるのですが、東インド会社は社員を遠いアジアに派遣しなければならず、社員を国が守ってあげることができないので、会社が独自の軍隊を持つことが「特別に」許されていたのです。しかし「会社が軍隊を持っている」ということは、会社が他国の国家主権を侵害できる可能性があることも意味しますから海外の国を侵略したり、支配してしまうこともできるわけです。

　イギリス東インド会社の最大の目的とは「イギリス国内の金銀を支出することなく、会社が支配した地域でもうけること」(カッコ1)でした。

S　「やらず、ぶったくり」ですな。

T　どこで、そんな言葉を覚えたのやら…。でも実際に商売しようと思えば、カネがなくては相手からはモノは買えません。カネもないのに相手のものを手に入れるには、どうしたらいいでしょうか?

S　そりゃ、カツアゲでしょ。

T　むう…。そういう表現になりますか。そこでイギリス東インド会社はお手軽な方法である地税(カッコ2)を最大の収入源とするようになります。
　しかし「どうやってブン取る」のかが問題ですね。最初にイギリス東インド会社が徴税権を獲得したベンガル地方では、ザミンダールという「地方の顔役」がおりまして、このザミンダールを徴税に利用しようじゃないか、という流れになってきます。ザミンダールとは…

S　先生、入試でザミンダールの意味を「地方の顔役」て書いたら×ですよー。

T　うーん、難しいですね。ザミンダールは「最初は政府と農村の間をつなぐ徴

世界史プリント 110

2・植民地統治下のインド社会
（p288〜289）

イギリス東インド会社の目的
¹［　　　　　　　　　　　　　　　］
↓
最大の収入源＝²（　　　　　）
（地税収奪の主な方法）
・³（　　　　　　　　　）制
　政府と農民の間を仲介する者に徴税をまかせ
　その仲介者に土地所有権を認める方法
・⁴（　　　　　　　　　）制
　農民（ライヤット）に土地保証権を認め、
　その農民から直接に税を取る方法
⇩
土地制度の導入によってインド社会に深刻な影響
（従来のインド村落の制度）
　・村落構成員…生産物の一定割合を現物で
　　もらえる。カーストによる身分の差は存在
（東インド会社の導入した制度）
　・村落のうち一人だけが土地所有者として認定
　　され、他の人々の権益は無視される
⇩
重い税と、産業革命による安いイギリス製品
⁵（特に　　　　　）の大量流入により、
インド経済は打撃を受け、綿花や藍などの原料を
イギリスに輸出し、イギリスから工業製品を輸入
する立場に転落する
⇩
インドは貿易赤字を⁶（　　　　　）や綿花
を中国へ輸出するなどの政策で対応する。

イギリスの産業革命→台頭した産業資本家たちが
⁷（　　　　　　　　）を主張して「東インド
　会社の特権」を批判
↓（イギリス政府の対応）
1813年　イギリス東インド会社への
　⁸（　　　　　　　）の廃止
1833年　イギリス東インド会社の
　⁹（　　　　　　　）の取引独占権と
　¹⁰（　　　　　　　　）の廃止
⇩
貿易から締め出された東インド会社は、
インドの統治者へと変身する

3・インド大反乱とインド帝国の成立
（p290〜291）

イギリス東インド会社の植民地支配への反感
　①「藩王国とりつぶし政策」への反感
　②新式弾薬包を口で噛むことへの反感
　③インド全域を征服したイギリス東イン
　　ド会社が¹¹（　　　　　）（＝インド
　　人傭兵）を解雇し始めたことへの不満
↓
¹²（　　　　　　　　）の発生
↓
¹³（　　　）年〜1859年
名目だけのムガル皇帝を擁立したシパーヒーを
中心としてイギリスと戦う
↓
イギリス軍の勝利＝¹⁴（　　　　　　　）の滅亡
イギリス東インド会社は反乱の責任を取らされて解散
¹⁵（　　　　）年
イギリス政府によるインドの直接統治の始まり
⇩
¹⁶（　　　　　　　　　　）を皇帝とする
¹⁷（　　　　　　）の成立　¹⁸（　　　　）年

税請負人だったが、しだいに地方に土着して豪族化し、ムガル帝国のような中央集権が衰退すると、領内の事実上の支配者となった人々」なのです。日本史風に言うと平安時代の名主(みょうしゅ)に似ているかもしれませんねえ。

S　ひぇー、そんな長い説明では頭がこんぐらがる！わっかりませーん。
T　なので、多くの本ではザミンダールを「地主」とか「領主」とできるだけ簡単に表現しているのですが、私は「地方の顔役」って言ってます。
　当時のイギリス人は村には「地主（ジェントリ）」がいるものだと思い込んでいたので、「税を払うのは地主である」という故郷の政治システムのパターンをインドにもあてはめようとしました。ここに無理があったのです。まずは村の「顔役」を、むりやり「土地所有者」にしてしまった。
　一応、競売にかけて入札によって最高の納税額を申し出た人に「土地」の所有権を認め、その「土地所有者」を徴税請負人にした制度を**ザミンダーリー（カッコ３）制**と言います。この時に「土地所有者」として認められた人の多くがザミンダール、つまり「地方の顔役」だったからでしょう。ひどい例えですが、<u>地方を仕切っているヤクザの親分さんを、その地方の「所有者」に認定して徴税を請け負わせるような感じの制度</u>です。まあ、これは村に「顔役」がいて、仕切っているのがあたりまえのベンガル地方だったからできた制度です。このザミンダーリー制はイギリス東インド会社にとっては「よきにはからえ」というラクな制度なのですが、だいたいこういう「下請」制度というものは中間搾取がひどいので、お上にとっては意外に収益があがらないという欠点があるものです。
　イギリス東インド会社もマイソール戦争→マラータ戦争→シク戦争と支配領域を広げると、新しく手に入れた土地でも地税を搾り取ろうとします。しかし、ベンガル地方以外では「ザミンダール」にあたる顔役がおらず、多くの村落共同体では村の「長老」たちが村の運営や税を仕切っていました。そこでイギリス東インド会社はベンガル地方以外の、ボンベイやマドラスを中心とする地域では<u>「ライヤット」と呼ばれる農民たちに土地保有権を与えて、直接に税を取る制度</u>を導入しました。これを**ライヤットワーリー（カッコ４）制**と言います。ライヤットワーリー制は下請の地主たちの中間搾取がないので収入が多いという長所がありますが、「よきにはからえ」というわけにはいかない制度なので、いちいち検地をしなければならず、実施が面倒くさいという欠点があります。

S　でもさ、農民はれっきとした「土地所有者」になれたのでいいんじゃね？
T　それが大違い。イギリス東インド会社が導入したザミンダーリー制とライ

ヤットワーリー制はインド社会に深刻な影響を与えてしまったのです。

それまでのインドの農村は現物中心の農村共同体で、職人までもが一定の割合の生産物をもらえる仕組みになっていました。カースト制はあったので「みんなが平等」とはいかなかったけれど、まあ、それなりにバランスは取れていた社会形態だったのです。王朝が代わっても「自給自足的」な、このようなインドの村落システムは保持されていました。

ところがイギリス東インド会社がインドの村落システムを変えてしまいます。東インド会社は「やらず、ぶったくり」の組織なので村の地税を一方的に重く設定してしまい、しだいにザミンダーリー（地主）もライヤット（農民）も地税が払いきれなくなった。しかも税額が一定だったので、飢饉の時でも決められた額を払わなければならない。そのためにザミンダーリー制でもライヤットワーリー制でも、土地所有者が税を払えず土地を売らなければならないケースが続出してしまいました。この時に土地をせしめたのがイギリスさんと取引のある商人や高利貸でした。彼らの多くは不在地主だったので、村のケアなんかまったくしません。平気で農村から地税を搾り取ったので、豊かだったインドの農村はたちまち荒廃してしまい、飢饉に襲われても立ち直れなくなってしまったのです。

S なら、農業以外にも何かカネになるものを作ったらいいんじゃない？

T 昔はインドは世界最大の綿布の生産地だったので、綿布を作っていれば何とかなったのです。しかし産業革命が発達していたイギリスから逆に安価で質の良い綿布（カッコ5）をインドに大量輸出してきたので、インド経済が大打撃を受けてしまいます。何か輸出しなければインドは食っていけないので、中国にアヘン（カッコ6）を輸出したり、綿布の原料である綿花を中国やイギリスに輸出することになります。

S インドも「原料を本国に輸出し、本国の生産品を買う」という植民地経済のカタにはめられていますねー。

イギリス東インド会社の変貌――「商売人」から「支配者」へ

T イギリス東インド会社がインドを支配し始めた19世紀まではインド製綿布がヨーロッパで大いに売れたので、会社も大いに儲かりました。なにしろ東インド会社にはアジア貿易の独占権がありましたからね。ところが19世紀に入ると、産業革命の進展によりイギリスの綿布が世界に輸出されるようになってしまい、インドの綿布は売れなくなってしまいました。この事態はイギ

リス東インド会社にとっても大打撃でした。しかも産業革命で財を成した産業資本家たちが「**なんで東インド会社だけが商売を独占しているんだ。オレたちにもアジア貿易をやらせろ**」と、アダム＝スミスやリカードの学説をタテに自由貿易（カッコ7）を主張するようになり、彼らの声をイギリス政府も無視できなくなってきたのです。

S　だったらカネで政府の要人を買収すればいいんじゃね？

T　そちもワルよのう。実際にも東インド会社は毎年、政府に多額の金（なんと40万ポンド！）を支払い、自分たちに有利な政策をとりはからってもらっていたのです。独占経営のイギリス東インド会社には競争相手がいなかったため経営は「殿様商売」になってしまい、会社の経営は赤字が続く状態になっていました。ずさんな貿易で損をした東インド会社にイギリス政府が「**アメリカ大陸での茶の貿易独占権を認めてやるから、余ってダブついた茶をアメリカ大陸で売ればいい**」と、よきように取り計らってしまったことが1773年の**茶法**となり、アメリカ独立運動を引き起こしてしまったことは勉強済ですね（シナリオ86参照）。そこで産業資本家たちの自由貿易要求の高まりとともに、イギリス政府も東インド会社の貿易独占をしだいに見直すようになってきます。まずは1813年に東インド会社のインド貿易独占権（カッコ8）が廃止され、1833年にはインドでの東インド会社の商業活動が停止となり、同じ年に中国貿易独占権（カッコ10）とすべての地域での茶（カッコ9）の取引独占権も廃止されました。

S　うむー…、1813年と1833年？ちょうど20年間隔ですね？

T　いいところに気が付きましたね。イギリス政府は東インド会社の独占権の更新を20年ごとに審議することになっていたのですよ。

S　ほおー、あ、だから茶法の成立は1773年だったのかー！

T　貿易独占を停止させられた東インド会社ですが、意外にめげない。
「**ま、いいか。どうせウチの会社はインドの支配者なんだから、商売にあくせくするよりも、支配者として地税でもうけた方がラクでいいわい**」
という安直な考えに流れてしまうわけです。というわけでイギリス東インド会社は商売よりも、「統治者」として暮らすことを選んでしまった。

S　いいね。寝転んでメシ食っていけるって最高ー。でもバチがあたりそう。

T　そう。「ご領主様」も楽ではないことを東インド会社は思い知るのです。まず、人民から税を取るには戸籍や土地台帳をいちいち作らなくてはならない。これが面倒だし、意外にカネも時間もかかる。統治者だから、軍隊を配置しなくてはな

らないのだが、イギリス人の兵隊は高くかかるので、現地のインド人を傭兵として雇わなくてはならない。このインド人傭兵をシパーヒー（カッコ11）、英語音ではセポイと呼ぶのですが、このインド人傭兵の維持にもカネがかかった。ということでフトコロ事情の厳しい東インド会社はインドの土地所有者に重税を課し、そのあげくインド人の恨みと反感を買ってしまうことになります。

S　まあ、結論から言うと、楽をしては金は稼げないということですね。

インド大反乱──「セポイの乱」、「シパーヒーの乱」と昔は習ったのだが…

T　支配者としてのイギリス東インド会社に対し、インドの人々は大反発しました。重い税金は住民に還元されずに、結局イギリス東インド会社のフトコロに流れてしまうのです。しかも税金が払えなければ土地を売るしかない。結局、土地はイギリス東インド会社と癒着している商人の手に入るわけです。しかもイギリス製の綿布がインドに流れ込んだため、インドの綿織物職人は失業してしまうハメになる。こんなイギリス東インド会社の暴政に対しインドの人々が上から下までムカついている中で、ついにとうとうインド大反乱（カッコ12）が起きます。中学校でも学んだ大事件だけれども、直接の原因となったのは藩王（マーハラージャ）たちに対するイギリス東インド会社の「藩王国とりつぶし政策」への反感です。

S　なんですか、そりゃ？

T　後継ぎのいない藩王国に養子を認めず、取り潰して直轄領にしたのです。

S　あれっ？初期の江戸幕府の政策と何となく似ている。

T　お、いいカンしてますね！イギリス東インド会社は藩王の跡目相続にイチャモンをつけては藩王国の領土を自分のものにしようとねらっていたのです。このやり方は藩王たちの反感を買い、イギリスに対する抵抗運動を生むきっかけとなります。次にはシク戦争が1849年に終了し、ほぼインド全土を手に入れたイギリス東インド会社が、「もういらない」とシパーヒー（インド人傭兵）をクビにし始めたのです。「用がなければお払い箱かよ！こりゃブラック企業だぜ！」とシパーヒーたちの怒りが蓄積されていたのです。そしてついに「薬莢(やっきょう)」事件が持ち上がってしまいました。

　1850年代の銃というものはまだまだ旧式でして、火縄銃と同じような先込め銃でした。つまり火薬や弾を弾が発射される銃口から入れなくてはならなかったのです。この火薬と弾の配合の塩梅が難しく、よっぽど扱いに慣れた銃兵でないと先込め銃はうまく発射できなかった。

S 長篠の戦いの信長軍は銃の扱いがうまかったんですなあ。

T しかし、紙薬莢が出現するとマイスターでなくても簡単に銃が撃てるようになったのです。紙薬莢とは適量の火薬と弾が一つの紙包みの中にセッティングされている薬莢です。その中身はだいたいこのとおり（図①）この紙包みは、銃の弾込めをする時に口で噛み破るようになっています。

図①

S え、なんで口で噛み破るのですか？手で破けばいいのに。

T そりゃ片手が銃でふさがっているからですよ。まずは紙袋の先端を口で噛み破り（図②）、火薬を銃の先端から銃の中に注ぎこみます（図③）。もちろん弾も入れますよ。次に棒で銃身をよく突き固め、発射できるようにします（図④）。ここまでの手順を経ないと弾が発射できないのです。

図②

カラになった紙薬莢は最後に銃身につめると、銃身に火薬の燃えカスが残らないのでさらに都合がいいのです。紙薬莢が雨に濡れても大丈夫なように、そして発射の際に火薬のカスが効率よく燃えるように紙薬莢には潤滑油が塗ってあるのですが、この紙薬莢にイスラーム教徒が忌避している「豚」や、ヒンドゥー教徒が口にしてはいけない「牛」の油やラードが使われている、という噂が流れたのです。イギリス東インド会社のシパーヒー（傭兵）たちは、ほとんどがイスラーム教徒かヒンドゥー教徒でしたから、**「にゃろー、俺たちに不浄な豚の脂をなめさせるのか！」** とイギリス東インド会社に対する怒りをついに爆発させてしまったのです。

図③

S そんなー、紙をなめるぐらいで怒るとは信じられませんよ。

T イスラームやヒンドゥーのタブー（イスラームでは「ハラール」と呼ぶ）は大切なのですが、「食」のタブーのない日本人は鈍感なので、あまり深刻に受け止められないようですね。まずデリーの近くのシパーヒー連隊で反乱が始まり、あっという間に北～中央インドに広まります。デリーを占領した反乱軍は名目だけであったムガル皇帝を擁立して、ついに大英帝国に宣戦布告をおこないます。イギリス東インド会社に征服されたマラーター同盟の諸王国までも反乱に加わり、大騒ぎになってしまいました。

図④

30年前はこの反乱を「セポイの乱」と言っていましたが、「そりゃシパーヒーの英語風の発音だろ」ということで、15年前あたりから「シパーヒーの乱」と言うようになりました。それが「シパーヒーだけでなくインドの民衆も加わったのだから、その言い方はヘンだ」とさらに物言いがついてしまったので、現在では「インド大反乱」という名前になっています。始まった年は1857（カッコ13）年で、プラッシーの戦いのちょうど百年後なので覚えやすい。この反乱で有名なのは、自ら武器を取って戦ったラクシュミ＝バーイという藩王妃です。「藩王国とりつぶし政策」によって自分の国を取り潰された王妃が立ち上がってイギリスと戦い、壮絶に戦死する「**インドのジャンヌ＝ダルク**」の物語は集英社の漫画「世界の歴史」の12巻に詳しく載っているので、ぜひお読みください。

S　この反乱はインド側が負けましたよね。なぜなんですかー？

T　まず、シパーヒーには指揮官として訓練された人がいなかったことが大きい。しかも藩王国がバラバラに戦ったため系統だった作戦もできず、補給も不足してしまったため、イギリス軍に各個撃破されてしまったのです。最終的にはムガル皇帝はイギリス軍の捕虜となり、ビルマに流されたため1858年にムガル帝国（カッコ14）は滅亡してしまいます

S　東インド会社は反乱に勝って、笑いが止まりませんねえ。

T　いや、「**こんな反乱が起こるとは不届き至極である**」とイギリス政府から御叱りを受け、責任を取らされて同じ年の1858（カッコ15）年に解散させられてしまうのです。こうして史上最大の商社であるイギリス東インド会社は消滅してしまいました。「**もうインドもあらかた平定してしまったので、会社に任せることもあるまい**」というわけで、インド担当相を内閣に置いて、イギリス政府が直接インドを支配することにしました。名目としてヴィクトリア女王（カッコ16）をインド皇帝とする「インド帝国」（カッコ17）が1877（カッコ18）年に成立します。この年はイギリス政府が「インドへの海の門」であるスエズ運河株を買収した1875年から2年後で、その時の首相はスエズ運河を手に入れた**ディズレーリ**でした。

【参考文献】
　古いのですが山本達郎編「インド史」（山川出版社）の記述は大変にわかりやすい。もちろん新しい辛島昇編「南アジア史」（山川出版社）もおすすめです。西欧勢力の浸透を扱ったビパン＝チャンドラ「近代インドの歴史」（山川出版社）は説明がていねいで、非常に優れた文献です。浜渦哲雄「イギリス東インド会社」（中央公論新社）も参考にしました。

≫111≪
東南アジアの植民地化
―― 有利な海峡を早くぶんどり、港を手に入れるのが西欧のねらい ――

海峡交通の話①――ジャワ島

T 教科書の順番で言うと今回は東南アジアですね。東南アジアといったら世界史上、交通と商業の要衝としてとっても重要な地域で、近年ますます注目を浴びていますし、センター試験や私大入試にもきっちり出題される地域なのでしっかり勉強しておいた方がいいですぞ。東南アジアで重要なポイントは「海峡」ですよ。特にマラッカ海峡が大切だ。現在でも石油を積んだ多くのタンカーが出入りしている所ですからね。

S 実は私、Google Earth を使ってマラッカ海峡でもシンガポールのあたりの海底の深さを調べてみたんですよ、そしたらここは深さが10mもない場所が多いですよ。こんな浅いところをタンカーが通れるんですか?

T (大汗)えっ!まあ、そのぉー、うーん、マラッカ海峡は世界的に有名な海峡で、古くからイスラーム勢力やポルトガル、オランダそしてイギリスが狙っていた場所なんですが、欠点もたくさんあるんです。まず①**浅い**②**狭い**③**海賊**が出る、と危険が多い。マラッカ海峡よりもスンダ海峡やロンボク海峡を通った方が安全性は高い。それでも多くの船やタンカーがマラッカ海峡を通るのは①**東アジアに近い=コストが安くつく**②**ルート沿いに港が多く、補給がラク**、という理由があります。マラッカ海峡こそインドと中国を結ぶ一番近いルートでしたから、イブン=バットゥータも鄭和も、バルチック艦隊もみんなこの海峡を通っていったのです。余談ですがマレー半島の北方にクラ地峡というくびれた部分があって、ここに運河を作るとマラッカ海峡回りよりもコストが安くなるのです。しかし運河を作ろうとする動きが起こるたびになぜか騒動が起きて中止になっています。

S でもインドを回らなくても、アフリカからまっすぐ東に進めばスンダ海峡回りでもOKだと思うんですがー?

世界史プリント 111
4・東南アジアの植民地化 (p291〜294)

・ヨーロッパ列強の東南アジア進出の目的
　　商業権益の獲得→領土の獲得へと移行
　　　　　　　↓
　　農産物、鉱業資源の開発と収奪を目的

(ジャワ島) p291〜292

18C中、1(　　　　　　　)が滅ぼされ、
オランダがジャワ島の大半を直接支配下におく
　　　　　　　↓

2(　　　　　　) 3(　　　　　)
4(　　　　　　)などの商品作物が導入され、
生産物を低い価格で徴収
←オランダ支配に対し5(　　　　)戦争
　が勃発するが、鎮圧される
　　　　　　　↓
オランダ領東インド総督の6(
　　　　　　　　　)による
7(　　　　　　　　　　)の実施
　　　　　　　↓
ジャワの農村の衰退

(マレー半島) p292

8(　　　　　　)が進出
18C末〜19C初　マレー半島のペナン、マラッカ
9(　　　　　　　)を入手
　　　　　↓
10(　　　　　　　　)となる（1826）
　　　↓支配領域を拡張
11(　　　　　　　　)を成立させて
マレー半島の支配を確立する（1895）
12(　　　　　)のプランテーションとして利用

(ビルマ) p293

13(　　　　　　　)が進出
14(　　　　　　　　　　)朝を3次にわたる
15(　　　　　　)で滅ぼし、インドに併合

(フィリピン) p293

16(　　　　　　　)が進出
・住民を17(　　　　　　　)に強制的に改宗
・マニラを中心に18(　　　　　　)を中国に
　流通させ、中国から絹織物、陶磁器を輸入
・商人が土地を買い集め、大土地所有が成立
　→砂糖、19(　　　　　)、タバコなどの
　　商品作物をプランテーションで栽培

(ベトナム) p293〜294

黎朝（15〜18C.）　教科書p181
　　　明と朝貢貿易をおこなう
　　20(　　　　　)氏と21(　　　　)氏
　　　　の勢力抗争
西山（タイソン）の乱（1771年）
　　　　　↓
22(　　　　　　　)（1802〜1945）
23(　　　　　　)がフランス人宣教師の
24(　　　　　　)の援助で、ベトナム全土を統一
　　　　　↓
25(　　　　　　　)のベトナム進出
　19C半ばにカトリック教徒の迫害を理由にフランス
　（ナポレオン3世）が介入
　　　　　↓
26(　　　　　　　)条約（1862）
コーチシナ（ベトナム南部）の東部三省とサイゴンを
フランスに割譲する。

T　おお、すごいカンしてますね！羅針盤ができるまでは陸地を見ながら航海しなければならなかったので、昔は「インド〜マラッカ海峡〜中国」ルートが普通でした。ただしポルトガル人が1511年にマラッカを占領し、強圧的な態度を

取るようになってから、ポルトガル人を嫌ったイスラーム商人たちがスマトラ島西岸を回ってスンダ海峡を抜けるルートも盛んに使うようになりました。このスンダ海峡に目をつけたのがオランダ人たちで、秀吉が死ぬ2年前（1596年）にアフリカのマダガスカルから東へズンズン向かってスンダ海峡にたどり着きます。このスンダ海峡沿いにあったのがジャワ島の東側にあったバンテン王国で、ヨーロッパ人の好む胡椒を多く生産していた地域でした（上図参照）。胡椒で儲かることを見越したオランダ人は1602年に世界最初の株式会社である「オランダ東インド会社」を設立します。会社はバンテン王国の内紛につけこんで都であったジャカルタを借り受けし、17世紀初頭にはバタヴィアと改名して要塞を築きますが…、あ、これは説明してありますね（シナリオ81参照）。

　オランダはバンテン王国を意のままに操るようになると、ジャワ島の東にあったマタラム王国（カッコ1）を18世紀中ごろに滅ぼして、ジャワ島の大半を支配下に置きます。バタヴィアの港町を拠点とし、胡椒めあてに割り込んできたイギリス人をアンボイナ事件で追い出してモルッカ諸島を独占し、胡椒取引のシェア拡大に成功したオランダですが、なんと1670年代に胡椒がヨーロッパで暴落してしまったのです。

S　なんでコショーの値段が下がったんですか？貴重品だったでしょうに。

T　胡椒の輸入過多が原因です。昔の「たまごっち」と同じで、数が少ないとプレミア価格がつくのに、欲を出して大量生産すると値が下がってしまうものです。しかも18世紀に入ると、銀などの流出の危険性に気がついた新井白石が「正徳の治」で貿易を制限して以来、日本との貿易が落ち目になってしまいました。フランス革命後、ナポレオンが本国のオランダを支配してしまうと、さすがのオランダ東インド会社も1799年に倒産してしまいます。というわけで、それ以降はオランダ政府が直接ジャワ島を支配します。

　オランダは砂糖（カッコ2）やコーヒー（カッコ3）、染料の藍(あい)（カッコ

4）などの商品作物をジャワ島で作り始めます。しかしオランダ政庁の収奪があまりに過酷だったので、滅ぼされたマタラム王国の貴族たちが中心となって反オランダ戦争であるジャワ（カッコ5）戦争を19世紀の初めにおこします。ゲリラ戦をおこなったジャワ軍にオランダは手を焼き、なんとか鎮圧しますが多大な戦費がかかってしまいました。なんとかソンを回収しなけりゃアカン、というわけで1830年に東インド総督となったオランダのファン＝デン＝ボス（カッコ6）はジャワ島の農民の耕地の5分の1にコーヒーやサトウキビ、藍を強制的に植えさせて、安値で買い取る「強制栽培制度」（カッコ7）を実施します。

S 「コーヒーのボス」ですか。なるほど。

T うーん、スペル違うけれどね。強制栽培制度によってコメを植える農地を奪われたジャワ島の農村は衰退し、飢餓に襲われるようになったのです。

海峡交通の話②──マレー半島

T マレー半島はもともと対岸のスマトラ島も合わせて14世紀後半からマラッカ王国を形成していました。マラッカ海峡を抱えるこの王国は海洋交易で大いに栄え、15世紀半ばには国王がイスラームに改宗してからは、交易を通じて東南アジアのイスラーム化に大きく貢献することになります。歴史の鉄則ですが交易で栄えた国の言葉は国際語になるもので、マレー語も東南アジアで広く使われます。1521年マゼランがフィリピンに来た際にスマトラ出身の奴隷に通訳させたところ、マレー語がフィリピンの人々に通じたらしい（弘末雅士「東南アジアの港市社会」岩波書店 p 133）。

S 現代の日本も交易で栄えたけれど、日本語は外国で通じるんですか？

T 世界語になっている日本語の単語はけっこう多いと思います。基本は「カラオケ」とか「スシ」、「テンプラ」、「テリヤキ」などの食い物系です。

S ハングルで覚えている単語はけっこう焼肉系の食材名が多いですもんね。

T あとはオタク系かな「マンガ」、「ポケモン」、「ナルト」、「ミク」とか。スポーツ系だと空手用語多し。「センセイ」も空手で広まった日本語です。おっと、こんなこと言っている場合ではないぞ。マラッカ海峡でもっとも狭い場所にある都マラッカに最初に目をつけたポルトガルは、1511年にマラッカを占領します。次にオランダがポルトガル人を追放して1641年にマラッカを支配しました。が、ナポレオンによってオランダが征服されたため、イギリス（カッコ8）が先に述べたジャワ島やマラッカ、ペナン島を手に入れま

す。実はこれらの土地はオランダが支配していた土地だったのです。ナポレオンがオランダを支配している時代はイギリスがオランダ植民地を支配しますが、ナポレオン戦争が終わった後、1824年にイギリスとオランダは条約を結び、マラッカ海峡から東のマレー半島はイギリスが支配し、西のスマトラ島をオランダの勢力圏として認め、分割しました。**もともとマラッカ海峡周辺は一つの文化圏であったのに、現在は国が分かれてしまっているのはこの条約のせいです。**この時にジャワ島もオランダに返還されています。

　この間に、イギリスの植民地行政官であるラッフルズがマレー半島の一番南の港に目をつけ、1819年にこの地域を現地のジョホール王から買い取って、新しい町を建設します。これがシンガポール（カッコ9）です。

S　ああ、あの「マーライオン」の町？

T　うん、「シンガポール」とはマレー語で「ライオンの町」という意味なのです。ラッフルズは思い切って、この町を「関税をかけない自由港」にしました。この処置がシンガポールを国際的な商業都市にします。

S　今で言えばタックスヘイヴン（Tax Haven）ですなー。

T　そのとおり。1826年にイギリスはペナン島、マラッカ、シンガポールを海峡植民地（カッコ10）として支配し、マラッカ海峡を押さえました。

　この時の支配者はイギリス政府ではなく、実はイギリス東インド会社でした。しかし1857年にイギリス東インド会社がインド大反乱の責任を取らされて解散してしまった後、1867年から海峡植民地はイギリス本国の直轄地となります。そして、イギリスはついに気がついてしまったのです。実はマレー半島には錫（スズ）がけっこう産出されることを。

S　え、スズって何に使うんですか？

T　えーと、ブリキ板や食器に使うんです。工業製品としても重宝するので、イギリスは錫を産出するマレー半島の内陸部を併合し、1895年にマレー連合州（カッコ11）を作り上げます。イギリスは手に入れたマレー半島の内陸部にゴム（カッコ12）の木のプランテーションを作り、インドや中国の出稼ぎ労働者を使って大量のゴムを生産します。こうしてマラッカやシンガポールを中心とするマレー半島は、マラッカ海峡を通じてイギリスの世界経済システムを支える重要な地域となります。

ビルマとフィリピン──イギリスとスペインの前線基地

T　ビルマはミャンマーとも呼ばれている国です。インド帝国のすぐ東にある

国で小乗仏教が栄えたことは勉強したとおり（シナリオ43参照）。このビルマではコンバウン朝（カッコ14）が18世紀から栄えていましたが、イギリス（カッコ13）がビルマに手を伸ばしてきます。理由はビルマをインド防衛の前線基地とするためですよ。ちょうどコンバウン朝が欲に駆られてインド東部を攻撃して占領したことが良い口実となってしまい、イギリスは19世紀に3回にわたるビルマ戦争（カッコ15）でついにコンバウン朝を滅ぼして、イギリス領インド帝国に併合してしまいます。

　次にフィリピンはスペイン（カッコ16）が進出していた植民地で、この島々にはスペインにとって好都合な条件がありました。まずフィリピンはインド文化の影響が少なかったために、仏教という宗教基盤が強くなかったのです。スペインは他の東南アジア地域と異なり仏教文化の影響の少ないフィリピンでは住民をカトリック（カッコ17）に強制的に改宗させます。ただし、東南アジアの交易システムに組み入れられていたミンダナオ島を中心とする南部でイスラームが布教されていたので、カトリックは南部のイスラーム勢力とは残念ながら現在でも対立関係にあります。

　重要なことは、スペインがフィリピンを中国への貿易中継地として利用したことです。アメリカ大陸を支配していたスペインは16世紀にアメリカ大陸で採掘された大量の銀（カッコ18）をフィリピンのマニラ経由で中国に運びこみ、中国の特産品であった生糸、絹織物や陶磁器購入の支払いに充てました。これをきっかけに中国内で銀が多く流通し、一条便法や地丁銀という税制を生んだことは以前も教えましたね（シナリオ49参照）。

S　すっかり忘れていました。まあ、覚えていなくとも死ぬわけではなし。

T　そのかわり受験に受かりませんぞー！スペインはガレオン船を使った中継貿易で富を築きます。ガレオン船？これです→1834年にマニラが欧米勢力に開かれた港として開港すると、「もうけのいいチャンス！」とばかりに商人が土地を買い集めて、欧米に高く売れる商品作物をプランテーションで作りまくります。代表的なものが砂糖キビやマニラ麻（カッコ19）、タバコでした。もちろん水田をブッつぶ

して作ったプランテーションですから、フィリピンでも飢餓が起こり、現地の人々から多大な犠牲が出てしまいます。

S　さっきから聞いていて、「砂糖キビ」を作るところが多いですね。

T　そりゃ、紅茶やコーヒーに砂糖を入れる習慣が欧米で盛んになったからです。砂糖キビ栽培と砂糖の流通によって昔は王侯貴族しか食べられなかったケーキやお菓子も、欧米の一般人が口にできるようになったのです。
S　日本の和菓子も一役かっているのかな？

ベトナム──カトリックが良くも悪くも影響してくる

T　次はベトナムです。ベトナムの諸王朝の歴史はかつて勉強しましたね。
S　そんな昔に習ったことなんて忘れてますよー。
T　こりゃいけませんね。では思い出しましょうか。唐王朝が滅びた後、ベトナムは「大越国」として独立を果たした以後、中国の宋やモンゴルの元の侵入を受けつつも**李朝→陳朝→黎朝→西山朝(タイソン)→阮朝**と続いていきます。
S　うええ、そんな王朝の名前覚えられないよー。
T　「リーチ、連(れん)チャン、大三元(だいさんげん)」という麻雀用語を覚えれば大丈夫です。「リ（李）ーチ、レ（黎）ンチ（陳）ャン、大（西山)(タイソン) 三元（阮）」となります。これは教学社「風呂で覚える世界史」に出ている暗記法。

　これらの王朝のうち陳朝は元を撃退したことと、字喃（チュノム）という国字を制定したことで有名なのですが、次の黎朝（1428年成立）は朱子学が発達したこと以外には目立たない王朝です。と言うのも、この王朝は鄭(てい)（カッコ20）氏と阮(げん)（カッコ21）氏という二つの一族によって実権を握られていたからです。実際に黎朝の時代はベトナム北部が鄭氏に、南部が阮氏に支配され、2世紀以降、海上貿易で栄えたチャンパーも17世紀末には阮氏の力で滅ぼされてしまいます（チャンパーが17世紀に滅びたかについては異論があります。桃木史朗「歴史世界としての東南アジア」〈山川出版社：世界史リブレット12、p73～参照〉)。この鄭氏と阮氏の争いによる混乱の中、西山(タイソン)の乱がおこり、西山村出身の阮氏三兄弟が勢力を伸ばし、1789年についに黎朝を滅ぼしてしまいます（シナリオ47参照）。新たにできた西山(タイソン)朝は、今までベトナムを分割支配していた鄭氏と阮氏の一族を皆殺しにしてしまいました。ところが、からくも生き残った阮氏一族の阮福暎(げんふくえい)（カッコ23）が復讐を誓って西山朝と戦います、が、負け戦の連続でなんともうまくいきません。そこに出会ったのがカトリックの布教に来ていたピニョー（カッコ24）というフランス人の司教さんです。「アナタハ、カミヲシンジマスカ～？シンジルなら、タスケテアゲマショウ」とかあったかもしれませんが（笑）、ピニョーが帰国してフランスのルイ16世に阮福暎への援助を働きかけ、武器と義勇兵を伴っ

て帰ってきてくれました。勇気百倍の阮福暎は南部のサイゴン地方を手に入れ、西山朝と対等に戦うことができるようになりました。しかしピニョーは西山朝に捕えられ、赤痢で病死してしまいます。阮福暎は盟友ピニョーのために壮麗な葬儀を行い、自ら弔辞を読んでピニョーを丁重に葬ります。

　阮福暎は1802年にベトナム全土を統一し、阮朝（カッコ22）を築きました。今までのベトナム諸王朝の都は北部のハノイ（昇竜〈タンロン〉）でしたが、阮朝からベトナム中部のフエ（ユエ）に移します。

S　昇竜って、「お前はタンロンが〜？」のアレですか？

T　そりゃブルース＝リーの映画「ドラゴンへの道」のセリフですね。タンロンって漢字で書くと「昇竜」。「昇竜拳っ〜！」もここから来たのかな？

　しかしピニョーを介したフランスつながりが阮朝にとって厄災になってしまいます。と、言うのも海外進出に熱心だったフランス（カッコ25）のナポレオン3世がベトナムに目をつけて、進出してきたからです。

　阮福暎はピニョーとの友情もあり、カトリックを迫害しなかったのですが、阮福暎以降の阮朝の皇帝がキリスト教嫌いで、カトリックの宣教師を迫害したため、ナポレオン3世の進出の良い口実にされてしまいます。

　ナポレオン3世の特使がカトリックの布教の解禁を要求したところ、阮朝はこれを拒否。それどころか北部で宣教師が殺される事件が運悪く起こってしまったので、ナポレオン3世は「カトリック保護」の大義名分のもとに出兵してサイゴン周辺を武力占領してしまいます。阮朝はやむなくフランスと講和してサイゴン（カッコ26）条約を1862年に結びました。この条約の内容は、①キリスト教の布教を認め、②サイゴンを中心とするベトナム南部のコーチシナ三省をフランスにゆずり、③ダナンなど三港の開港を認める内容でした。この条約をきっかけにフランスはベトナムへの侵略を強めてくるのです。あ、しまった、鐘だ！では次回はこの続きです。

【参考文献】

　概説としてはレイ・タン・コイ著、石澤良昭訳「東南アジア史」（文庫クセジュ：白水社）が便利です。近世東南アジアの海上貿易については、弘末雅士「東南アジアの港市世界」（岩波書店）が内容が詳しく、大変におすすめです。「世界の教科書シリーズ・インドネシアの歴史」（明石書房）も参照しました。また、近代ベトナム史については藤原利一郎「ヴェトナムの動揺　後黎朝―南北抗争時代」（学研「日本と世界の歴史」16巻所収）が、わかりやすく詳しい内容です。

≫112≪
19世紀のベトナム・タイ・清
―― 欧米への対応で国の運命が変わってしまう ――

ベトナムの植民地化 ―― 親から子を奪う

T　あー、前回中途半端で終わってしまったベトナムなどの東南アジアの歴史です。

S　前の授業の時も思っていたんですが、コーチシナとかサイゴンとか、どこにあるんですかあ？地理がぜんぜんわかりません。

T　あ、ごめん、ごめん。ここですよ→
地理がわからんと歴史もわからないよね。

　阮朝以前のベトナム諸王朝はハノイを都としていました、このハノイを中心としたベトナム北部を**「トンキン」**と呼び、フエを中心としたベトナム中部は**「アンナン」**と呼びます。これは唐王朝が安南都護府をここに置いたことから来ています。阮朝は都をアンナンのフエに置いています。サイゴン（現在のホーチミン市）を中心としたベトナム南部の地域は**「コーチシナ」**と呼ばれるメコン川のデルタに囲まれ、豊かな食糧生産と海上貿易でにぎわっていた地域です。

　フランスはベトナム南部のコーチシナ地方を1862年のサイゴン条約で手に入れた後、ベトナムに朝貢していたカンボジアを保護国化してしまいました。この勢いでフランスは、ベトナムの他の地方も手に入れようと狙っていたのですが、1870年に普仏戦争が起こってしまい、敗戦の混乱で時間がかかってしまいます。やっとこさベトナム侵略を再開しようとしたら、広東出身の太平天国の武将であった劉永福（カッコ1）が率いる中国系義勇軍の黒旗軍（カッコ2）が中国からかけつけて、阮朝の味方となりフランスの侵入を防いでしまったのです。この黒旗軍の活躍により、ハノイがあるトンキン地方を占領しようと手を出したフランス軍が敗れると、植民地拡大に意欲的であったフランス本国がムカついて大兵力をベトナムに派遣しました。ちょうど悪いことに後継者争いで内乱が起こっていたフエがフランス軍によって占領されてしまい、1883年のユエ条約（カッコ3）でベトナム全土がフランスの保護国となることを阮朝は認めてしまいます。

S　それって、ベトナムの北部のトンキンと、中部のアンナンもフランスの支

世界史プリント112

(ベトナム) p294の続き

¹(　　　　)が率いる²(　　　　)が
フランスに抵抗するが、フランス進出の口実となる
↓
³(　　　　)(1883)でベトナム全土が
フランスの保護国となる
↓
中国(清)がベトナムの宗主権を主張してフランス
と戦い、⁴(　　　　)(1884〜85)
をおこすが中国が敗北。フランスがベトナムの
保護権を獲得する
↓
⁵(　　　　)の成立
⁶(　　　　)年＝ベトナム、カンボジアで構成
されたフランス植民地
1899年にラオスも編入される

5・タイの情勢　(p294)

モンゴルの攻撃でタイ人が雲南から南下(13C)
・スコータイ朝(13〜15C.)(p64)
↓
・アユタヤ朝(15〜18C.)(p199)
↓
・⁷(　　　　)朝(チャクリ朝)(18C〜)
国王⁸(　　　　)(ラーマ5世)(19C後)
が独立の維持と近代化に努める。

3．東アジアの激動
1・清朝の動揺とヨーロッパの進出
(p295〜296)

① 18〜19世紀：人口の爆発と土地不足
→中国社会の動揺　例：⁹(　　　　)

② 18世紀後半：ヨーロッパ勢力の中国進出
清朝は貿易港を¹⁰(　　　　)一港に限定し
貿易を制限する
↓
18C後半に、イギリスは¹¹(　　　　)を
次いで¹²(　　　　)を中国に派遣、
自由貿易を求めるが乾隆帝は拒否。
(なぜイギリスは中国貿易を拡大したがった？)
理由：¹³(　　　　)の需要の拡大
＝中国茶の大量輸入が求められる。
↓
茶の代金として大量の¹⁴(　　　　)が中国に
流失したため、イギリスは銀不足におちいる。
↓そこで…
インドで栽培した¹⁵(　　　　)を銀の
代わりに中国へ輸出する。
⇓
中国、インドをめぐる¹⁶(　　　　)の成立

三角貿易の構造

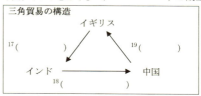

1833年　イギリス東インド会社の中国貿易独占権
の廃止(p290)
↓
イギリスのブルジョワジーが中国の茶貿易に参入し
²⁰(　　　　)がますます盛んになる
↓
中国のアヘン患者の増大により、大量の銀が
中国からヨーロッパに流失し始める

配下に入ってしまった、ということですか？
T　はい、そうです。お、ベトナムの地域名も覚えられたようですね。
S　で、ベトナム条約とユエ条約って、年号はどう覚えるんですか？
T　うーん、「野郎（862）に会ったが最後（<u>サイゴン</u>条約）だ、ゆえ（<u>ユエ条約</u>）に闇（83）にほうむる」はどうですか？
S　どうも、先生の年代のゴロ合わせのテイストはブラックですねー。
T　ユエ条約の内容に怒ったのは中国の清王朝です。中国はベトナムの宗主国（そうしゅ）だったので、ベトナムをフランスに奪われたことが許せなかった。
S　「宗主国」って何ですか？
T　えーと、山川出版社「世界史B用語集」によると、「宗主権」の項で「通常、宗主国は保護国の外交・軍事権を握り、内政にも干渉を加えることが多かった」と書いてあります。私から見れば、宗主国というとなんとなく「保護者」のイメージがありますね。子どもの友達やケンカに口を出し、勉強や遊びの内容にまで注文してくるような存在ですかねえ。
S　「モンスター・ペアレント」もいますもんね。
T　へたに手を出したら「んま、うちの子に何をするざあますか！」と言ってくるのが宗主国。普通、よそ者は介入しないのですが、ねらっている国が美人——ということは交通の要所にあり、産業が栄えており、豊かな国ということですが——なら話は別です。保護者を押しのけてでも何が何でも手に入れたい。と言うわけでおこったのが清仏戦争（カッコ４）です。この戦争では意外にフランスは苦戦しています。清軍にフランスはトンキンで敗れているのですが、フランス海軍が制海権を握ったことが結局勝負を決めました。結果として1885年に清はフランスと天津条約を結び、フランスのベトナム支配を承認し、ベトナムの宗主権を放棄してしまいます。
S　親が子どもを見放してしまうような…ですか？
T　まあ、文化的影響から見ても中国は親にあたりますね。自分の子を、赤の他人にくれることを認めてしまったのはまずかった。「キャー、助けてぇ！」「ははは、助けを呼んでも誰も来ない。お前の親はお前を見捨てたのさ！」というわけで、ベトナムは1887（カッコ６）年にフランス領インドシナ（カッコ５）としてフランスの植民地にされてしまいます。

近世のタイの歴史——明治の日本と似ている近代化路線
T　ええと、次はタイの歴史です。すでにシナリオ47で説明済みですね。

S　ごめん、先生、見事に忘れてます。タイ料理は好きなんだけれどねえ。

T　料理が好きなら歴史も覚えられますよ！料理も歴史も文化なのだから。　タイ人が（スコータイ朝→アユタヤ朝→ラタナコーシン朝）と王朝を作っていったのを思い出してください。カタカナばかりで難しいかもしれないが、一度覚えてしまえば役に立ちますよ。タイも19世紀に入ると欧米列強との対応に苦慮します。ただし、タイの場合は列強の植民地にならずに済みました。アジアで欧米の植民地になることがなかったのはタイと日本のみです。その秘訣は何だかわかるかな？

S　ひょっとして、近代化政策ですか？

T　そのとおり。まず、二つの国とも君主制国家であったこと。そして君主が国の近代化に熱心だったことです。そのことがよく現れているのは君主のコスチュームだと思います。

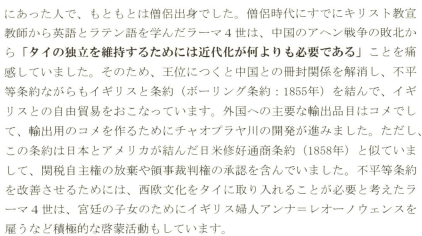

　　右の写真のうち左側がタイのラタナコーシン（カッコ7）朝の国王ラーマ4世（モンクット王）で、右側は日本の明治天皇の数少ない写真の一つです。どうです、立派な洋装でしょう。

　　ラーマ4世は1851年から1868年の死まで王位にあった人で、もともとは僧侶出身でした。僧侶時代にすでにキリスト教宣教師から英語とラテン語を学んだラーマ4世は、中国のアヘン戦争の敗北から「**タイの独立を維持するためには近代化が何よりも必要である**」ことを痛感していました。そのため、王位につくと中国との冊封関係を解消し、不平等条約ながらもイギリスと条約（ボーリング条約：1855年）を結んで、イギリスとの自由貿易をおこなっています。外国への主要な輸出品目はコメでして、輸出用のコメを作るためにチャオプラヤ川の開発が進みました。ただし、この条約は日本とアメリカが結んだ日米修好通商条約（1858年）と似ていまして、関税自主権の放棄や領事裁判権の承認を含んでいました。不平等条約を改善させるためには、西欧文化をタイに取り入れることが必要と考えたラーマ4世は、宮廷の子女のためにイギリス婦人アンナ＝レオーノウェンスを雇うなど積極的な啓蒙活動もしています。

S　西欧的な教育の導入は当時の日本の方向と同じですねえ。

T　実は、タイ王宮で英語教育をおこなったアンナ＝レオーノウェンスが後に書いた日記をもとに、ラーマ4世とイギリス婦人の相互理解と友情をミュージカルにしたのが名作「**王様と私**」で、映画化もされていますよ。

S　そんな映画は知らんなあー。

T え、じゃあ、「シャル・ウィ・ダンス？ Shall we dance ?」って曲は知らないかなあ。（歌ってみせる）
S お、それは知ってる、知ってるぞ！あれ？映画にもなっているのでは。
T 周防正行監督がこの曲を基にして「Shall we ダンス？」という映画を撮っています。実はこの曲はミュージカル映画「王様と私」の中の歌なのです。機会があったらぜひ見てもらいたい映画ですねえ。私は好きですよ。でも、タイではこの「王様と私」という映画は上映禁止なのです。
S ほう、なんでなんですか？
T 「勝手なオリエンタリズムで、タイ王室を侮辱している」という理由です。
S え、侮辱しているのですか？
T うーん。私は侮辱していると思うなあ。写真の左側は舞台でラーマ４世を演じる名優ユル＝ブリンナーの姿ですが、前のページのラーマ４世の肖像と較べてみてください。ミュージカルのコスチュームが明らかに興味本位です。

S こりゃハンテンとボンタン・キュロットだなー。でも別にいいじゃん。
T ちなみに、右側の写真はイギリスの作曲家サリヴァンが1885年に作った日本（？）を舞台にしたオペレッタ「ミカド」の中の、「ミカド」（天皇）のコスチュームです。これも「別にいいじゃん」かな？（生徒無言）
　「異国の文化を自己チューで見る欧米の伝統」を批判した本として、エドワード＝サイード「オリエンタリズム」（上・下：平凡社ライブラリー）をぜひ読んでみてください。けっこう難しいのですが、優れた著作です。

　ラーマ４世が亡くなった後、後を継いだ息子のラーマ５世、別名チュラロンコン（カッコ８）は独立を維持するため、タイを中央集権の国に変え、近代的官僚機構と徴税システムを作り上げます。また、タイに残っていた奴隷制度も彼が廃止しました。右の写真で父ラーマ４世と並んで立つ少年がチュラロンコンです。→

　チュラロンコンは司法・軍事・教育でも大胆な改革を行い、タイの近代化に成功しています。
S 明治時代と同じ努力の末に近代化達成ですね。
T しかし、ラーマ５世はフランス領インドシナを持つフランスの圧力で現在のカンボジアやラオスにあたる地域

をフランスに割譲を余儀なくされました。しかし時勢がタイに味方しましたねえ。イギリスにとっては有利な条約を結んだタイを失うと、せっかく手に入れたビルマがフランスに狙われる恐れがあるので、イギリスがフランスに睨みを利かせ、タイはなんとか独立を維持できたのです。

S　センセー、ところで質問。「モンクット」とか「チュラロンコン」って何？
T　とっても難しい質問だ！まず、<u>タイ人は姓で呼ばれることはめったにない。公でも名前を使います</u>。「タクシン」や「インラック」は兄妹なのですが、姓ではなく名前で呼ぶので家族関係がわかりません。しかもタイでは姓と名前の他に「あだ名」というのがありまして、通常は「あだ名」で呼ばれることが多く、本人も「あだ名」で呼ばれることを好むようです。やんごとなき王室でも、ラーマ（インドの神様でタイ国王の尊称）何世と呼ぶのはわかりづらいので、王様の名前の一部や幼名を「あだ名」のようにして呼ぶようですね。ちなみにラタナコーシン朝の別名をチャクリ朝と呼ぶのは、初代国王ラーマ1世のあだ名が「チャクリ」だったからです。ちなみに、今のタイ国王は「プミポン」という名で呼ばれてます。

東アジアの激動——清王朝の終わりの始まり

T　さて次は東アジア世界の本丸、中国だ！中学校でも習ったはずのアヘン戦争への伏線を見ていきましょう。題して「清王朝の終わりの始まり」。

　清王朝全盛期の三代の皇帝、康熙帝・雍正帝・乾隆帝の時代は、経済・産業・軍事力とも国際的に最高レベルに達していた時代です。しかし最後の乾隆帝は派手好きな皇帝でして、大規模な戦争を10回もおこない、戦勝を誇って自分のことを「十全老人」と称しています。

また円明園というバロック式宮殿（→）をぶっ建て、ここで西域出身の香妃という美女と紅茶を飲んで憩いの時間を過ごしたらしい。さらには官吏出身の老人を招いて大饗宴を二度も開き、大散財  をしています。乾隆帝は「祖父の康熙帝の在位61年を超えてはいかん」という考えから、在位60年で退位し、皇帝の位を嘉慶帝に譲っていますが、自分は上皇として「院政」をおこなっていました。「戦争」「大建築」「大饗宴」「老害」では、さすがに強勢を誇った清王朝も財政がぐらついてくるのは当然でしょう。

S　で、そのカネはどうやってまかなったんですか？
T　そりゃ税金ですな。ところが「地丁銀」という税制のため、人口が倍増し

てしまったのに(シナリオ49参照)、開発できた土地の耕地面積が全体のうちたった18%では農民はやせ細るばかり。乾隆帝が生きている18世紀の末から、「白蓮教徒の乱」(カッコ9)がおこり、中国社会を動揺させます。

S　その「白蓮教」って何ですか？

T　浄土信仰(阿弥陀仏にすがる人は死んで浄土に往生できる)と、弥勒信仰(弥勒菩薩が未来にこの世に現れて衆生を救う)が結びついたのが白蓮教です。いわば「極楽浄土信仰」と「救世主信仰」が入り混じった内容。しかし苦しい時こそ貧民は宗教にすがるもの。白蓮教はお上に逆らう大勢力となります。かつては明王朝を開いた朱元璋も、白蓮教徒の武将でした。

S　なんか信長に反抗する浄土真宗門徒のような感じですね。

T　この白蓮教徒の宗教反乱はなんとか鎮圧できましたが、次にヨーロッパ勢力の中国進出という大問題がおこります。ヨーロッパでは茶(カッコ13)の需要が増え(シナリオ86参照)、茶の大産地である中国からの茶の輸入が強く求められていましたが、乾隆帝は広州(カッコ10)一港しか開港せず、しかも公行という特権商人組合しか茶の取引ができなかったのです。そこで茶の需要が強いイギリスはマカートニー(カッコ11)、次いでアマースト(カッコ12)を派遣し自由貿易の拡大を求めましたが、乾隆帝に対する「三跪九叩頭(さんききゅうこうとう)」という土下座をめぐって争いが起こってしまい、自由貿易交渉は行き詰ってしまいました(シナリオ49参照)。

S　うーん、以前もわからなかったけれど、土下座がそんなに問題になるんですかー？

T　ほぼ自給自足でまかなってこれた中国は別に欲しい輸入品などなかったので、貿易は**「中国皇帝の徳を慕ってくるのなら、恵んでやらんでもないぞよ」**という朝貢貿易が基本でした。中国皇帝を慕い、敬うのですから皇帝に土下座するのはあたりまえ。しかも「三跪九叩頭」は**「土下座の中の土下座」**という究極の土下座で、三回頭を地面にすりつけておこなう土下座を三回くり返すというすさまじい土下座です。

さすがに土下座なんかする習慣のないイギリス人のマカートニーはいやがって、片膝をつくという形でなんとか許してもらったのです。右がその皇帝会見図→

S　いやあ、中国側の顔が典型的なワル顔ですなあ！

T　ここまで妥協しても、乾隆帝は自由経済を許さず、アマーストにいたっては片膝つくことも拒否したので皇帝に会うことすらできなかった。というわけで、茶の需要が増えているイギリス側にとっては困ったことになりました。茶を買うためには銀（カッコ14）を中国に支払わなければならず、それも莫大な金額になってしまったのです。そこで追い詰められたイギリス側はえげつない手段を思いつきました。インドで栽培したケシのつぼみから作ったアヘン（カッコ15）という麻薬を銀の代わりに中国に売ったのです。

S　ほほう、そのアヘンとやらはどういう麻薬ですかな？ふふふ。

T　あ、アヘンについては次回に説明しますよっ。イギリスは綿製品（カッコ17）をインドに売り、その代価に得たインドのアヘン（カッコ18）を中国に売り、その代価に得た中国の銀（カッコ19）をイギリス国内に持ち込むという新たな三角貿易（カッコ16）をおっぱじめたのです。

　　イギリス本国では、1832年の第一次選挙法改正でブルジョワジーが選挙権を手に入れたことにより、議会に対する影響力を強めました。その結果1833年に「イギリス東インド会社による茶を含む中国貿易独占権」が政府によって禁止され、茶貿易がイギリスの産業資本家に解放されてしまいました。今まではイギリス東インド会社を監督していればアヘン貿易をコントロールできたのですが、「ヨーイ、ドン！」の自由競争になってしまったためアヘン貿易が完全な無法状態になり、手段を選ばぬ方法でアヘンを売りまくったためアヘンの被害が増える一方でした。その代表がイギリスのジャーディン＝マセソン商会で、アヘン貿易で大もうけしました。このようなアヘンの密貿易（カッコ20）の結果、中国は茶だけではアヘンの代金を払いきれず、銀が大量に海外に流出してしまうことになります。この中国の危機に一人の英雄が立ち上がった。その男とは…。あ、時間になっちゃいました。では次回！

【参考文献】
　東南アジア史概説は「東南アジア史Ⅰ（大陸部）・Ⅱ（島嶼部）」（世界各国史5・6：山川出版社）が標準的な文献となります。入手しやすいのは桐山昇・栗原浩英・根本敬「東南アジアの歴史―人・物・文化の交流史」（有斐閣アルマ）で、近代を中心に東南アジア史をわかりやすく扱っています。「世界の教科書シリーズ・タイの歴史」（明石書房）も参考になります。清朝の衰退期については日比野丈夫「清帝国の秋」、内藤戊申「白蓮教徒と艇盗」（学研「日本と世界の歴史」16巻所収）を参照しました。

≫113≪
アヘン戦争とアロー戦争
―― 麻薬の知識がやはり必要となります ――

アヘンとは何か――麻薬の実態を生徒に教えることは大切です

T　えー、今回はアヘン戦争から始めましょう。

S　前は麻薬の話を「次にする」って言っていたのに、忘れたかな〜？

T　えっ。まあ〜、そのぉ〜、そんなことは知らなくても生きていけるしねえー。（ブーイングの嵐）しょうがないなあ。じゃあ、ちょっとだけですよ。（麻薬は「世界史を変えた四大植物」の一つですから〈シナリオ81参照〉きちんと説明しておく必要があります）麻薬は大きく分けてアッパー系麻薬（興奮剤）とダウナー系麻薬（抑制剤）、そしてサイケデリック系麻薬（幻覚剤）の３種類があります。このうちアッパー系は気分が高揚して、何日も不眠不休で働けてしまう魔法の薬です。代表はなんと言っても覚せい剤。逆にダウン系麻薬は気分が落ち着き、うっとりとしてしまう麻薬でして、うつらうつらとしながら極楽をさまよえます。サイケデリック系は幻覚を見る作用を持ち、「ヘンな世界」におぼれてしまいます。代表はLSD。いずれもアルカロイドという有機化合物が深く関係しているのが特徴ですね。

　しかし、麻薬は脳に不自然な刺激を与えて、そのような作用を及ぼす薬品なので、常用していると確実に脳が荒廃し、死に至ってしまうのです。

S　じゃあ、適当なところで止めちゃえばいいじゃん。

T　そうはいかない。これらの麻薬には強い依存性があり、途中で止めようとすると強烈な禁断症状が起こり、どうしても止められなくなってしまうのです。さて、**今日の主題の「アヘン」はダウナー系麻薬の主役と言ってよい恐るべき麻薬です。**

S　ほほう、どうやって作るのですかねえ？

T　（平気でペラペラとしゃべってしまう）まずケシの花が落ちた後の果実に傷を入れると、ドロッとした液体が出てくる。右の写真がその例です。→

　この液体を乾燥させると黒っぽい固まりになるのですが、これがアヘンのもとになります。実際には色々

世界史プリント113

1839年 清王朝は事態の深刻さに気づき、
¹(　　　　　　)を広州に派遣して
アヘンの取締りをおこなわせ、イギリス商人
の持っていたアヘンを大量に廃棄する
↓
損失を受けたイギリス商人の抗議により、
イギリス議会は、自由貿易を主張して清朝と
²(　　　　　　)をおこす。(1840～42)

2・欧米諸国との条約 (p296～297)

アヘン戦争における中国の敗北
↓
1: ³(　　　　)の締結 ⁴(　　　年)
(内容)
① ⁵(　　　　)の割譲
② ⁶(　　　)、寧波、福州、厦門、広州
の五港の開港
③ ⁷(　　　　)の廃止、賠償金支払
2:五港通商章程、⁸(　　　　)追加条約
(1843年)
① 領事裁判権
② 関税自主権の喪失
③ ⁹(　　　　　　)を認める
3:アメリカ合衆国と ¹⁰(　　　　　)
フランスと ¹¹(　　　　　)を結び
イギリスと同等の権利を認める
(1、2、3すべて中国に不利な不平等条約)
↓
クリミア戦争後、イギリスはさらなる
権利拡大をねらう
↓

イギリス船籍の船が中国官憲に逮捕された事件
にイギリスは文句をつけ、フランスとともに
¹²(　　　　)¹³(　　　　～60年)
をおこし、中国を打ち破る。
↓
(結果)
¹⁴(　　　　)¹⁵(　　年)を結ぶ
(内容)
① 外国使節の北京常駐
② ¹⁶(　　　　　　)の自由
③ 開港地の増加(10港を追加)
¹⁷(　　　　)¹⁸(　　　　)などの
長江流域の港町を開港地に加える。
④ 賠償金の支払い
(後の通商協約でアヘン貿易を清が公認)

中国皇帝はこの条約を認めず、イギリスの批准使節
が北京へ入ろうとしたところを攻撃したため、
再びイギリス、フランスとの間に戦争がおこる
↓
英仏連合軍は清軍を破り、¹⁹(　　　　　)を
破壊し、北京に入場。
戦争に敗北した清朝は英仏と
²⁰(　　　　)²¹(　　　年)を結ぶ
(内容)天津条約に以下の条項がさらに加わる
① 開港地の増加(天津条約の10港に、さらに
²²　　　　を追加)
② ²³(　　　　)をイギリスに割譲

⇩

イギリスは中国に力ずくで自由貿易を強要

と手を加えないと純度が高くならないのですが、できあがったアヘンをキセルでタバコみたいにして吸うと、けだるさと幸福感が襲ってくる。もう一度吸ったらやめられない、止まらない。

S　そんな「〇ッパえびせん」みたいなもんだったら、ええものですなー。

T　とんでもない！上の写真を見てもらいたい。こうなっちゃうのです。アヘンの禁断症状はすさまじい。そしてアヘン吸引の果てに待っているのは確実な「死」なのです。

　　しかし、アヘンから精製した物質「モルヒネ」は末期がんの強烈な痛みと苦しみを無くしてくれる貴重な薬でもあるので、作らざるを得ない。そこで日本でもアヘンの原料となるケシは、国家の厳重な管理の下で栽培しています。某植物園で薬用のために栽培されているケシの花はご覧のような二重フェンスのもとで栽培されているのです。→これなら盗まれないからね。

アヘン戦争──「イギリス史上、最悪の戦争」

T　イギリスは銀が足りなくなってお茶の代金が払えなくなったため、インドで栽培したアヘンをお茶の代金代わりに中国に持ち込みました。中国はアヘンの実態を知らなかったので、すっかり油断していましたね。アヘンは中国に広まってしまい、中毒患者や死亡者が大量に出てしまったのです。さすがにここに至って、鈍感な清王朝も事の重大さに気がつきました。時の皇帝であった道光帝が名案を募集したところ、**「アヘンの輸入を厳禁し、取引商人や、自首してきた者以外の中毒患者は厳罰に処するべきである」**という上奏文が採用されることになりました。この文を書いたのが林則徐（カッコ1）と言う官僚だったのです。→

　　道光帝はこの上奏文が気に入り、さっそく林則徐を**欽差大臣**（皇帝の代理として全権を持つ臨時の大臣）として広州に派遣しました。

　　この林則徐の人柄にも言及しておくと事件の理解に役に立つでしょう。林則徐は27歳で優秀な成績で科挙に合格

し、エリートコースを歩んで出世した官僚です。なにしろ清廉潔白を旨とし、ワイロなんか絶対に受け取らない。当時の役人にはめずらしい「超」ド真面目な人でした。長江下流地域の総督としてアヘン撲滅を指揮した時には、その剛直な姿勢でアヘン商人たちに恐れられ、アヘン駆除に見事な業績を残した人です。広州に着いた林則徐はさっそくアヘン取引の厳禁を貿易商人たちに通告し、三角貿易を平然とおこなっているイギリス人にも「すべてのアヘンを差し出すように」命令したのです。

S　で、イギリス人たちは大人しく言うことを聞いたのですが？

T　いいえ。イギリス人たちは「ワイロをわたせばリンとかいう役人も折れるだろう」と考えていたようだが、林則徐はそんな人物ではないことをじきに思い知りました。林則徐の命令により中国兵がイギリス人商館を包囲したため、食料が手に入らなくなってしまったのです。やむなくイギリス人商人たちはアヘンのつまった箱を中国側に差し出したのですが、これがなんと２万箱もあった。そのうち７千箱がジャーディン＝マセソン商会のものだったという。林則徐はこれらのアヘンを処分しようとしたが、これが難しい。

S　焼けばいいんじゃないんですか？

T　いや、焼くとアヘンの成分が土にしみこんでしまい、２〜３割のアヘンが再製できてしまうのです。そこで林則徐はアヘンの化学的性質を調べ、アヘンが塩と石灰に弱いことを見出した。そこで海辺に周囲と底を頑丈な板張りにした池を掘らせて、そこに海水を張った池にアヘンを投げ込み、塩と石灰をぶちこんで棒でかきまぜ、ドロドロに溶かしてから海へ放出する方法をとりました。しかしアヘンは２万箱もあったから、これらの大量のアヘンを処理するのに１ヶ月近くかかったと言います。

　　林則徐はイギリス商人に対し、没収したアヘン１箱につき、茶葉５斤をほうびとして与えたのですが、大損をかっ食らったイギリスの怒りが収まったわけではない。これに対しアメリカ人商人は麻薬を扱っている者が少なく、アメリカ人宣教師の多くがアヘン貿易に反対していたため、林則徐はアメリカ人たちには好意をもって接していたようです。

　　林則徐はさらに、イギリス人商人に対し、「**アヘン貿易はいっさいしません。もし破ったら死刑でもかまいません**」という誓約書を書くことを要求します。イギリス商務監督エリオットはこの誓約書を書くことを拒否。
「なんでまた野蛮な中国の残酷な処刑に、我々白人が同意しなければならないのだ！大英帝国を侮辱しおって！」と怒りをあらわにすると、林則徐は「**国際**

法では、外国人は現地の法律に従うことが基準となっています。あなたはそんなことも知らないのですか？」と言ったためエリオットは赤恥をかいてしまいました。実は林則徐はスイスの国際法学者ヴァッテルの著作「国際法」を、中国語ができるアメリカ人医師に自ら頼んで翻訳してもらい、その訳書「各国禁律」を必死に勉強していたのです。

S　ほおおー、林則徐もやりますなあー！
T　逆切れしたエリオットはイギリス商人を率いて広州から退去し、パーマストン外相に事態を報告します。実はパーマストンという政治家は海外侵略に積極的な政治家でして、中国に派兵する案件を議会にかけました。この時、派兵に大反対したのがグラッドストン（シナリオ99参照）でした。
　「その原因がかくも不正な、不名誉な戦争を私は知らないし、読んだこともない。栄光に満ちたイギリスの旗は、悪名高い禁制品の密輸のためにひるがえったのだ！」と歴史に残る演説をしたのですが、わずか9票の差で可決されてしまったのです。派遣されたイギリス海軍は林則徐が固く守る広州を通り過ぎて、なんと、北京の近くの港町である天津を攻撃し始めます。
　動転した道光帝は林則徐を解任し、あっさりとイギリスに屈服してしまいました。この時、イギリスと交渉した中国の高官が**「林則徐は罷免されました。いや、めでたいことですなあ。うはははは」**とお追従を言ったので、さすがにイギリス側の高官はムッとして**「林則徐は立派な才能と勇気を持った総督です！」**と言い返したらしい。

S　イギリスにもなかなか立派な人物がいたんですねえ。
T　このアヘンをめぐるイギリスと中国の戦争を**アヘン戦争**（カッコ2）と呼びます。この戦争は中国にとって高くつきました。1842（カッコ4）年に南京条約（カッコ3）を結ぶことになってしまったのです。この条約で中国はイギリスに対し**香港島**（カッコ5）を割譲したのです。

S　なんでホンコンなんですかねえ？
T　イギリス人たちは広州へ通いつつ、マカオのすぐ近くにあるこの島が、軍事的にも貿易的にも重要な位置にあることを見抜いたのでしょうね。現在の香港全体のうち、島の部分だけをイギリスは南京条約で手に入れたのです。そして**上海**（カッコ6）、**寧波**（ニンポー）、**福州**、**厦門**（アモイ）、**広州**の五港の開港も南京条約で定められてしまいます。これらの五つの町はすべて太平洋に面した港町で、貿易に適した港町であると思われたのです。覚え方は「シャンプー丁寧、甘い口臭」という教学社「風呂で覚える世界史」に出

107

てくるゴロ合わせがいいでしょう。「シャン(上海)プー(福州)丁寧(寧波)、甘い(厦門)口臭(広州)」と覚えるのです。そして、あのうっとおしい公行(カッコ7)という中国側の特権商人組合を廃止することも定めました。自由貿易にしたほうがイギリスのもうけになりますから。

　そして、南京条約の1年後の1843年に虎門寨(カッコ8)追加条約が改めて結ばれ、中国はイギリスに対し①関税自主権の喪失②領事裁判権③最恵国待遇(カッコ9)を与えることが定められたのです。

S　何ですか？その「**最恵国待遇**」っていうのは？
T　うっ(大汗)。ま、まあ、教科書p296の欄外①に書いてあるから見てくださいねー。え？教科書を忘れちゃったー？おいおい、教科書を忘れるなんて、ラスボス相手の決戦に必須アイテムを忘れるようなもんだぞ！
　　つまり「他の国に与えた有利な条約の内容は、自動的に自国にも適用される」という実にムシのいい内容なのです。例えば「おい、お前は吉田にジュースを買ってきてやったんだってな。だったらオレにも買ってこい！」
S　それってパシリじゃあないですか。
T　そう、相手にとっては最もイヤなことです。そこでいじめられる人は「じ、じゃあ君もボクにパンを買ってきてよぉ」と言いたい。しかし相手は平気で無視。「おい、今、何って言った？いつからお前はそんなに偉くなったんだ？」と言い返される始末。これが「弱い国が他の国に認めた有利な条約内容は、一方的に強い条約相手国にも適応されてしまう」という**「片務的最恵国待遇」**なのです。「お、あいつ弱いやんけ。オレもあいつをこき使ってやろう」とばかりに1844年にアメリカ合衆国が望厦条約(ぼうか)(カッコ10)を、フランスが黄埔条約(こうほ)(カッコ11)を清王朝と結んでしまいました。

　これらの諸条約はイギリスと結んだ南京条約や虎門寨追加条約と同じ内容の不平等条約だったのです。
S　みんなでよってたかってボコにしている感じですね。

アロー戦争───「史上最悪の言いがかり戦争」
T　イギリスが期待していたのは、開港による自由貿易で中国貿易の利益が増えることでした。ところが実際はアヘンをのぞいて思ったほど利益があがらなかった。特に期待していた綿製品輸出が不振でした。肝心のアヘン貿易も中国が正式に認可したものではなく、いわば「見て見ぬフリ」の貿易だったことがイギリスにとっては不満でした。都の北京には常駐の領事や大使がいなか

ったので、わざわざ広州や上海から使節を送って政府と貿易交渉することも手間がかかっていたのです。そこで、イギリスが清王朝に対して要求したかったことは、**①公使の北京駐在権②清王朝によるアヘン貿易の公認③開港場の増加**、でした。が、しばらくは要求を清王朝に押し付ける機会を持つことができませんでした。と、いうのもロシア相手のクリミア戦争が始まってしまったからです（シナリオ98参照）。1856年のパリ条約でロシアの敗北が決まり、やっとこさ後顧の憂いを断ったイギリスは今度こそ中国にケンカをふっかける機会をねらいます。

　そのチャンスは意外に早く来ました。アロー号というイギリス籍の船が広州港外で清朝の官憲によって海賊容疑で調べを受け、中国人船員が逮捕されてしまう「アロー号事件」がおこってしまうのです。この時、清朝の警官がイギリス国旗を引きずりおろして侮辱した、とされたことがケンカのネタにされてしまいます。例えて言えば、「おう、おめえ、今オレの肩にぶつかったろ！ ケガしたから入院費をだせ、ホレ、出せよ」という、ヤクザ者がお坊ちゃんにからむ構図に似てなくもない。

　ちょうどその頃、フランス人の宣教師が中国で殺されてしまう事件がおき、海外進出に意欲的だったナポレオン3世が「キリスト教布教の自由」の旗印を掲げて中国への武力干渉に参加してきたのです。こうしてイギリスとフランスが清にいちゃもんをつけて起したのが**アロー戦争**（カッコ12）で、1856年（カッコ13）から1860年まで続きます。清軍は大敗し、天津条約（カッコ14）を1858（カッコ15）年に結びます。

　天津条約の内容は、(1)公使の北京駐在権 (2)南京（カッコ17）、漢口（カッコ18）などの開港場の増加 (3)外国船の長江航行の自由と中国国内の外国人の旅行の自由 (4)キリスト教布教（カッコ16）の自由 (5)賠償金支払い でした。そこで、新たな開港場の場所を資料集ｐ218で確認してみよう。

S　なんだか長江沿いの町が多いような…。

T　そのとおり。イギリスは、**中国では商業や交易が盛んな港は海沿いではなく、長江沿いに多い**ことに気がついたのです。中国は生産物が豊かで、外国との貿易が必要でなく、むしろ川や運河沿いの港町の方が商業活動が活発だったのです。そこでイギリスは長江周辺の商業都市、たとえば南京や漢口（現在は武漢）などの長江沿いの町を手に入れたのです。

T そして天津条約に付属する通商協定で肝心な「アヘン貿易の合法化」を清王朝に承認させました。

　ところが「のど元過ぎれば、熱さを忘れる」とやらで、英仏軍が去ると「あんな力で押し付けられた条約なんか守ることはないわい！」という意見が清朝の宮廷でまかり通るようになってしまった。そこで、条約の批准のために天津港にやってきた英仏の外交団の船に、バンバカ大砲を浴びせるというとんでもない事件を引き起こしてしまったのです。

S　その批准（ひじゅん）って何ですかー？

T　条約と言うものは議会の承認がないと、条約として発効できません。この承認を批准と言います。議会がない当時の清王朝のような場合では皇帝の承認が必要。そこで外交団が皇帝の承認を得にやってきたのですが、この外交団に大砲をブッ放したことはまずかった。相手国の外交官に武力攻撃をすることは最大の侮辱行為になってしまうので新たな戦争のよい口実になってしまうのです。英仏連合軍は天津に上陸し、北京を攻撃。皇帝の咸豊帝は北京を脱出し、そして、乾隆帝がイタリア人イエズス会士カスティリオーネに設計させたバロック式宮殿の円明園（カッコ19）は英仏連合軍に放火略奪されて廃墟になってしまいました。これがその跡です。→

　戦争に敗北した清王朝は、1860年（カッコ21）に北京条約（カッコ20）を結び、先の天津条約の内容にさらに以下の条項を付け加えさせられたのです。まず①北京の近郊にある**天津**（カッコ22）を開港場に追加したこと。そして②香港島のすぐ北にある**九龍（クーロン）半島**（カッコ23）をイギリスに割譲すること。この２点が加わってしまいました。**こうしてイギリスは「アヘン戦争」と「アロー戦争」の二つの戦争で中国に自由貿易を強要することに成功したのです。**

　これらの条約で奪われた香港と九龍半島を中国がイギリスから取り返したのは1997年ですから、なんと140年近くかかってしまうのです。

【参考文献】
　陳舜臣「実録アヘン戦争」（中公文庫）はドキュメンタリー風に書いてあり、実にわかりやすい文献です。アヘンのおそろしい実態については船山信次「〈麻薬〉のすべて」（講談社現代新書）に詳しく書いてあります。

≫114≪
ロシアの中国進出と太平天国の乱
—— ロシアの中国進出はその「目的」に注意すべし ——

ロシアの中国進出①——「東を征服せよ!」

S　あのですね、林則徐って欽差大臣をクビになった後、どうなっちゃったんですか? まさか、処刑されたのではっ!

T　いや、実は中央アジアの新疆に流罪になってしまったのです。林則徐は新疆に流される前に、海防のため友人の魏源という学者に命じて、イギリス人マレーが書いた「世界地理大全」を翻訳・編集させ、「海国図志」という地理書を作らせたのですが、この「海国図志」は日本の吉田松陰や佐久間象山に大きな影響を与えます。ところが中央アジアで林則徐はロシア進出の実態を見てしまい、その黒雲のような圧力に驚愕します。ちょうど1840年代のロシアはイギリスに対し、軍事的・経済的に対抗するために、綿花の産出国である中央アジア方面を勢力下に置くことを目指していたのです。そのロシアの露骨な侵出を間近に見た林則徐は「イギリスよりもロシアの方が中国の大きな脅威となる」と考え、中央アジアの防御を固めてロシアに対して備えることを宮廷に訴えました。この林則徐の考えを受け継いだ政治家が、後で出てくる左宗棠です。

　さて、そのロシアの話です。ロシアは黒海〜地中海にいたるルートを確保しようとしてオスマン帝国にケンカをふっかけますが、このケンカが英仏の介入を招いてしまい、クリミア戦争で英仏連合軍に敗北してしまいます。クリミア戦争は1853〜56年の出来事ですが、おかげで不凍港である黒海のクリミア半島にあるセヴァストーポリ海軍基地が使えなくなってしまいました(シナリオ98参照)。これらの事件って覚えているよね?

S　うーん、何となく。

T　クリミア半島は、最近のウクライナとロシアの紛争のもとになった重要な軍事拠点です。このクリミア半島が使えなくなるのはロシアにとって大問題であったし、今も大問題なのです。クリミア戦争で敗北し、地中海方面の進出に失敗してしまったロシアが次に目をつけたのは極東の中国・日本方面でした。すでに1847年から初代東シベリア総督になったムラヴィヨフ(カッコ

111

世界史プリント114

(ロシアの中国進出)

クリミア戦争におけるロシアの敗北
↓
ロシアは不凍港をアジアに確保しようとする。
東シベリア総督の¹(　　　　　　　　)が
中国への進出をはかり、不平等条約で領土を
中国から奪う。

①²(　　　　　　　) ³(　　　　年)
ロシアは⁴(　　　　　　　)以北を領有
↓
②⁵(　　　　　　　) ⁶(　　　　年)
③ロシアは⁷(　　　　　　　)を獲得
→⁸(　　　　　　　　　)港を建設

※ロシアはウズベク人が作った
⁹(　　　　　　)、¹⁰(　　　　　　)、
¹¹(　　　　　　　　　)の三ハン国を
支配下に置く
↓
④清に対するイスラーム教徒の反乱をきっかけに
おこった¹²(　　　　　　　)の乱を
利用して、ロシアがイリ地方を占領
↓
¹³(　　　　　　)がヤクブ=ベクを鎮圧するが
¹⁴(　　　　　) ¹⁵(　　　　年)で
ロシアは中央アジアから西アジアにかけての
国境線を自国に有利に取り決める。

(結果)
ロシアの極東から中央、西アジアへの進出に成功
→イギリスはロシアを脅威に感じ、ロシアの
　南下に対し妨害策に出る
(例) ¹⁶(　　　　　　　　　　)

3・国内動乱と近代化の始動 (p297〜299)

アヘン戦争後の清王朝の動揺→民衆反乱の勃発

1・¹⁷(　　　　　　　　) 1851〜64
　指導者:¹⁸(　　　　　　　)
　自らをキリストの弟と自称し、
　結社¹⁹(　　　　　)を作り、²⁰(　　　　　)
　で挙兵して、「太平天国」の建国を宣言する
・太平天国のスローガン=²¹「　　　　　　　」
　アヘンの吸引や纏足(てんそく)の禁止、
　土地の均等分配 ²²(=　　　　　　　　　)、
　男女差別の撤廃を約束し、農民の支持を受ける
　　　　　↓
　一時は南京を支配し、²³(　　　　　)と
　名づけるほどの勢いを示す
　　　　　↓だが…
　上層部の腐敗によって太平天国は弱体化
　　　　　↓
中国人官僚が組織した義勇軍²⁴(=　　　　　　)
が農民の信頼を失った太平天国を攻撃、撃破する
　例:①²⁵(　　　　　)(人名)が組織した
　　　²⁶(　　　　　)(義勇軍)
　　②²⁷(　　　　　)(人名)が組織した
　　　²⁸(　　　　　)(義勇軍)
　　　　　↓
北京条約(1860)で有利な条約を結んだ欧米列強は、
清王朝を支持し、太平天国を圧迫する
　例:²⁹(　　　　　　)や³⁰(　　　　　　)
　　の率いる³¹(　　　　　)(義勇軍)
　　が太平天国を攻撃。
　　　　　⇓
南京の陥落と、太平天国の滅亡(1864)

1）は中国と日本に注目し、極東方面に領土や権益を広げてロシア海軍の基地を作り上げることをロシア皇帝に働きかけます。
S　ヨーロッパに負けたウサを、極東で晴らしてしまおうというわけか。
T　でも、この当時の極東・シベリアは「絶望的なこの世の果て」「流刑囚の最後に行き着く地獄」みたいなイメージがありましたから、クリミア戦争で負けるまではあまり注目もされなかったんです。むしろ期待されていたのが「**鎖国していた江戸時代の日本との交易**」でして、1853年にプチャーチンがペリーに遅れること1ヶ月で日本に来訪して貿易交渉を始めます。しかし、ちょうどクリミア戦争の最中で、政府から「**波風立てずに、できるだけ平和的な手段で交渉せよ**」と命令されていたため、プチャーチンはペリーのような威嚇は避け、紳士的な態度で幕府と交渉しています。この時、運悪く下田に泊めていた艦船が安政大地震によるツナミで大被害を受けてしまい、プチャーチンはロシアへ帰れなくなってしまいました。プチャーチンの人格に良い印象を持っていた幕府の高官が援助してくれたため、1855年に日露和親条約をまとめたプチャーチンは日本の船大工の手で作られた船に乗って無事帰国ができたそうです。あ、こりゃ日本史でも有名な話ですね。
　さて1856年、クリミア戦争が敗北に終わり、黒海〜地中海ルートの開拓が絶望的になってしまったロシアは極東・シベリア方面の進出に目を向け始めます。それまではネルチンスク条約（1689年）に従ってスタノヴォイ山脈を清露国境としていたのですが、ムラヴィヨフはアムール川中流〜下流を強引に探検し、中国側がアムール川の警備を手薄にしているのを見て取りました。さっそくムラヴィヨフは、アロー戦争や太平天国の乱に苦しむ清王朝につけこみ、1858（カッコ3）年にアイグン（カッコ2）条約を結ぶことに成功し、アムール川（カッコ4）以北を領有してしまいます。
　「アムール川以北を手に入れた、ということはサハリン島もロシアのもの、というわけだ」と思いこんだムラヴィヨフは1859年には日本の江戸に直行し、サハリン島をロシアに渡すように幕府と交渉します。
S　えっ、いくら何でもその理屈はナシでしょ。
T　サハリンはもう日本の間宮林蔵が50年も前に探検して、この地が島であることを発見しているのです。当然、日本側の答えはNoでした。するとムラヴィヨフは「**なら、ウスリー川から東にある沿海州を手に入れるまでのことよ。あそこだったら良い港があるだろう**」と考え、英仏がおこしたアロー戦争の仲介役になり、アロー戦争の終結条約となった1860（カッコ6）年

の北京条約（カッコ5）でまんまと沿海州（カッコ7）を手に入れ、さっそくウラジヴォストーク（カッコ8）港の建設に着手します。ちなみにウラジヴォストークとはロシア語で「**東を支配する**」という意味ですが、この町の東にある国と言えばー？

S　おわわ…！日本じゃんっ！

T　ピンポーン。もうロシアの意図が透けて見えてきますね。そう、次のロシアの目指す地域は朝鮮半島と日本だったのでありますっ！そりゃあ、「**次はお前だーっ！**」と宣言されている日本は当然、震え上がります。

ロシアの中国進出②――中央アジアでは左宗棠とイリ条約が重要

T　まんまと沿海州を手に入れたロシアですが、中国のもっと南にはイギリスが「**北京条約で開港地となった天津以南は渡さんぞ！**」と怖い顔をして立ちはだかっています。クリミア戦争で英仏に痛い目にあったばかりのロシアが考えだしたのが「中央アジア突破作戦」です。

S　何ですか、そりゃ？

T　つまり、ロシアは西欧列強勢力がひしめいている**①黒海～地中海ルート②沿海州以南のルート**を避けて、弱っちいイスラーム教徒が住んでいる中央アジアに侵略のねらいを定めたのです。

S　海のない中央アジアには、「不凍港」なんてないのですが、なんでかな。

T　「**なあに中央アジアからカイバル峠を越えればインドがあるさ。おっと、これは秘密だがな**」と言うあたりが本音でしょうね。まずは、ロシアは中央アジアにある三つのハン国に手をつけました。教科書p297の地図にのっているヒヴァ（カッコ9）、ボハラ（カッコ10）、コーカンド（カッコ11）ハン国です。これらはウズベク人というトルコ系の遊牧民族が作った国々なのですが、内輪もめしていた当時の状況をロシアが悪用し、1860年代にヒヴァ＝ハン国とボハラ＝ハン国は簡単に保護国にしてしまい、さからったコーカンド＝ハン国を滅ぼしてしまいました。

　実は、この1860年代には、清王朝が支配していた現在の「新疆ウイ

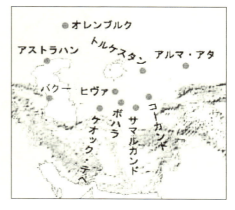

グル自治区」にあたる東トルキスタンでも、イスラーム教徒たちがよく反乱を起こし、清王朝は対処に手を焼いていたのです。

S　うーん、今でも中国政府は手を焼いていますねー。

T　しかも、コーカンド＝ハン国の将軍だったヤクブ＝ベク（カッコ12：上の写真）がこの混乱を利用して、東トルキスタンに入り込み、カシュガルやヤルカンドなどの主要都市を支配してしまったのです。

S　トラヒゲの張飛みたいなオッサンですなー。あと、地名の位置が良くわかりませーん。

T　資料集p219に地図がありますが、ここにも簡単な現在の地図を掲げておきますので参考にしてください。

　この状況に喜んだのはイギリスでして、ロシアの南下を抑えるためにヤクブ＝ベクに積極的な援助をおこないました。大いに喜んだヤクブ＝ベクは「カシュガル＝ハン国」を作って、さっそく独立をねらいます。

　驚いた清王朝は中央アジアをめぐるイスラーム教徒の反乱を何とか鎮圧する必要に迫られました。国境地帯の混乱はロシアやイギリスの介入を招くだけですからね。

　そこで清はロシアへの防御を主張する左宗棠（カッコ13）を欽差大臣に任命し、ヤクブ＝ベクを撃破して軍事力でイスラーム教徒を屈服させます。1877年に左宗棠の強力な攻撃に敗北したヤクブ＝ベクは、「無念」を叫びつつ、ついに毒を飲んで自殺したらしい。こうして清は新疆を奪回することに成功し、この新疆が現在の「**新疆ウイグル自治区**」となります。

S　力づくでイスラームを抑圧する中国の方針は今も変わらないような…。

T　しかし困ったことに、このヤクブ＝ベクの乱を利用して、1870年代からロシアがちゃっかりイリ地方を占領してしまったのです。困った清はロシアと交渉し、1881（カッコ15）年のイリ条約（カッコ14）でイリ地方の東半分をロシアから返還してもらうことに何とか成功します、が、ロシアはこの条約で貿易上の利権を手に入れ、イリ地方西部までも領有しました。<u>このイリ条約で決まった国境線が、現在の中国とロシア（正確にはカザフスタン共和国やキルギス共和国など）の国境線となってしまいます。</u>こうしてアム川、シ

ル川流域の三ハン国やイリ地方西部を手に入れたロシアは**「あと一山越えるとインドだ♪」**という状況にこぎつけます。これはインドを支配しているイギリスにとっては大変にマズい事態なので、イギリスはロシアの南下をくい止めるため、第2回アフガン戦争（カッコ16：1878〜80年）でアフガニスタンを支配し、ロシアの南下を抑えてしまいます。

S　いつもロシアの南下のジャマをするのはイギリスですねー。

太平天国の乱――落第生の夢から始まった大反乱

T　さて、次はいよいよ太平天国の乱（カッコ17）。この反乱を起こした中国史上最大級の謀反人、洪秀全（カッコ18）は広東省の客家（ハッカ）出身です。あ、**客家というのは五胡十六国時代より北中国から南中国に移り住んできた人々の総称**です。彼らは「よそ者」として、条件の悪い土地に住まわされ、肉体労働に従事させられていたケースが多かったようです。

S　んな、五胡十六国時代と言ったら日本では大和朝廷ができるより前ですよ。そんな古くから移住していても「よそ者」扱いですか。

T　洪秀全が差別を受ける側に生まれてしまったことは、後に彼が「反体制」となる大きな要因として考えられますね。

　さて、洪秀全は利発で学問を好んだため、「この子だったら科挙に受かるだろう」と客家たちの期待を受けていました。だいたい科挙というものは三年に一回しかおこなわれないのが普通でしたから、毎年受験できる東大入試よりもよっぽど難しいものだったのです。しかし、期待されていた洪秀全は科挙の最初の段階を三回も受けて、全部不合格になってしまいました。ショックを受けて熱病で倒れた洪秀全は不思議な夢を見ます。それは…

　「壮大な宮殿に連れて来られた洪秀全は、黒い服を着た金髪の老人に迎えられる。そして『今の世は汚れている。私を敬う者はおらず、皆は悪魔に仕えておる。お前はこの剣で悪魔を滅ぼすのだ』と剣を与えられる。」

S　うーん、あれですか、**「洪秀全は『破邪の剣』というアイテムをもらった！」**

T　ドラクエのやりすぎですよー！さらに夢の続き、「一人の中年の男が『私はおまえの兄である』と言って洪秀全に近づき、悪魔を滅ぼすのを一緒に手伝ってくれた。こうして洪秀全は剣をもって悪魔を成敗したのである」となります。夢から覚めた洪秀全は、科挙に落ちたショックから立ち直りま

す。四回目の受験にも失敗した洪秀全は「さて、あの夢はいったい何だったんだろう」と考え、二回目の科挙の受験の時にプロテスタントの宣教師からもらった一冊のパンフレットがあったことを思い出します。「勧世良言」というこのキリスト教のパンフレットを読んでみた洪秀全は、あの金髪の老人こそがエホバで、兄がイエスではないかと気がつきます。

　信心に目覚めた洪秀全は広州にあったプロテスタントの教会を訪れ、「洗礼を施してくれ」と頼むのですがアメリカ人の牧師は断りました。ま、そりゃ**「オレはエホバの子で、兄はイエスだ」**なんていう人は洗礼は授けられないでしょう。そこで洪秀全はドンブリに水を入れて、気合一発、絶叫とともに水を頭にぶっかけて、自分で自分に洗礼を施してしまいます。

　こうして1847年に「拝上帝会」（カッコ19）という結社を作った洪秀全は、最初は故郷で布教をしたのですが、ぜんぜん信者が増えない。それは洪秀全が偶像破壊を平気で行ったため、「ありゃ気が狂っているぞ。洪の奴は昔は頭がいいと自慢していたのだがなぁ」と相手にされなかったからです。

S　「預言者は故郷では敬われない」（マタイ福音書13章57節）ですか。

T　お、すごいねー！そこで洪秀全は仲間の意見を受けて、現世利益を教義の中に取り入れたところ、広東省や広西省を中心とする客家や少数民族にメチャ受けし、一気に勢力を拡大したのです。広まっていた飢饉や災害、そしてアヘン戦争などの外国勢力の進出と混乱が拡大の背景にあります。

S　でも、それってなんだかもうキリスト教ではなくなっているような…。

T　はっきり言ってカルト教団と言った方が正しいでしょうね。厳格な規律によって一致団結した「拝上帝会」は、この末法の世を立て直すために武力革命を決意、1851年、広西省金田村（カッコ20）でついに挙兵します。

　彼ら「拝上帝会」の目的は、「太平天国」という上帝（エホバ）のみを拝む平等な社会を作ることでした。これが太平天国の乱の始まりです。

　まず「太平天国」のスローガンは**「滅満興漢」**（カッコ21）でした。これは**「満州人が支配者である今の清王朝を倒して、中国人（漢人）の国を作ろう」**という呼びかけでして、この言葉には多くの人々を引き付ける力があったのです。そして太平天国のマニフェスト（公約）がまたすごかった。①孔子崇敬などの偶像崇拝を禁止し、上帝のみを拝む一神教を打ち立てる、②女子の纏足の廃止（客家には纏足の習慣がなかった）と男女差別の撤廃、③アヘン吸引の厳禁、④土地の完全な均等分配である「天朝田畝制度」（カッコ22）の実施でした。

S　その「纏足」って何ですか？
T　これです（右図→）。中国の身分の高い女の子は小さい時から足を布で強く縛りつけ、足をむりやり小さくしてしまう習慣がありました。これを纏足といい、成人しても足の大きさが10〜13ｃｍぐらいにしかならなかった。

S　げげっ！何でまた、そんなヘンなことをしたんですか？
T　纏足した女性がヨチヨチ歩く姿が、男どもにウケたらしいのです。でも、現在でも、女子がむりやりミュールなんかを履いて外反母趾になっている姿を見ると、纏足の時代とメンタル的にはあまり変わっていないと思うな。
　勢いに乗った太平天国軍は、1853年についに南京を支配して、「天京」（カッコ23）と名づけて都にしました。しかし教団のリーダーが権力を握り、贅沢の味を知るようになると、お決まりの「堕落」と「内部分裂」が始まってしまいます。さきほどの公約も多くが実行されず、土地の多くは教団の幹部が独り占めしてしまう始末。ついに「太平天国」を見限る信者たちが多く出始めました。太平天国が弱体化した今がチャンス、というわけで太平天国を嫌う地主たちが中心となって義勇軍が組織されます。この義勇軍を歴史では「郷勇」（カッコ24）と呼びます。郷勇の中でも有名なものは、曾国藩（カッコ25）が組織した湘軍(しょう)（カッコ26）や、李鴻章（カッコ27）が組織した淮軍(わい)（カッコ28）です。1860年に北京条約を結んだ列強も清王朝を支持して、太平天国を圧迫するようになります。理由？そりゃ清王朝が打倒されたら、せっかく有利に結んだ条約が革命政権によってリセットされてしまうからですよ。そこでアメリカ人の冒険家、ウォード（カッコ29）が「常勝軍」（カッコ31）というカッコいい名前の洋式軍隊を作り、太平天国軍と戦います。ウォードがあっけなく戦死してしまった後は、イギリス軍人のゴードン（カッコ30）が常勝軍を率い、太平天国軍を破ります。あ、時間がなくなったので続きは次回！

【参考文献】
　ロシアの東方進出については柳澤明「ロシアの東漸と東アジア」（岩波講座「東アジア近現代通史１・東アジア世界の近代・19世紀」所収）が示唆に富んでいます。19世紀から現在における中央アジアの動向については、今谷明「中国の火薬庫－新疆ウイグル自治区の近代史」（集英社）に詳しく説明されており、ぜひお薦めしたい一冊です。太平天国はけっこう文献が多くあるのですが、参考にしたのは小島晋治「洪秀全」（集英社）と菊池秀明「太平天国に見る異文化受容」（山川出版社：世界史リブレット65）です。

≫115≪
同治中興と明治維新
—— はたして成功か、失敗か…それが問題だ ——

太平天国の乱の後始末——「天朝田畝制度」と「常勝軍」は説明が必要！

T　えーと、太平天国の乱が終わったので、その後の話です。

S　センセー、太平天国って実はよくわからない。たとえば「天朝田畝制度」というのは、何なんですか？前回のあっさりした説明ではわかりません。

T　これはですね「すべての土地と生産物は平等に分配される」という、太平天国の制度です。まあ土地には良し悪しがあるものですから、すべての土地を9段階に分け、男女の差別なく土地を平等に分配しました。またそれぞれの家では豚や鶏を飼うことを義務づけ、作られた生産物は家族が消費する分を除いて国庫に収めるのです。そのかわり孤児や老人、身体障害者のめんどうはすべて太平天国がみるという実に画期的な制度です。

S　おお、そりゃ極楽のようなエエ制度ですな。で、実施可能なんですかね？

T　正直、ムリな制度だったと思われます。だいたい税を福祉ばかりに使って生産や経済の拡大にあてる発想がないので、富の発展のヴィジョンがない。これじゃ先細りですよ。ソ連の「コルホーズ」や中国の「人民公社」と同じように、**みんなが「平等」だけれどもみんなが「貧しい」**社会になってしまう。そんなわけで、「天朝田畝制度」はスローガンとしては唱えられたけれども、実施はされなかったのが実情でしたねえ。やれやれ。

S　あと、親分の洪秀全は反乱の後半ではいったい何をしていたんですか？

T　どうも、誇大妄想の状態に陥っていたようで、「上帝は必ず天兵を下してくださる！ワシを信じろ！」と叫びながら、断食や祈りに没頭したあげく、天京（南京）が陥落する約50日前に病死したと思われます。

S　あと、「常勝軍」というのがわけがわからなかったです。何それ？

T　上海の豪商や地方官が資金を集めて作った義勇軍です。最初の指揮官がアメリカ人の船乗りで傭兵経験もある冒険家のウォード→で、洋式の制服や銃、大砲を持ち、太平天国の軍をてこずらせています。ウォードが戦死した後は、職業軍人であったゴードンが指揮を執り、太平天国の鎮圧に活躍します。

世界史プリント115

・アヘン戦争〜太平天国の乱による中国社会の変化

民衆の武装組織化

　・アヘン戦争時にイギリスに反対する農村住民が

　　1(　　　　　) を組織

　・太平天国の乱と同時に長江以南で清朝に対する

　　反乱軍の組織＝「2(　　　　　　　)」

　・太平天国の乱に対抗する義勇軍の組織化

　　＝**湘軍や淮軍など**

　　　　　↓

　八旗や緑営に代わる新たな軍事勢力の台頭

2．太平天国の乱の後の中国の状況

①中国国内に平和と秩序が安定するようになる

　＝3(　　　　　)

②清王朝の支配力が減少

→太平天国討伐に活躍した義勇軍の組織者が

　政治においても指導力を発揮する

③近代化政策の推進

曾国藩、李鴻章、左宗棠（さそうとう）らに

よる富国強兵のための近代化政策

＝4(　　　　　　)

内容：兵器工場や鉱山開発、電信事業をおこす

　　　　↓

西洋の技術のみ利用し、西洋思想や社会制度を

導入しない立場5(＝ 　　　　　) に

立っていたため、近代化に限界があった。

4・日本の開国と明治維新（p299〜300）

6(　　　　　) 年　アメリカの海軍軍人の

ペリーが来訪し、江戸幕府に開国をうながす。

　　　　↓

7(　　　)年 8(　　　　　　　) の成立

(内容)

① 9(　　　　　)・10(　　　　　) 2港開港

② 最恵国待遇を認める

11(　　　)年 12(　　　　　　　)

アメリカ総領事ハリスの働きかけによる。

(内容)

① 13(　　　　　　) などの四港の開港

② **領事裁判権・関税自主権の放棄**

　　　　↓

日本国内での政治改革の動きが進み、幕府の

「大政奉還」を経て、14(　　　) 年に

天皇親政の「15(　　　　　　)」が成立

　　　　↓

明治政府の諸改革と方向

① 政治システムや文化を含めた近代化の導入

(例)

　・工業や軍事の近代化

　・ドイツ憲法にならった憲法の発布＝

　　16(　　　　　　　) 17(　　)年

　・二院制議会の開設（1890年）

② 海外との諸条約の締結

・清との 18(　　　　　　　　)

　19(　　) 年＝日清間の正式な国交の樹立

・20(　　　　) 21(　　　　　) 年

　＝清に琉球の日本編入を認めさせる

　22(　　　　　　) 23(　　) 年

・ロシアとの 24(　　　　　　　　)

　25(　　　　) 年

　＝ロシアが樺太全島を、日本が千島列島全部を

　　領有することを決める

このゴードンは後でアフリカ・スーダンのマフディー教徒の乱で壮絶な戦死を遂げたことで、また世界史に出てきますよ。

　常勝軍は1860年に創設されたのですが、郷勇という義勇軍を率いていた曾国藩や李鴻章は、「常勝軍」の装備を見て大変に驚きました。特に李鴻章は西洋の大砲の威力に強い関心を示し、ウォードから大砲の技術を学んでいます。そして太平天国の乱が1864年に終結すると、解散した「常勝軍」を李鴻章は自ら組織した義勇軍の「淮勇」に編入し、火力を強化しています。曾国藩と李鴻章が太平天国の乱を通じて、西洋の兵器と出会ったことが、後でとりあげる「洋務運動」のきっかけとなったのです。

太平天国の乱後の中国の変化──自警団の親分が実力者にのしあがる

T　さて、アヘン戦争から太平天国の乱にかけて中国内部の状況が大きく変わったことにも言及しておきましょう。

　一番の変化としては「清王朝の軍事力の弱体化が目立ってきた」ことです。外国の軍事力や民衆反乱に対して清王朝の軍事力である「八旗」(満州人の軍事組織)や「緑営」(清支配下の中国人による軍事組織)がほとんど役に立たなくなってきたことが明らかになってしまったのです。組織がもうボロボロの状態で、時代遅れであることがバレちゃったんですね。

S　幕末の「旗本」や「御家人」と同じですね。あ、私、幕末好きなんで。

T　まったくもってそのとおり。じゃあ幕末がらみで言うけれども日本の長州の「奇兵隊」は「常勝軍」からヒントを得て作られたことは知ってた？

S　いやー、それは知りませんでした。

T　長州藩の命を受けて、1862年に上海に赴いた高杉晋作が、「常勝軍」の活躍を知ったことが、後の長州の「奇兵隊」の創設につながりました。

　「戦いは武士だけがおこなうものではない。また洋式火力も重要である」
という高杉の認識が日本の歴史を変えていくのです。

　さて、話を元に戻して、戦争や内乱などの大混乱状態の時に、政府の軍隊がまったく当てにならない時にはキミならどうする？

S　うう、そうなったら、自分のことは自分で守るしかないですなあ。

T　そのとおり。もともと八旗の軍事力がダメになってきていることは18世紀末から19世紀にかけての白蓮教徒の乱から明らかで、むしろ民間の義勇軍の活躍の方がめざましかったのです。そこでアヘン戦争の時も、略奪や暴行をおこなうイギリス軍に対し、民間の義勇軍である「平英団」(カッコ1)が18

41年に広州で自発的に組織され、イギリス軍を苦しめました。さらに太平天国の乱でも大活躍したのは、清王朝の正式な軍隊である「八旗」よりも義勇軍の「湘軍」や「淮軍」の方でした。また、太平天国とほぼ同時期に「捻軍」（カッコ２）と呼ばれる農民反乱軍が長江以北を荒らしまわったのですが、これを鎮圧したのも「湘軍」や「淮軍」などの義勇兵団でした。もう、こうなってしまうと清王朝も、中央権力を保つためには義勇軍を握っている真の実力者である曾国藩や李鴻章に頼るしかなくなってしまいます。

同治中興と洋務運動——上辺の技術だけ取り入れるのには限界あり

T　北京条約が結ばれた後に、1861年に咸豊帝がわずか31歳で病死してしまいました。どうも結核だったらしい。後を継いだのは息子の同治帝ですが、即位した時、わずか６歳。これじゃ政治はできない。しかもその時の中国は太平天国の乱がまだ続行中で、西洋列強の圧迫に苦しんでいたのです。そこで咸豊帝の弟である恭親王が、咸豊帝の妃で、同治帝の母である西太后と手を組んで改革を始めます。

S　お、その西太后って、聞いたことがあるぞ！

T　そう！西太后は呂后（漢王朝建国者である劉邦の妻）、則天武后と並ぶ中国史上最強の女性権力者。彼女は後でまた歴史の主人公になりますよ。

　幸いなことに、同治帝の治世になってからはアロー戦争も収まり、太平天国の乱も、捻軍と呼ばれる農民軍の反乱も鎮圧しつつありました。そこでこの束の間の平和を、皇帝の名をとって「同治中興」（カッコ３）と呼ぶようになります。ま、平和にはなったのですが、その平和を支えていた軍事力を持っていたのが地方の義勇軍であったのが実態でした。清王朝としては平和を維持するためにも、曾国藩や李鴻章や左宗棠などの義勇軍の親玉に頼らざるをえません。そして、この三人とも数々の戦乱で西洋の武器の威力を、イヤっというほど思い知らされている人々だったので、さっそく政治において富国強兵のための近代化政策を推し進めます。この近代化政策を「洋務運動」（カッコ４）と呼びます。この「洋務運動」が同治中興の大きな目玉となりました。

　具体的には、まず鉱山を開発して製鉄所を興し、兵器工場を建設して小銃や大砲を大いに作ったのです。**「まず兵器を近代化しなくては、西洋の圧迫に抵抗することができない」**という思いが強かったのですね。

　実際に洋務運動の推進者であった李鴻章は、近代化路線にのって海軍力を

充実させ後の北洋海軍の基礎を作りましたし、曾国藩の弟子であった左宗棠は火力を充実させた軍を率いて新疆に赴き、ヤクブ＝ベクの乱を鎮圧しています（シナリオ114）。洋務運動はけっこう効果があったのです。

ただし、洋務運動には限界がありました。教科書p299にも載っている、李鴻章が南京に作った武器製造工場の有名な右の写真を見てください。→
気がつくことはありますか？

S　大砲を作っている（？）か、調べている（？）人たちの服装がトラディショナルな格好ですねー。洋服じゃない。

T　そのとおり。つまり「**中国の体制や慣習を頑固に守りつつ、西洋の技術だけは導入する**」という姿勢がこの写真にそっくり出ているのです。このような立場を「中体西用」（カッコ5：「<u>中国</u>が<u>主体</u>となって、<u>西洋</u>の技術のみ<u>用いる</u>」）と呼びます。歴史や伝統があまりにも古く、周囲の国々に対し文化的に親分であった中国が、今さら他国の猿まねなんかできるか、という誇りがこの言葉や写真に現れているのです。

S　と言うことは、服装とか食事とかも西洋風にしなかった？

T　そう。辮髪をやめて、西洋風の髪型にすることは清王朝に対する第一級の反逆行為であったし、実際に、太平天国の連中は辮髪を切って、古来の中国風に結いあげていたので、「長髪賊」と呼ばれていたのです。それに食事は「中華料理が世界一」という自信がありましたからね。確かにウマい。

S　「ざんぎり頭」と「牛鍋」がシンボルの明治維新とは違いますね。

T　だから、19世紀中ごろの中国は、西洋の政治体制もいっさい取り入れなかったし、思想も受け付けなかった。ただ技術だけを取り入れるというのが「洋務運動」の限界でした。この点、恥も外聞もなく何でも西洋のマネに徹した日本の明治維新の方が、改革に積極的だったとは言えるでしょう。

日本の開国と明治維新──「世界史から見た開国と明治維新」で攻める

T　では次に、日本の開国を取り上げてみましょう。

S　それって、小学校の時からやってますって。またペリーですか。

T　そう、ペリーです。でも今日は少しだけ大人の見方をしてみましょう。ペリーはそもそもなんで日本の開国を要求したのでしょうか？

S　えーと、1854（カッコ7）日米和親条約（カッコ8）だと、下田（カッコ

9)・箱館（カッコ10）の開港と、食料などの補給の許可だったかな？
T　お、よく覚えているね。で、アメリカのココロはわかりますかな？
S　まー、あれだ、日本を開国させて、貿易したかったんじゃない？
T　いや、本当のねらいは中国貿易だったのですよ。アメリカ合衆国としては当時、茶をはじめとする中国貿易に参入したかったのですが、中国貿易はイギリスが独占している状態でした。蒸気船の「黒船」では、多くの港を経由する必要があるため、中国へ至るルートはほとんどがイギリスの植民地を通らなければならず、ペリーが1853（カッコ6）年に日本へ来た時も、大西洋〜インド洋〜マラッカ海峡の航路だったのです（右→）。

アメリカとしては太平洋を突っ切って中国に行ったほうがよっぽど早く中国に着けるのですが、中国に行き着くまでの補給基地が太平洋ルートにないことが問題でした。そこで、日本を「中国貿易の補給基地」にする必要があったのです。というわけでペリーが開国の交渉にやってきたわけ。

S　ペリーはケープタウンやらマラッカ海峡やらイギリスの植民地を利用して来ているのに、イギリスによく文句を言われませんでしたね。
T　当時はクリミア戦争の真っ最中でして、イギリスはロシア相手に頭に血が上っていたので、あまりクレームをつけられずにすんだのでしょうね。

　ペリーの来訪以降は、日本にやってきたアメリカ総領事のハリスが大活躍します。ハリスは通訳のヒュースケンとともに江戸に単身乗り込み、幕府に対し、「**大軍を率いたイギリス代表がやってきたら日本は清と同じ屈辱的な条約を結ばなくてはならない。それよりも一人で来た私と条約を結んだほうが幕府にとってトクになる。だいたいアメリカ合衆国はアジアに植民地を持つ気なんかないし、持っていない。またイギリスと違いアヘン貿易を認めていない**」と大演説をし、幕府の高官を唸らせてしまったのです。ハリスについては手塚治虫の漫画「陽だまりの樹」もぜひ参照してください。

　結局ハリスにより1858（カッコ11）年に日米修好通商条約（カッコ12）を結ばされます。この条約の内容は神奈川（カッコ13）など四港（他は兵庫・新潟・長崎）の開港、そして領事裁判権や関税自主権の放棄などを認めた見事な不平等条約でした。これらの外国の圧力に対する怒りから日本には尊王攘夷運動が沸き起こり、ついに最後の将軍、徳川慶喜が政権を天皇に返還する「大政奉還」をおこなって1868（カッコ14）年に天皇親政の明治政府（カ

ッコ15）が成立したのです。でも、幕末から維新にかけての大改革はもうみなさんはよーく知っているでしょう。そこで世界史からは日本の明治維新について二つだけ注意を促しましょう。

①日本の外交方針の特徴

T　まず、日本の外交問題を見ていきましょう。たとえばロシアとの国境線の確定は重要です。江戸幕府は1855年に日露和親条約を結び、とりあえず択捉島以南は日本領として、樺太（サハリン島）を日露両国人の雑居地域としたのですが、1856年にクリミア戦争が終結すると、ロシアの進出と南下が激しくなってきます。そこで明治政府としてはロシアと新たに国境線を確定する必要に迫られました。

S　しかも対岸にウラジヴォストークなんて町を作られてしまってはねー。

T　明治政府は「樺太の権益を維持すべきだ」という意見もあったのですが、**「遠い樺太よりも、まず近い北海道の開発を優先すべきである」**とする開拓使長官の黒田清隆の意見が通って、ウルップ島以南の千島列島の領有権を日本のものとし、その代わり樺太（サハリン島）をロシア領として認めました。これが1875（明治8年：カッコ25）年の樺太・千島交換条約（カッコ24）となります。

　次は清王朝との関係です。欧米列強から不平等条約を押し付けられていた日本としては、「どうせオレはいじめられてひどい目にあってる、なら他の子をいじめてやれ」心理と言うのでしょうか、最初は清王朝に不平等条約を押し付けてやろうと試みたのですが、結局は相互平等な「日清修好条規」（カッコ18）を1871（明治4年：カッコ19）年に締結し、清との国交を正式に結びます。しかし台湾に漂着した琉球の漁師たちが台湾の人々に殺されてしまう、という事件が起こってしまい、1874（明治7年：カッコ21）年に明治政府は台湾出兵（カッコ20）をおこないます。詳しい事情は司馬遼太郎「翔ぶが如く」（文春文庫）5巻にも書いてありますが、日本としては新政府に不満を持つ士族の怒りをガス抜きするためにおこなったのが実情でしょう。ところが大久保利通自らが北京でおこなった交渉がぎりぎりで成功し、琉球人を殺めたことを清朝が日本に謝罪することになりました。それは、中国が琉球人を日本人として認めてしまったことになってしまうのです。そこで、今まで独立国だった琉球を日本は1879（明治12年：カッコ23）年に沖縄県として日本に編入してしまいました。この処置を「琉球処分」（カッコ22）と呼んでいます。

S　うーん、明治の外交はなんだか「えげつない」感じがしますねえ。
T　はっきり言って、相手国との強弱関係が浮き出ているような外交態度です。

②明治維新に対する外国知識人の評価

T　明治維新に対する外国の評価は高いように思います。例えば、歴史家のマクニールはこう言っています。「**産業革命と民主革命というふたつの分野で日本人が成し遂げた成果は、どのような基準から見ても著しい成功と言えた。文化や知的文化でもこの国は驚くべき変革を遂げた**」（W.マクニール「世界史：下」中公文庫 p 275）。そして駐日大使であったライシャワーは「**(日本人は）驚くほど明敏に、軍事力が工業力・専門的知識・行政的能率などによって決まること、また西洋の新兵器を取得しただけでは十分でないことを理解した**」（E.ライシャワー「ライシャワーの見た日本」徳間書店 p 22）と述べています。

　またインドの経済学者アマルティア＝センは「**（日本の）教育の普及の徹底は、多くの人々の経済活動と社会変革に参加することを可能としたのです。…近代的な工業化や経済発展は、日本ではまだ緒についたばかりでした。それにもかかわらず、日本の識字能力の高さはヨーロッパを凌駕していました。（中略）日本では、非常に早い時期から学校教育の普及と人間的発展を優先させてきましたし、今日においても、そのことに変わりありません**」（アマルティア＝セン「貧困の克服」集英社新書 p 23～26）と評価しています。

　面白いのはアメリカの政治学者ハンティントンの評価で、日本の明治維新における「和魂洋才」を中国の「中体西用」と重ねて、日本の改革も中国の改革も**近代化において伝統的な自国文化の重要な部分は保とうとした**」ことを強調していることです（S.ハンティントン「文明の衝突」集英社 p 154）。

S　うーん、「伝統的な自国文化の重要な部分」って何だったんだろう。「非常に早い時期から学校教育の普及と人間的発展を優先させてきた」という日本が天皇制強化の方向に走ってしまったのは、やはり「伝統」のせいかな？

【参考文献】
　清王朝の衰退期については並木頼寿、井上裕正「中華帝国の危機」（世界の歴史19：中央公論社）、佐伯有一「中国の歴史8：近代中国」（講談社）が読みやすい文献です。日本を含めての東アジアの動きなら加藤祐三「東アジアの近代」（ビジュアル版世界の歴史17：講談社）がお勧め。

≫116≪
中国と朝鮮王朝の変化
——世紀末の朝鮮史はお家騒動の面で見たほうがわかりやすい——

清王朝の外交の変化——中国外交に初めて出現した「丸テーブル」

T　今日は、北京条約以降の中国の外交の変化から入ります。

S　そんなことよりも、龍馬の話をしてくれー！

T　坂本龍馬は人気があるなあ。ううむ、付け加えるなら、坂本龍馬が維新に必要な外国製の武器を買っていた相手がジャーディン＝マセソン商会の日本代表だったグラバーだったことです。そう、ジャーディン＝マセソン商会と言ったら、アヘン戦争の時に出てきた会社でしたね。

S　げげーっ、すると日本にもアヘンが入ってきたんですか？

T　いや、この会社は日本では主に生糸や茶を商っていました。ただし、実は武器や弾薬も盛んに売り込んでいたのです。
　　おっと、世界史では龍馬の頃の日本の隣国の事情を知っておきましょう。
　　清がアロー戦争で敗北した後、天津条約（1858年）と北京条約（1860年）を列強と結ぶハメになったのはもう勉強したよね。その内容で注目するべきことは「外国公使の北京駐在」です。

S　大使が首都にいるなんて、あったりまえの話じゃん。

T　いや、これが中国の世界観を揺るがすほどの大事件だったのです。なにしろ今まで外交と言ったら「朝貢」が普通で、外国人といったら「中国皇帝の徳をしたってやってくる」というのが建前だったから、外国使節は全員「三跪九叩頭」という究極の土下座をやるのが当然だった。当然、小野妹子も足利義満の使節もコレをやらされたわけなのです。ところが、西洋の列強はコレをやってくれない。イギリス使節のアマーストが土下座を断固拒否したのはもう知っていますね（シナリオ112参照）。
　　北京条約で「外交の対等」を約束させられてしまったので、清王朝はやむをえず、新しく「総理各国事務衙門」（カッコ1）という、いわゆる「外務省」を作り、この役所に丸テーブルを運び込んだのです。だいたい外交に「身分の差のない丸テーブル」を使うなんて、今までの中国の歴史にはなかったことなのです。「対等」なんて慣れない方法の外交なので、清王朝はス

世界史プリント 116
5・東アジア国際秩序の再編 (p300～301)

[中国]

中国は周辺諸国への影響力を失い、従来の朝貢関係をあらため、平等な外交関係を諸外国と結ぶ必要にせまられる。

例：①[1]（　　　　　　　　）の創設
　　　　（1861年）
　　②日本の琉球領有を認める（1879年）
　　③清仏戦争に敗北＝フランスのベトナム支配を
　　　認める [2]（　　　　年）

[朝鮮半島]

党争の激化＝[3]（　　　　　　　　）などの動揺

①朝鮮半島の変化

宗主国である中国の開国化と朝貢貿易の廃止
→諸外国が朝鮮王朝に対しても開国を要求
　　　　↓
攘夷派の[4]（　　　　　　）が開国を拒否

②朝鮮王朝の開国

日本が[5]（　　　　　）[6]（　　　）年
をおこして、朝鮮に開国を要求
→朝鮮は日本に屈して翌年の1876年に
[7]（　　　　　　　　　　　）を
日本と結んで、釜山など三港を開港する

③朝鮮王朝における派閥抗争

1）大院君派（特徴：反日・攘夷・親清）
　　　　V.S.
2）[8]（　　　　　）（びんき：ミンピ）派
1873～　高宗の妃、閔妃が大院君から権力を
　　　　奪い、大院君をむりやり隠居させる
・[9]（　　　　　　　　　）（1882年）
大院君派によるクーデター。日本公使館を襲撃

閔妃は清に助けを求め、清は出兵して大院君を捕らえ、中国に抑留する
→朝鮮半島での中国勢力の拡大と日本勢力の後退
　　　　↓
1）閔妃派（[10]「　　　　　　　　　」）
　　　　V.S.
2）[11]（　　　　　　）（[12]「　　　　　　　」）
　　中心人物：[13]（　　　　　　　　）
　　日本と結んで近代化をめざすグループ
　　　　↓
・[14]（　　　　　　　）（1884年）
開化派が日本の武力を借りてクーデターを
おこすが、清王朝の軍の介入により失敗
　　　　↓
[15]（　　　　　　　　）（1885年）で日本と清は
両国軍の撤退と出兵時の事前通告を約束。

④反乱と戦争による日本の勢力拡大

[16]（　　　　　　　　　　　）（1984年）
宗教団体「[17]（　　　　　　　）」の指導者
　[18]（　　　　　　　）がキリスト教や西洋
文明の流入に反対して、外国公使館を攻撃
この事態に便乗して、自国民保護を名目に
日本と清が通告なしに朝鮮半島へ出兵し、衝突する
＝[19]（　　　　　　　）[20]（　　　）年の勃発
日本の勝利＝[21]（　　　　　　　）（1895年）の締結
　①朝鮮の独立＝中国は朝鮮から撤退する
　②[22]（　　　　　　）、[23]（　　　　　　）、
　　[24]（　　　　　　）を日本に割譲
　②　賠償金の支払い＝日本の産業革命に使用
　　　　↓
朝鮮半島をめぐってロシアが日本と争い始める
＝日露戦争（1904～1905）へと発展

128

キを見透かされて失敗してしまうこともありました。その代表例が前回やった「日本に琉球の領有権を認めてしまった」ことです。
S　たしか「琉球人を殺しちゃってゴメン」って言っただけじゃないのかな。
T　琉球人を殺しちゃってゴメン、と日本政府に言ったこと自体が、「琉球はやはり日本のもの」と認めてしまったことになってしまうのです。いくら不慣れとはいえ、これは外交的にまずかった。清仏戦争でも、劉永福が率いる黒旗軍の活躍にもかかわらず、みすみす1885（カッコ2）年の天津条約でベトナムの宗主権を手放してしまったことも痛かった。

　つまり清王朝は19世紀半ばから後半にかけて、もはや外交上、周辺諸国への影響力を失ってしまったことを思い知らされたのです。特に一番に太い態度にでたのが日本でした。今まで下手にでていた子分が、なりふり構わずプライドをかなぐり捨てて西洋の猿マネをしたあげく、平気でタメ口を親分に叩くようになっては穏やかではない。特に始末に負えなかったのは、この日本がよりによって中国の一番弟子である朝鮮を狙っていたことでした。

朝鮮王朝の動向①──第1ラウンド「嫁の閔妃V.S舅の大院君」

T　その朝鮮半島の情勢なのですが、19世紀初頭にはゴタゴタが続き、14世紀から続いていた李氏朝鮮の基盤もしだいに揺らいできてしまったのです。まずは外戚やら党派による、おきまりの権力闘争がおこっていました。

　政治の私物化がはびこり、中央集権のタガが外れるようになると、地方長官の「悪代官」ぶりが目立ちはじめ、19世紀のはじめには洪景来の乱（カッコ3）に代表される農民一揆が頻発するようになってしまいます。

　1863年に実子がいない哲宗という王が死んだとき、親戚の子どもが選ばれて高宗（고종：コジョン）として即位するのですが、即位したときはまだ12歳。そこで高宗の実父が大院君（대원군：テウォングン：カッコ4）という肩書きで政治を執ることになりました。この人が大院君。→この時期の実力者である大院君の性格を知っておくと朝鮮史がわかりやすくなりますよ。あ、そうそう地名と人名にはハングル表記をつけておきますので参考にしてください。

　大院君は政治家としては大変に有能でしたが、性格がきっぱりとしていて、非常に激しかった。ちなみに大院君と親交があった幕末の勝海舟は、座談集である「氷川清話」で大院君のことを大変にほめています。龍馬を見出した勝海舟があれほど評価し

ているのだから、どのくらいの器量の人物だか想像がつきますね。大院君の政治方針は**「力ずくの攘夷と旧秩序の維持」**でした。米仏の黒船が朝鮮に押しかけてきたこともありましたが、大院君は断固たる姿勢で追い返してしまったのです。

S　え、黒船を追い返してしまったんですか？すごいなあ。

T　うん、黒船の方も実は盗賊目的でやってきたようなもので、ペリーのような国を代表する立場ではなかったから、徹底的に戦う気はなかった。

　ところが本当の問題は身内にあったのです。息子の国王、高宗は人が良くて鋭いところがないのが欠点でした。なので、大院君は息子の高宗の嫁選びには気をつかったのです。しっかり者で、頭が良い嫁さんが望ましい。大院君が選んだ嫁さんが閔妃（민비：明成皇后：カッコ8）です。閔妃は名門の生まれでしたが、家族が没落してしまったため、幼い時には極端な貧乏生活も体験しています。性格は聡明にして強烈、しかも野心満々でしたが、かつての苦しい生活体験の中で彼女は自分を抑える技術も身につけていました。こうして高宗の妃となった閔妃ですが、待望の長男の赤ちゃんが変死してしまったことから、舅の大院君を憎むようになります。

　誕生祝にと大院君が贈った、最高級の朝鮮人参を飲んだ閔妃の赤ちゃんが突然死んでしまったのです。「最高級の朝鮮人参は薬効が強すぎるので、子どもに服用させるのは良くない」という意見を聞いたことがありますが、閔妃は大院君が陰謀を持って毒殺したものと思い込んでしまったらしい。

　閔妃はついに本性をさらけだし、開国派として日本と結び、鎖国・保守派の大院君に対抗します。そしてなりふりかまわぬやり方で官僚たちを買収し、大院君を孤立させたあげく、1873年に隠居に追い込みました。この時から大院君は復讐の鬼となってしまいます。

朝鮮王朝の動向②――「征韓論」からはじまる日本の横ヤリと壬午軍乱

T　さて、明治維新をおこなった日本は、1868年（明治1年）に朝鮮王朝に国交と開港を目的に使者を送ったのですが、大院君が率いている朝鮮王朝には開国の意志なんかなかったのです。怒った明治政府は**「にゃろー！この機会に、朝鮮半島を武力で制圧して、むりやりでも開国させてしまおう」**という機運が広まってしまいました。これを**「征韓論」**と言います。

S　「女の子に言い寄ってフラれたから、なら力づくで」って感じー。

T　ちょうど岩倉具視や大久保利通が外遊に出かけている最中でした。留守をあずかる西郷隆盛は「いや、武力は良くないでごわす。私を朝鮮王朝に使節

として派遣してくだされい。必ず朝鮮王朝の高官を説得し、日本と同じ、開国と近代化に導きます。いや、兵はつれていきません」と言って、自分が使節となることを求めました。もしも丸腰の西郷使節が朝鮮王朝に殺されたら、戦争になってしまう。列強の介入を怖れた岩倉と大久保は帰国してすぐ、西郷隆盛の朝鮮遣使論や征韓論をつぶしてしまいます。この結果、西郷隆盛や板垣退助など征韓派は1873年に総辞職してしまいました。これがいわゆる**「明治六年の政変」**です。

　ところが同じ年に、鎖国派のリーダーである大院君が閔妃によって隠居に追い込まれたのです。明治政府は「石頭の大院君がいなくなった今こそ朝鮮王朝を開国させるチャンスである」と考え、1875年（明治8年）に開国交渉のための使節を再び派遣します。しかし、この時の使節の服装が見事な洋服でして、どうも朝鮮王朝にとってはチンドン屋みたいな格好に見えたらしい。

S　日本人は胴長、短足だから、ビゴーの描いた漫画みたいに見えたのかも。

T　結局、今回の交渉もうまくいかなかったので、明治政府は**「力づくで」**朝鮮王朝を開国させる方針に踏み切ってしまったのです。

S　あれ、征韓論はダメだったのに、今回の「力づく」はアリですか？

T　たしかに矛盾する行為です。なので、征韓論闘争を「朝鮮王朝開国問題をきっかけとした西郷と大久保の権力闘争」とみなす見方があるのですが、やはり武闘派の大院君の引退が大きいと思いますね。毅然とした態度を取る人間に対して普通はケンカをふっかけませんから。

　ただし、ケンカには大義名分と仁義立てが必要なので、朝鮮王朝の開国に対して積極的な米英の許可をとり、さらにロシアと1875年5月に千島・樺太交換条約を結んで関係を安定させてから、日本は1875（明治8年：カッコ6）年9月に江華島事件（カッコ5）をおこします。これは仁川港付近で演習をしていた日本軍艦に対し朝鮮側が砲撃したことを口実に、日本軍が島に上陸した事件です。

S　それは日本が悪いな。他国の領海で演習をするのは違法だし、失礼だと思う。

T　失礼承知で日本側がけしかけたのです。もちろん目的は**「相手が先に手を出してくれること」**です。朝鮮側を挑発するために「飲料水調達」という名分でボートを出して、江華島に上陸までしようとしたのですから、これは当然、領土侵犯にあたります。そのために朝鮮側も日本軍艦に砲撃をしました。実はこの砲撃こそ日本側が待っていたものでした。相手が先に手を出してくれれば名目が立ちますから。

　日本側はこの時に受けたわずかな被害の損害賠償を一方的に要求し、翌年

の1876年に日朝修好条規（カッコ7）を無理やり結んでしまいます。これは典型的な不平等条約でして、①釜山（부산：プサン）など三港の開港、②日本公使館の設置、③日本人の領事裁判権、④日本商品の無関税、を朝鮮王朝は認めさせられてしまいます。

S　内容が日米修好通商条約となんだか似てますね。

T　この条約の結果、釜山のほかに元山（원산：ウォンサン）と仁川（인천：インチョン）を開港することになりました。この二つの港は今までは漁村だったのですが、皮肉なことにこの条約がきっかけで大都会になります。

S　まあ、横浜や神戸と同じようなケースですなあ。

T　結果として、安い日本製品が朝鮮に流れ込んできました。そのため自国の商品が売れずに困った朝鮮の庶民たちは、日本や日朝修好条規を認めた政府を激しく恨みます。その不満が爆発してしまったのが、食料配給のひどさに怒った兵たちの反乱がきっかけとなった1882年の壬午軍乱（カッコ9）です。兵と民衆は恨み重なる日本公使館に襲いかかりますが、日本公使は仁川までたどり着き、イギリス船に救助されて、九死に一生を得ます。この大騒動を利用したのが隠居していた大院君で、摂政に復帰すると、さっそく恨み重なる「閔妃狩り」をおっ始めました。が、つかまらない。閔妃は山中に逃げると今までの親日方針を投げ捨てて、清王朝に接近したのです。清王朝にとっても、朝鮮半島を日本の手から取り戻すための名目となるので、閔妃の救援要請を受け、さっそく朝鮮半島に出兵し、乱の親玉の大院君を捕らえて中国に幽閉してしまいます。こうして第1ラウンドの「大院君V.S閔妃」の戦いはヨメの閔妃の勝利に終わりました。

朝鮮王朝の動向③──第2ラウンド「開化派の金玉均V.S事大派の閔妃」

T　壬午軍乱で中国が朝鮮王朝に影響力を強めたため、朝鮮半島における日本の勢力は衰退してしまいます。が、日本にも隠し玉がある。金玉均（김옥균：キムオッキュン、カッコ13）です（＼）。金玉均は朝鮮王朝の科挙に合格した秀才で、早くから日本に留学して慶応義塾で学び、福沢諭吉からその学識を愛された人物です。日本の富国強兵を見た金玉均は、朝鮮の近代化を夢見て朝鮮半島に戻り、明治維新のような改革を朝鮮でもおこなおうと試みたのです。資金は福沢諭吉の口ぞえで日本の財界などから出資してもらい、日本に頼って近代化をめざす開化派（カッコ11：別名は独立派〈カッコ12〉）という派閥を作って、閔妃を中心とする事大派（カッコ10）に対抗します。

S　ふーん、開化派はなんとなくわかるけど、事大派って何ですか？

T 「事大」というのは、「強いものにすがる」という意味で、「大国である中国に頼る」ことを旨とする派閥のことを指します。親分はもちろん閔妃。
S 「長いものに巻かれれば安心」という派が「事大派」なわけですか。
T ま、そうです。さて開化派を率いる金玉均は、清仏戦争がおこり中国軍の防備が手薄になったのを見て、壬午軍乱の2年後の1884年に日本の武力を借りてクーデタをおこします。このクーデタを甲申事変(カッコ14)と呼びます。最初は成功すると思ったのですが、閔妃がまたまた中国に救援を要請したため、清王朝が再び朝鮮半島に出兵し、金玉均のクーデタは失敗に終わります。甲申事変の失敗は、日本の朝鮮進出の失敗と後退という結果になりますが、それ以上に「朝鮮維新」が死産に終わったことを意味したのです。この後に日本は苦労して天津条約(カッコ15)を1885年に清王朝と結び、「日本と中国は朝鮮半島から撤退し、もしも出兵する必要が生じたら事前に通告すること」という約束を取り付けました。
S しかし、「天津条約」っていくつあるんですか?覚えられんですう!
T 主なものだと、アロー戦争の終結条約(1858年:シナリオ113)と、清仏戦争の終結条約(1885年:シナリオ112)が有名。この日本と中国の天津条約をあわせた三つの天津条約は覚えておきたいですねー。

さて、金玉均は日本に亡命しますが、日本は革命に失敗した金玉均を冷たく扱い、各地をタライ回しにしたあげく見捨ててしまいます。福沢諭吉も最初は「朝鮮にも明治維新を起こせる」と期待していたのですが、お尋ね者の金玉均をかばうことがうっとおしくなったのか、1885年には「脱亜論」を書いて結局、金玉均を見放してしまいました。金玉均は上海に隠れていたのですが、閔妃が派遣した殺し屋によって1894年に殺されます。
S しかし、閔妃のポリシーがよくわかりませんね。最初は日本と結んで開国派だったのに、今度は中国を後ろ盾とする保守派に変わったんですか。
T 実は閔妃にとって重要だったのは政策ではなく、権力保持であったと思います。自らの権力を維持する目的で閔妃は外国を頼ったので、朝鮮王朝は外国、特に日本の思惑に踊らされることになってしまうのです。

甲午農民戦争と日清戦争──乱に乗じて勝った方が朝鮮半島を取るっ!
T 19世紀の末には、中央の権力闘争や外国の干渉による政治上の混乱が続き、民の生活も苦しくなるばかりでした。人々の慰めとなったのはキリスト教でしたが、キリスト教など西学(西洋の教え)に反発して崔済愚(최제우:チュエジェウ)が創始した東学(東洋古来の教え)を信じる東学党(カッコ17)も勢いを強めま

した。特に優秀な指揮官である全琫準（전봉준：チョンボンジュン：カッコ1
8）が指導者となると、腐敗した官吏への襲撃が相次ぎます。そして1894年につ
いに東学党が中心となって爆発してしまったのが甲午農民戦争（カッコ16）です。
政府軍を打ち破った反乱軍に恐れを感じた高宗と閔妃は、やっぱり清に救援を要
請してしまいます。清は天津条約に基づいて日本に軍隊派遣の事前通告をしたと
ころ、日本も「日本人居留民の保護」を名目に軍隊派遣を清に通告してきました。
こうして清と日本政府の軍隊が朝鮮半島でにらみ合う事態になり、1894（カッコ
20）年に日清戦争（カッコ19）が勃発してしまったのです。

　　日清戦争は早い話「朝鮮半島を自分の勢力下に置くため」の戦争でした。
誰もが中国が圧勝だと思いましたが、フタをあけてみると日本の勝利に終わ
ります。中国も優秀な武器や軍艦をそろえ、日本軍を苦しめたのですが、近
代化とともに国民国家を作り上げることに成功した日本は、相変わらずの旧
体制のもとで意気が上がらない中国に勝つことができました。

S　ほほう、日清戦争の戦いの様子なんか知りたいですね。
T　うーん、時間がなくなってきたので、興味のある人は司馬遼太郎「坂の上
　の雲」（文春文庫）の第2巻をぜひ読んでみてください。ゴメン。勝利した
　日本は1895年に清の李鴻章と交渉して下関条約（カッコ21）を結びます。こ
　の条約で清は「朝鮮を独立国として認める」ことを認めました。
S　独立国なんて、あたりまえのことやんけー。
T　いや、あたりまえじゃない。<u>清は宗主国として朝鮮王朝を保護する権利を
　放棄したわけです。</u>と、言うことは「パパ〜ッ！助けて〜ぇ！」と朝鮮が叫
　んでも、もうこれから中国は朝鮮を救うことができなくなったのです。
　　そして遼東半島（カッコ22）、台湾（カッコ23）、澎湖諸島（カッコ24）と
　多額の賠償金を日本は手に入れました。このことは中学の歴史の時間にも勉
　強しましたよね。こうして日本が朝鮮半島をいよいよ手に入れようと身を乗
　り出した時に、ストップをかけたのがロシアです。
　　極東に不凍港を欲しがっていたロシアの下心を知った閔妃は、日本を牽制
　するためにロシアに接近し、日本に対抗させようとしたのですが、この「夷
　をもって夷を制す」政策が日露戦争を起こしてしまう結果になります。

【参考文献】
　片野次雄「李朝滅亡」（新潮文庫）が小説のように面白くて読みやすい文献で、
お薦めです。李成茂「朝鮮王朝史：下」（日本評論社）も朝鮮近代史の流れがわか
りやすく示されています。

≫117≪
近代のまとめと帝国主義
—— 「近世」、「近代」、「帝国主義」。うーん、定義が難しい！ ——

朝鮮王朝の動揺——閔妃の悲劇的な終わり

T　日清戦争後の朝鮮王朝についての続きをやりましょう。今までは中国を頼みにしていた「事大派」の親玉の閔妃は、中国が日清戦争に負けて朝鮮から手を引いたことにショックを受けました。そこで閔妃は「**日本の進出に対抗するために、ロシアに頼って朝鮮の独立を守ろう**」（カッコ1）と考え、ロシアに近づきます。「渡りに船」とばかりにロシアは大喜び。

S　日本としてはムカつく展開ですな。

T　そのとおり。そこで1895年についに閔妃暗殺事件がおこります。閔妃が王宮である景福宮で、暴漢に無残にも殺されてしまったのです。

S　誰が殺したんですか？

T　そりゃ、政治的状況から見れば日本の手が回っているとしか思えない。現場にはアメリカ人やロシア人の目撃者がおり、彼らは下手人は日本人だと主張しているし、おまけに当時、ソウル郊外に隠居していた大院君を日本軍がかつぎだして景福宮に運び込んでいる。ただし、「日本人が犯人であるという証言には信憑性がない」と主張する人々も多く、閔妃暗殺についてはっきり言及していない教科書もあります。

　一つ明らかなことは、閔妃暗殺後、妃を殺された高宗は日本の暴力を恐れてロシア領事館に逃げ込み、1年もそこから動かずに政務をおこなっていたということです。私はかつてソウルの景福宮を訪れたとき、閔妃暗殺現場の記念碑に行ってみたかったのだけれども、当日は大変な大雨でして、ついにたどり着けませんでした。残念な思い出です。（景福宮→）

　閔妃暗殺と同じ年に起こった「三国干渉」により、日本とロシアの対立はさらに深まり、後の日露戦争の遠因となっていきます。

世界史プリント 117

(朝鮮史) 続き

日清戦争での日本の勝利

→閔妃の政治姿勢

↓

閔妃暗殺 (1895年)

→朝鮮半島をめぐる日本とロシアとの対立の激化

(まとめ)

① 「中世」と、それ以降の時代の違いは何か？

中世

↓

近世
3

② 「近代」と「近世」の違いとは何か？

近世
4

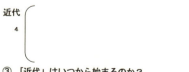

③ 「近代」はいつから始まるのか？

5

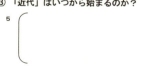

第13章　帝国主義とアジアの民族運動
1．帝国主義と列強の展開
1・第2次産業革命と帝国主義の成立
(p308〜p309)

①巨大企業による市場の独占

19世紀後半

^{6}(　　　　　　　　) の発生

特徴：①^7(　　　　) と ^{8}(　　　　　) を動

力源とする

②重化学工業、電気工業、アルミニウム

などの非鉄金属部門を扱う

欠点：工業部門の建設には巨額の資金が必要

銀行と結びついた ^{9}(　　　　　　　) が

市場を支配するようになる

↓

急速な工業化＝農業や中小企業は圧迫され、

多くの人々が ^{10}(　　　　) として国を離れる。

②帝国主義による世界の植民地化

帝国主義＝英語「^{11}(　　　　　　　)」

帝国主義の意味

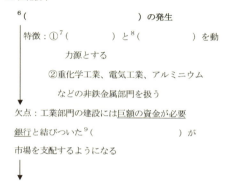

^{13}(　　　　　　) による「帝国主義」の定義

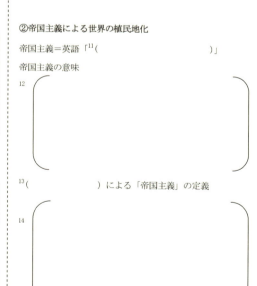

まとめ——「近代」、「近世」、「世界の一体化」とは何か？

S センセー、教科書には「まとめ」っていうのが入ってますが。

T えーと、どれどれ、教科書 p302 ですね……。うわっ！「近代」のまとめじゃないか！？こりゃまた面倒くさい。無視だな、こりゃ。

S 逃げちゃダメだあー。「キンダイ」って何なんだい、ほれっ、ホレッ！

T ううう、実はですねー、安直に時代区分をすることは危険だと思うので、あまりやりたくないのですよ。（G. バラクラフ「転換期の歴史」〈社会思想社〉の影響を今でも引きずっている…）あえて言えば、近代とは、「世界が西洋中心に一体化した新しい時代」という意味にとらえられるでしょう。

　「近代」よりも前の時代に、「近世」という時代がおかれていることを知っておきましょう。英語では「近代」のことを modern period と言いますが、「近世」は英語で early modern period と表記します。この「近世」という言葉には実は「中世という停滞した時期を乗り越えた新たな時代」という意識が込められています。

　そもそも、「中世 medieval period」とは何なのでしょう？根本的な問いかけなので答え方が難しい。元々は medium（中間）というラテン語に由来している言葉で、「輝かしい古代」と「新時代の近世」の中間の「停滞した時代」を意味していたのです。

S ナニが停滞しているんですか？

T うーん、それは「人やモノの動き」が停滞していることでしょう。あえて答えれば、**中世というのは封建制に代表される「『動かない』時代」**のことです。人々が土地に縛り付けられて動かないような、また、動く必要のない自給自足のシステムを持っているような時代のことを「中世」と呼んできました。しかし実は近年の研究により、中世は「モノや人が固定された」時代とばかり言えないことが明らかになり、精神史的にも停滞した時代でなかったことが示されつつあります（ル＝ゴフ「中世とは何か」〈藤原書店〉などを参照）。とはいえ、「中世社会」と「近世社会」を比べると明らかな違いも感じます。「農業中心の生産社会」、「個人よりも共同体優先の封建社会」という特徴は、「まだ顕著な動きがない社会」という中世のイメージを形成し続けているのです。

　さらに付け加えて、「中世」の特徴として、「一元化している価値観と、多元化している権力」というパターンがあります。このパターンをヨーロッパにあてはめると「カトリック教会の教義独占＋封建領主による分権的・重層的

支配」となり、日本では「神仏習合＋封建領主制」となり、中国では「儒教倫理＋皇帝権力と対立する貴族制」となります。

ところが近世になると、このような構造が崩れ、「**価値観の多元化と、統一された権力の出現**」のパターンが生まれるようになります。つまりヨーロッパでは「カトリック V.S プロテスタントの対立＋主権国家体制の成立」、日本では「切支丹や民衆宗教の出現＋幕藩体制」となり、中国では「宋学 V.S 陽明学・キリスト教＋明・清の皇帝権力の強化」というパターンになるわけです。

さらに、「世界の一体化」によって世界中の価値観や商品が交流し始めることも「近世」の大きな特徴になります。

まとめれば、「中世」は①封建制に代表される移動や交流が乏しい時代②地域的固定的な価値観が生活を支配している時代③権力が分散的で中央集権ができていない時代（カッコ2）と言えます。これに対し「近世」は①**大航海時代からの、移動や交流の流れがグローバル化する時代**（例：メキシコ銀や日本銀の世界的流通）②**多様な価値観が流入して、地域に固定された価値観がほころびを見せる時代**③**主権国家が成立し、王朝や君主による中央集権体制が確立し始める時代**（カッコ3）という相違点を持っていると思います。

中世と近世の違いを図式化にするとこうなります。

```
              （中　世）                    （近　世）
<モノの流れ> 地域的                「世界の一体化」によりグローバル化
<価 値 観>  地域に固着した価値観     価値観の多元化
<権　　力>  ｛権威（王・皇帝）はあるが ｛権威者が主権国家を形成し、
            権力は分散化されている     権力を集中し始める
```

S　その中世と近世の違いって、日本にもあてはまるんですか？

T　うーん、あてはまるとしたら、日本で近世が始まるのは安土桃山時代でしょうね。**やはり織田信長の存在が大きい。**「南蛮交易」・「キリスト教保護と仏教弾圧」・「楽市楽座」・「天下布武」、どれをとっても「**中世の破壊者、近世の創始者**」としての信長の位置は揺るぎませんねえ。

S　ええと、「近世」と「近代」はどこが違うのですか？

T　これは難しい質問だ。「近代」の開始はやはり「産業革命」が始まる18世紀中頃からとするのが一般的ですが、「世界の一体化」の内容という視点から定義することもできます。それまでの「近世」は、「世界の一体化」は成し遂げられていたものの、ヨーロッパの「世界経済支配」という現象はまだ現

れませんでした。それどころかヨーロッパは三十年戦争に代表される「17世紀の危機」(シナリオ74参照)に見舞われて、動乱と混乱の最中でした。ヨーロッパが17世紀までに手に入れた植民地は、アフリカの沿岸部と新大陸アメリカの一部、そして東南アジア貿易への参入に必要な地点(インド沿岸やバタヴィア、マカオなど)ぐらいだったのです。つまり近世において西洋は世界進出はしていたけれども、実はその地域の経済圏の中に加えてもらっただけなのです。

　この「17世紀の危機」を最初に乗り切ったのは、バルト海沿岸からの木材や穀物輸送を握ったオランダでした。アジア商業圏にも積極的に進出をとげたオランダは強力な情報力と、公債や株の発行などの高い商業・金融技術をもって、「世界システム」の中で生産・流通・金融で他国を圧倒する**「ヘゲモニー国家」**、つまり覇権国家となったのです。しかし、公債発行などの金融技術をオランダから学んだイギリスが17世紀後半からしだいに商業や軍事競争でオランダを凌駕するようになり、大西洋貿易を通じて世界システムにおける生産・流通・金融の覇権を握ります。このように、<u>「世界の一体化」の動きの中で「近代」を定義すると、「ヨーロッパが軍事的・経済的・政治的・文化的な主導権を握る時代」</u>(カッコ4)の始まりが「近代」の始まりということになります。

　東洋では、モンゴル帝国が巨大な交流のネットワークを持っていたことがあります。しかし、モンゴル帝国は遊牧国家としての枠を乗り越えられず、世界的な分業システムをつくり出すこともなく、他の地域の宗教や文化に結局は同一化してしまいました。また、明や清王朝は世界的帝国になる力を十分に備えながらも、明が海禁令を出したことや、清が広州のみに貿易港を限定したことに見られるように、**国内流通だけで満足し、貿易や流通に消極的であったことが、中国が「近代」の中心となることを妨げてしまったのです。**

S　そうすると世界史で「近代の日本」という言葉はナニを意味するんですか?
T　「西洋の影響と圧迫を受けた時代の日本」という意味になります。
S　では信長の時代は近代ではないのですか?鉄砲だって入ってきているし。
T　いや、当時の西洋はまだ「近世」ですし、鉄砲の自家生産を果たした安土桃山時代の日本にとって、西洋は単なる「南蛮趣味」の対象にしかならなかったのです。鎖国や封建制と米本位経済の枠の中に閉じこもっていた江戸時代が、西洋の圧力と脅威のもとで開国に向かい、西洋が主導する「世界の一体化」に対抗するための新たな政権(明治新政府)を打ち立てた後こそが日

本史上の「近代」の始まりとなります。さて質問。「近代」を象徴するモノって何かな？

S　ん？「銃」じゃないんですかー？

T　実はそうじゃない。アジアやアフリカは19世紀半ばには、かなりの量の銃を実は持っていたのです。しかし、それでもヨーロッパ勢力にヤラれてしまったのは、イギリスで開発されたスナイダー＝エンフィールド銃（別名、スナイドル銃）のせいです。この銃は、実は弾を銃身の後ろから装填できる銃でして、それまでの銃は前装式であるため一分間に3〜4発しか撃てなかったのに対し、一分間でなんと10発も撃てるうえに、伏せたままの状態で弾込めをして、バンバカ撃つことができたのです。

S　前装式というと火縄銃の弾込めのような感じだからね。後装式の「近代」改造銃にやられちゃったわけか。他に近代を象徴するモノは「鉄道」かな？

T　ん！これはアタリだと思いますね。資源や情報をすばやく運べる鉄道や電信は今までの非ヨーロッパ世界にはなかったもので、まさしく「近代」の象徴と言えます。1854年の日米和親条約締結の際に、ペリー提督が幕府に鉄道模型を贈ったのが、日本が「近代」の象徴を見た最初の機会でした。

では、「近世」と「近代」の違いをまとめてみましょう。

	（近世）	（近代）
＜モノの流れ＞	「世界の一体化」	産業革命後に登場した鉄道や電信により「世界の一体化」が加速
＜価　値　観＞	価値観の多元化	西洋の価値観に一元化。西洋と異なる価値観は上から目線（オリエンタリズムの視線）で見下す
＜権　　　力＞	「主権国家」がモデル	「共和政」・「議会制」（民主主義）にもとづく主権国家がモデルとなる

第2次産業革命と帝国主義①——レーニンによる「帝国主義」の古典的定義

T　教科書の新しい部、つまり「近代」の始まりに入ります。16世紀に始まった「世界の一体化」が成長して、<u>「近代」的加速を遂げたのは大西洋貿易と、それを土台にした「産業革命」が発生した18世紀から</u>（カッコ5）です。しかし西洋が主導権を握る「近代」がはっきりと巨大な姿を現してくるのは、19世紀の後半になってからで、その「近代化」を完成させる推進力となったのが「第2次産業革命」（カッコ6）と「帝国主義」なのです。

S　ありゃ、産業革命には「第2次」まであるんですか？
T　あるんだなー。機械が生産の主役となるのは同じだけれども、「第1次」の場合は動力が「石炭」や「蒸気」だったのに対し、「第2次」は「石油」（カッコ7）と「電力」（カッコ8）が主な動力源となってきます。
　さて、キミのうちは石炭を使っているかな？
S　ウチはオール電化だから、石炭なんか使ってないです。
T　「石炭や蒸気だと、なにかと不便」という理由が大きいでしょう。例えば昔は蒸気自動車や蒸気バス、蒸気トラクターも実際にあった。運転はエンジンを使った車よりも簡単で、振動もおだやか、しかも壊れにくかったのです。が、使われなくなってしまったのは、まずボイラーだと車の図体が大きくなってしまうこと、そして蒸気だと動くまで時間がかかってしまったり、ボイラーが爆発してしまう危険性があったことが原因として考えられます（速水螺旋人「靴ずれ戦線」①〈徳間書店〉に詳しい説明とイラストあり）。
　「石油」や「電気」を動力源とした機械は動かすのに手間がいらず、軽くてスピードアップが簡単にできるので、たちまちのうちに普及します。同時に石油資源を利用する化学工業や機械の材料を供給する鉄鋼業などの重工業中心に技術革新が進みました。が、重化学工業部門の工場の増加には問題がありました。まず、設備が重厚長大になるため工場の建設と運営には巨額の元手を必要とします。このため、企業合同（トラスト）などをくりかえして各種産業部門を支配する独占的企業グループ（コンツェルン：カッコ9）となり、市場を支配するようになったのです。
S　「スーパー戦隊シリーズ」の合体ロボみたいに巨大化するのかな。
T　たとえがうまいね！この合体（合併）した大企業のアタマの部分にあたるのが銀行などの金融資本です。やはりカネを握っている者が頂点に立てるのですな。この「第2次産業革命」の時に一番発展したのはアメリカ合衆国です。アメリカでは、ロックフェラー財閥による石油産業、カーネギー財閥による製鉄業など、大規模な工業化が急速に進みました。またその労働力として工業化を支えたのが海外からの大量の移民（カッコ10）です。なにしろアメリカは土地が広いし、貴族もいないので立身出世も夢ではない。いわゆる**アメリカン・ドリーム**です。
　「第2次産業革命」がもたらした第二の問題は、生産力が急速に上昇したため国内で製品をさばききれず、そのため国を使って国外に市場を求める「帝国主義」の欲求がわき上がってきたことです。さあ、ここで「帝国主

義」が出てきました。「帝国主義」Imperialism（カッコ11）は、ラテン語の「皇帝」imperator という言葉から生まれました。語源から言うと「皇帝」とは、「多くの国々や民族に命令する権利をもつ人」です。

S　あ、それ、ナポレオンのところでやった（シナリオ92）。

T　皇帝が強大な指揮権をもって多くの国を統治したのが「帝国」です。「帝国主義」という言葉は19世紀後半から使われるようになります。その意味は「金融資本と結びついた列強諸国がより高い利益をあげようとして植民地の支配を広げる動き」（カッコ12）と一応言えるのですが、実は「帝国主義」の定義にはいくつもの説があって、正確には今も定まっていないのですよ。一番有名なのは、革命家のレーニン（カッコ13）が「帝国主義論」という本で主張した説です。つまり「帝国主義とは資本主義が行き着く最終的な独占段階（カッコ14）であり、銀行と産業が融合した金融資本が世界分割に乗り出し世界大戦に帰結する」という主張です。

S　なんのことだか、さっぱり意味がわかりません。

T　正直だね！では順を追って説明しよう。まず①「第２次産業革命」が進行するなか、安定した利益をあげやすい重化学工業中心に企業が競争状態になる→②生き残りのために企業合同（トラスト）をくりかえし、市場を独占する大企業が生まれる→③コンツェルン化した巨大企業は、さらにもうけるために銀行家と結びついて金融資本を形成し、新たな市場と投資先を求めて植民地を手に入れようとする→⑤各国の金融資本は国家を動かして植民地の奪い合いを始める→⑥ついに「全世界的な帝国主義戦争」が勃発する…。という展開になっちゃうのがレーニンの主張です。このレーニンの「帝国主義論」はけっこう説得力を持っているんですよねえ。

【参考文献】
　　近世や近代の概念については、大阪大学歴史教育研究会編「市民のための世界史」（大阪大学出版会）、玉木俊明「近代ヨーロッパの誕生―オランダからイギリスへ」（講談社選書メチエ）を参照しました。特に玉木先生の本は近代におけるオランダの重要性を教えてくれます。帝国主義について、要約としてわかりやすく読める文献として木谷勤「帝国主義と世界の一体化」（山川出版社：世界史リブレット40）とアンドリュー・ポーター「帝国主義」（岩波書店）をお薦めします。帝国主義についての古典的な文献は、やはりレーニン「帝国主義論」（光文社古典新訳文庫）でしょう。

≫118≪
「帝国」とイギリス
—— 「帝国」は覇権を広げる力、「帝国主義」は植民地がカギ ——

「帝国主義」と「帝国」—— 「資本主義」のエゴイズムのあらわれ

T　さて、帝国主義の続きなんですが、レーニンの言ってたこと覚えてる？

S　あははは。見事に忘れましたー。

T　そりゃ困ったな。「帝国主義とは<u>資本主義が行き着く最終的な独占段階のこと</u>だ」とレーニンは言っていたのですよ。なんだか昔の少年ジャンプのマンガみたいに「自分がだんだん強くなっていき、敵も強くなっていく。そしてついに最後の敵と死闘を繰り広げて勝利する」みたいなもんです。もっともジャンプの主人公とは違い、資本主義社会の大企業は「愛」や「友情」のためには戦わない。目的は大変にドライでして、「**もうけを独り占めにするために闘った**」のです。その結果、資本主義は独占資本主義という最終段階に到達し、「帝国主義」的な植民地獲得競争が始まるのです。

　昔はイギリス東インド会社みたいに国王から貿易の特権を与えられて、軍隊を持つことまで認められた会社が植民地を支配していました（例：インド）。ですが力をつけてきたイギリスの産業資本家たちは、1832年の第一回選挙法改正で投票権を手に入れてから、自分たちの儲けに有利なように政府を動かすようになったのです。さっそく1834年に東インド会社の中国貿易独占権を廃止し、1846年には穀物法を廃止し、1849年に航海法を廃止して、自分たちに有利な自由貿易体制を築いてしまいます（シナリオ95参照）。

　東インド会社が貿易を独占できなくなったことで、イギリスの産業資本家たちが市場に割り込むチャンスができたわけです。そうしたら後はヨーイ、ドン！で市場の「**掴み取り放題大競争**」になってしまった。

　資本主義というものは自分勝手なものだから、「金もうけのために闘う」のがホンネなんですよ。もうけるためには手段を選ばない。キミなら「手っ取り早くカネを手にいれる」ためにはナニをする？

S　うーん、やっぱりカツアゲが楽かなー？

T　個人がやったら犯罪です。でも国家がやると正当化されるのが問題だ。1870年代の大不況で、国内に投資先を見つけるのが難しくなってしまったヨーロ

143

世界史プリント118

植民地の重要性が広く知れわたるようになる

・なぜ植民地が必要なのか？
1 [　　　　　　　　　　　]

利益を求めて、まだ植民地になっていない地域を
自国の植民地にしようとする動きが激しくなる
この動きを「2（　　　　　　　　）」と呼ぶ

③ 列強間の帝国主義的対立
列強間の格差の拡大
（勝ち組＝工業力や資本力を持っている国々）
例 3（　　　）4（　　　）5（　　　）
（負け組＝工業化が遅れるか、民族運動に苦しむ国々）
例 6（　　　）7（　　　　　）
　　8（　　　　　）

2・欧米列強の帝国主義と国内政治
（p310～p312）

20世紀に入るとドイツが新たな植民地を求めて
勢力圏の再配分を求め始める
（力をつけた新興国家による分け前の要求）
↓
列強間の帝国主義的対立が強くなる
ただし対立の場はアジア、アフリカ地域やバルカン
半島に限られ、西欧では戦争がおこらなかったため
19世紀末から20世紀初頭にかけてヨーロッパ文化は
「9（　　　　　　　）」として発展、成熟する。
19世紀末～20世紀初＝「10（　　　　　　　）」

イギリス （p310～311）

19世紀のイギリスの強み
・圧倒的な経済力・海軍力
・11（　　　　　　）による輸出の増加

・植民地の拡大
非白人系植民地（例・インド）＝直接支配を続ける
白人系植民地（例・カナダ）＝自治政府を認める

① イギリスの植民地獲得
保守党の 12（　　　　　　　）首相が
13（　　　　　　　　　　）の株式を買収して
運河の経営権を握る。14（　　　　）年
→エジプトを確保して、インドへの道を守る
植民相 15（　　　　　　　　　　　）
・オーストラリア（1901）、ニュージーランド（1907）、
南アフリカ連邦（1910）に自治権を与えて
自治領にする（みな白人系植民地）
・16（　　　　　　　　　）を支援して
17（　　　　　　　　　）をおこす（1899）
→南アフリカを確保して、インドへの道を守る

② イギリスの労働運動の発展
イギリス産業の発展＝労働者の意識の高まり
18（　　　　　　　　　　）の結成
代表者・バーナード＝ショー、ウェッブ夫妻
↓
1906年 19（　　　　　　　　　）の結成
国民保健法など労働者の生活向上に寄与する

③ アイルランド問題
20（　　　　　　　　　　）（1914）の成立
↓
イギリス人の多い北アイルランドが反対し、
アイルランド完全独立を望む、アイルランドの
21（　　　　　　　　）と対立する
↓
イギリス政府はこの問題を解決できず、
第一次世界大戦の勃発を口実に、
自治法の実施を延期

144

ッパの金融資本家たちは政府を動かして、前から手を出していたアフリカやアジアの植民地化に力を注ぎます。植民地は資源供給地や輸出市場として利益を簡単に手に入れられる場と考えられた(カッコ1)からです。手っ取り早くもうけるために植民地の獲得を始めた資本家たちの目的は「**植民地は生かさず殺さず**」搾り取ることです。そこで列強は植民地を投資対象・資本輸出先として金をもうけようとしました。

S　その「資本輸出」って何なんですか？わからんです。

T　例えば「鉱山」の開発や、その鉱山から資源を運ぶための「鉄道」にカネを投資して、アガリをもうけるのです。他にも、植民地にしようと狙っている地域に恩着せがましくカネを貸して（借款(しゃっかん)）、容赦なく取り立てるなどのえげつないことまで平気でします。もしカネを払えなければ、その地域は人間で言えば「債務奴隷」、政治世界では「植民地」「従属国」となるわけです。

S　そりゃ、漫画の「ミナミの帝王」か「闇金ウシジマくん」の世界ですな。

T　こうして巨大企業と大銀行が結びついた欧米列強の金融資本が、19世紀から20世紀にかけて世界をすみずみまで分割していく過程を、現在では一般的に「帝国主義」（カッコ2）と呼んでいます。この「帝国主義」は私が言っていた「19世紀四大主義」の一つですよ。（他は「自由主義」、「国民主義」、「社会主義」。シナリオ96参照）。

S　いや、日本はよく植民地にならないで済みましたねー。

T　幕末の戊辰戦争の時には、危うく幕府もフランスからカネを借りそうになったのですが、勝海舟の機転と判断でカネを借りなかったので助かった。

「帝国」の意味 ── 「世界システム」として見ると…

S　あの、前から思っていたんですけどぉ…「帝国主義」って言葉は、「ローマ帝国」なんかと関係あるんですか？

T　単なる「帝国」って、歴史から見たらたくさんあるんですよ。例えば「ローマ帝国」とか「清帝国」とか「大英帝国」とかね。実は「帝国」の一般的な意味は、「広大な支配領域のなかに多様な民族集団などを含み、しばしばその支配権を拡大しようとする政治体」とされています（「帝国への新しい視座」p10参照）。と、言うことは、ある地域や国が「帝国」を名のっている場合、他の地域や国を支配してやろうというコンタンがあるわけだ。しかし、武力だけで他者を征服しようとする「帝国」が長続きしなかったことは、アレクサンドロスの帝国や、モンゴル帝国や、ナポレオンの帝国を見ればお分かりのとおりです。

軍隊や官僚組織を維持するには手間とカネがかかるため、軍事力で打ち立てられた「帝国」は意外にもろく短命です。それに対し、これまで学んできた「帝国主義」は同じ支配権を拡大する動きであっても、元々は19〜20世紀にかけての「限定された時代の動向」を示している用語です。しかもレーニンの主張では「資本主義の最終段階」である帝国主義の支配力の中心は**経済的支配力**だったのです。

　　このような世界支配に向かう経済的支配力は、実は「**近代世界システム**」と呼ばれる世界的な分業体制によって支えられていると見ることもできます。この「近代世界システム」という体制は「世界の一体化」が始まる16世紀に始まったもので、「中核」と呼ばれる資本が豊かな国が、「周辺」と呼ばれる資本が乏しい国を経済的に支配する構造から成り立っています。「周辺」の国々は工業原料や食料を「中核」となる国に不利な条件で提供するようになっており、「周辺」はいつまでも、むしろ取られるようなカラクリになっているのです。ちなみにこのシステム論は、ウォーラーステインという歴史学者が唱えた説ですよ（シナリオ82参照）。

　　17世紀に近代世界システムの「中核」となった国はオランダでしたが、後背地を持たず中継貿易に頼っていたことと、オランダの商人が国家の利害よりは自分の商売の利益を優先してイギリスにどんどん投資してしまったため、オランダから金融資産や経営方法を受け継いだイギリスが18世紀から19世紀にかけて「中核」国となりました。しかし、20世紀になると、イギリスに代わりアメリカ合衆国が「中核」国となります。つまり、**ウォーラーステインによれば、16世紀に「近代世界システム」が始まって以来、世界を生産・流通・金融の分野で圧倒的なヘゲモニー（覇権）を握ったのはオランダ→イギリス→アメリカの三カ国のみということになります。**

S　でも、アメリカって今はパッとしないようだけど？イラクやアフガニスタンに出兵して痛い目にあっているしね。

T　アメリカ人のウォーラーステインは厳しい見方をしていて、現在のアメリカ合衆国は「ヘゲモニー国家からの衰退期」にあると見ているようです。

　　おっと、さて話を19世紀後半に戻しますと、帝国主義を掲げたヨーロッパの列強諸国にも、やはり「勝ち組」と「負け組」がありました。上位に立ったのは工業力や資本力があったイギリス（カッコ3）、フランス（カッコ4）、そして統一に成功し、普仏戦争の賠償金やユダヤ人銀行家の資金などを使って重化学工業を発展させることに成功したドイツ（カッコ5）です。逆に「負け組」になってし

まったのは、農奴解放が遅れ過激な革命運動に直面してしまったロシア（カッコ6）、多様な民族を抱え民族主義に揺さぶられていたオーストリア（カッコ7）。そして、ドイツとは逆に統一後も南北格差が埋まらず、工業化で遅れてしまったイタリア（カッコ8）も負け組に入ってしまいます。

　このような下位グループの国々が「近代世界システム」構造の中では、どっちつかずの「半周辺」と呼ばれる国々です（「半周辺」という言葉もウォーラーステインが作った概念）。19世紀後半の「半周辺」の国々の中には、日本のように必死の思いで何とか近代化をなしとげた国もあります。

S　現在の時点での「半周辺」ってどこですか？
T　現在では、韓国とかNIES諸国とかBRICS諸国でしょう。この中から新たな覇権（ヘゲモニー）国家や「中核」国が現れるかもしれません。
S　日本は覇権（ヘゲモニー）国になれますか？
T　なれないでしょう。「覇権国」はウォーラーステインによれば歴史上、オランダ・イギリス・アメリカの三国だけなのですが、これら三国のヘゲモニーを形成した実体は、「人間のネットワーク」なのです。つまり、人間を大切にしていなくては覇権は握れない。歴史を見ると、ヘゲモニー国家の大きな特徴は、「**他国からの移民や亡命者を受け入れていた**」ことです。ロックやスピノザ家、デカルトを受け入れたオランダ、メッテルニヒ、ナポレオン3世、カール＝マルクスまでも受け入れたイギリス、トーマス＝マンやアインシュタインを受け入れたアメリカに比べると、「在日は出て行け」などというヘイトスピーチがまかり通る日本にはヘゲモニー国家となる資格は無いように思えます。

欧米列強の帝国主義と国内政治①　──　「ほほえみながらコタツの中では足相撲」

T　やっかいなことに、20世紀に入ると重化学工業部門で力をつけてきたドイツが植民地の分け前を要求するようになってきます。そのためにヨーロッパ列強の間では帝国主義間の対立が激しくなってきます。ただし、19世紀末から20世紀初めにかけては列強同士の直接衝突の場は、ヨーロッパ以外の場所に限られていたために、ヨーロッパ列強同士の戦争はまだ起こりませんでした。ウィーン会議以来のヨーロッパの長い平和は、大都市大衆文化（カッコ9）を形成し、爛熟した文化を生み出します。これがいわゆる「**世紀末文化**」です。

S　ほおお、して、その代表は？
T　むう、美術ではミュシャのポスターがわかりやすいかな？→

チェコ出身の商業アートで有名な画家す。ちなみにミュシャは彼が活躍したフランスでの呼び名。チェコ語やドイツ語だと「ムハ」と呼ぶほうが正しい。
S　あ、なんか見たことがあるなあ。こんな絵。
T　最近有名なのはクリムトの絵です。オーストリアの画家のクリムトの絵画は金襴豪華で、日本の琳派の影響を受けています（右）。音楽だとオーストリアのマーラーやドイツのリヒャルト゠シュトラウスが代表。マーラーは交響曲や歌曲の作曲家として、リヒャルト゠シュトラウスは交響詩やオペラの作曲家として有名。二人とも、カラフルで精妙極まる魔法のようなオーケストレーションがホントに耽美的で、すんばらしい！このような文化を生んだヨーロッパの19世紀末から20世紀初めにかけての時代をフランス語で「ベル゠エポック」（「良き輝かしき時代」：カッコ10）と呼びます。

欧米列強の帝国主義と国内政治② ── イギリスの飽くなき欲望

T　さて、帝国主義に話を戻しますと、工業力や資本力に優れたイギリスが、はじめに説明したように、自由貿易（カッコ11）で輸出を増加させます。
S　なんか、<u>強い「中核」国って「自由貿易」ばかり主張しない？</u>
T　そのとおりです。後の中核国であるアメリカも戦後、「ブレトン゠ウッズ体制」で自由貿易を基礎としましたよね。あ、ここは現代社会で勉強したはず。大量の輸出品を売りさばいたり、資本輸出をおこなうには、そりゃあ関税がかからないほうが中核国にとってお得だからです。

　イギリスは植民地獲得に熱心で、その中心人物が保守党のディズレーリ（カッコ12）首相です。この人についてはやったね（シナリオ99参照）。スエズ運河（カッコ13）の株式を買収（1875年：カッコ14）して運河の経営権を握り、インドへの道を確保したこと。そしてインド帝国を設立（1877年）したことは覚えておきたいものです。

　しかし、植民地を手に入れてから気がついたんだけれども、どうも植民地というものは維持とケアにカネがかかってしまう。そこでイギリスは「**だったら、必要な植民地はイギリスが<u>直接支配</u>し、白人の数が多くて、社会の上層部を占めている植民地は安くつく<u>自治領</u>にした方がいい**」というちゃっかりした方向に変わっていきます。

S　イギリスが「必要」と考える植民地とはどこなんですか?

T　そりゃ「人口が多くて、輸出市場や資源供給地としての儲けが大きいところ」。具体的にはインドです。そしてインドをロシアから守るためのアフガニスタン、フランスから守るためのビルマ(ミャンマー)もはずせない地域だ。アフリカだとエジプトが「インドへの道」になる。ただしこれらの地域はみな白人の数が少ない。一方、<u>白人の数が多く、運営に手のかからない地域は自治領にしていった</u>。コストダウンができるからね。しかし自治領と言ってもイギリス議会の決定に拘束され、大英帝国の連合体の一部となっていましたから、「自治」も完全なものではなかった。最初の自治領はカナダ(1867年)、次にオーストラリア(1901年)、そしてニュージーランド(1907年)、南アフリカ連邦(1910年)です。自治領の成立の順番は意外に試験に出ますぞ。

さて、ここらへんで真打登場。**ジョセフ＝チェンバレン**(カッコ15)です。以前もちょっとだけ紹介した人なのですが(シナリオ99参照)、なかなか興味深い人物(右→)。非国教徒の工場経営者の家に生まれ、大学で学んだものの父の工場で労働者と一緒に靴作りで働いた経験があり、労働者の事情や環境を肌身に染みて知っていました。工場経営を任された時は、組合や生協の創設
に力をいれ、夜間学校では労働者に歴史や数学、フランス語を教えていたといいます。「資本家」+「労働者」の代表として製鉄の町バーミンガムで自由党から立候補し、産業資本家と労働者双方の支援を受けて当選しました。

グラッドストン内閣の自治大臣として活躍したジョセフ＝チェンバレンには固い信条がありました。「**汗水たらさない貴族のためのイギリスには意味が無い。働くもののためのイギリスであるべきなのだ!**」。と言うわけで、小作人に土地の所有を認め、労働者にはビスマルクを見習って労災保険や疾病保障のような社会保障政策を主張したのです。後にジョセフ＝チェンバレンの主張は実行されたのですが、「**財源がないっ!**」という困った問題が出てきたのです。ジョセフ＝チェンバレンは「**国民の社会福祉のための財源が無ければ、なあに、植民地からカネを持ってくればいい**」という「社会主義」+「帝国主義」=「社会帝国主義」を主張し、自ら自由党を脱党して、ソールズベリー内閣の植民地相となったのです。

さきほど言った、白人自治領の創設はチェンバレン植民地相が進めていた政策ですが、もう一つ狙っていたものは南アフリカ一帯の植民地化です。すでに南アフリカ南端のケープ植民地はウィーン会議の時にイギリスがオラン

ダから奪って手に入れていたのですが、オランダ人移民者が北に建てたオレンジ自由国とトランスヴァール共和国で、な、なんとぉー、ダイヤモンドと金鉱が見つかったのです。**「お前のものはオレのもの！」**とジャイアンみたいなセリフでイギリスのチェンバレン植民地相は強引にオレンジ自由国とトランスヴァール共和国を征服しようとしたのです。

　このころイギリスのケープ植民地で活躍していたのがセシル＝ローズ（カッコ16）という富豪で、ケープ植民地の植民地首相でした。

S　ん？チェンバレンが植民地相で、セシル＝ローズが植民地首相？

T　いわば本社の重役と、支店の支店長のような関係ですな。この二人が手を組んでオレンジ自由国とトランスヴァール共和国を征服しようとしたのです。これをブール戦争（カッコ17）と呼びますが、この戦争のあらましと結果は、アフリカの植民地化のところでまた説明しますよ。

　しかし、チェンバレンのような社会帝国主義では、このころのイギリスの貧富の差や階級差を解決できず、しだいに社会主義や労働運動の勢いが増してきます。その例が1884年にウェッブ夫妻やバーナード＝ショーのような進歩的知識人によって作られたフェビアン協会（カッコ18）という社会主義の団体です。この団体は社会改革の意欲はあったのだけれども、労働者階級との接点がなかった。そのため1900年にフェビアン協会、労働組合そして炭鉱労働者のケア＝ハーディが作った独立労働党が集まって労働代表委員会という組織を作ります。この組織が1906年に「労働党」（カッコ19）という政党を結成し、ケア＝ハーディが初代党首になりました。この労働党は現在では政権を担当するほどの大政党になり、ビートルズのメンバーや「ハリー＝ポッター」シリーズの原作者 J. K. ローリングも労働党の熱心な支持者です。

【参考文献】

「帝国主義」と「帝国」の基本的な概説として、歴史学研究会編「帝国への新たな視座―歴史研究の地平から」（青木書店）と木畑洋一、南塚信吾、加納格「帝国と帝国主義」（有志舎）をお薦めします。混乱しがちな歴史的視野が整理されており、わかりやすい文献です。イギリスをとりあげて「帝国」を説明する秋田茂「イギリス帝国の歴史―アジアから考える」（中公新書）も示唆に富み、勉強になる本です。A. ネグリ、M. ハート「帝国」（以文社）は大変に刺激的な文献です。かなり分厚い本ですが、「帝国」という存在を考えるためには欠かせません。E. サイード「オリエンタリズム」（平凡社）と並ぶ現代の名著であると思います。

≫119≪
19世紀末のフランスとドイツ
—— ヤマは「ドレフュス事件」と「ビスマルク退場」です ——

アイルランド問題 ── 独立までの「生まれいずる悩み」

T　あ！しまったー、アイルランド問題やるのを忘れていたよ！

S　たしか、前にもやってましたよねえ。ジャガイモが何チャラとか…。

T　うん。1845年のジャガイモ全滅によって大飢饉に直面したアイルランドの歴史は悲惨でした。後に自由党の大宰相グラッドストンは、アイルランドに自治権を与えることを目標としていたのですが、同僚の帝国主義者チェンバレンの反対をくらい、グラッドストンの生前には実現できませんでした（シナリオ99参照）。しかし1914年になって、アイルランド自治法（プリント118：カッコ20）がついに成立します。ところがイギリス人が多い北アイルランド（アルスター）地域はこの自治法を認めず、「力づくでも」と武装組織を作って反対運動を行い、1905年に設立された、アイルランド全島の完全独立を掲げるシン＝フェイン党（プリント118：カッコ21）と完全に対立してしまいました。

S　その「シン＝フェイン」って、誰かの名前ですか？

T　いや、ゲール語で「われら自身で」という意味らしい。つまり「**自治法**」**なんかあてにせず、自分自身でアイルランドの独立を勝ち取ろうとする党派**です。ところがその1914年に第一次世界大戦が始まってしまうと、アイルランドの協力が欲しいイギリス政府は、「なにしろ戦争中だ。自治は戦争が終わってからにして、アイルランドはイギリスに協力してくれんか。とりあえずは**若いモンを兵隊に出せ！**」と呼びかけます。反発も強かったが、「自治権獲得のため」ということでアイルランドの青年たちがイギリスのために兵隊となり、生きて帰ってこなかった者も多かった。もともと自治法に反対していたシン＝フェイン党を中心とするアイルランドの独立主義者が「**イギリスが大戦で弱っている今がチャンス。反乱を起こせば独立ができる！**」と主張したため、1916年の4月のイースター（キリスト復活祭）の日に「**イースター蜂起**」が起こってしまいます。反乱軍はダブリンの郵便局に立てこもってイギリス軍と闘いますが、作戦が安直だったため、結局、制圧されてしまいました。反乱軍の指導者の大多数は即決裁判で即、死刑。これがアイルランドの民衆の激し

世界史プリント 119

フランス (p312)

＊復習

- 第一共和政(1792〜1804)…国民議会、国民公会
- 第一帝政(1804〜1815)…ナポレオン1世の支配
- 第二共和政(1848〜1852)…二月革命後
- 第二帝政(1852〜1870)…ナポレオン3世の支配
 (普仏戦争の敗北により、第二帝政は崩壊)

パリ＝コミューンの崩壊後に

1 (　　　　　　　　　　)の成立

↓

ビスマルク体制下で包囲され、初期は国内でも政府に対する攻撃が激しく、安定しなかった。

- 2 (　　　　　　　)(1887〜89)
 陸軍大臣ブーランジェが右翼、保守勢力の支持を得て、クーデタを起こそうとした事件。
- 3 (　　　　　　　)(1894〜99)
 ユダヤ人軍人のドレフュスが、スパイの容疑を受け、無実の罪で流刑になった事件。

① フランスの社会主義運動

「4 (　　　　　　　　　　)」

政党に頼らず、労働組合がストと暴力によって革命をおこなおうとする過激な考え

↓

5 (　　　　　　　)が成立し(1905)、この動きをおさえる

ドイツ (p312)

1888年　皇帝ヴィルヘルム1世の死

↓

6 (　　　　　　　　　)の即位

先帝と異なり、強引な帝国主義政策を追求し新たな植民地を獲得しようとする。

ヴィルヘルム2世の即位

＝7 (　　　　　　　　　)の引退

↓

「8 (　　　　　　　　　)」の名のもとに強引な帝国主義政策をおこなう。

↓

- 海軍の大拡張→イギリスを刺激
- 「9 (　　　　　　　　　)主義」の広まり

(ドイツの国内状況)

産業の発展＝貧富の差の拡大

労働者を中心とする社会主義運動が勢力強化

- 1860年代 10 (　　　　　　　)の指導で
 社会主義運動が発展
 ↓
 11 (　　　　　　　)らによる
 マルクス主義運動の組織化

⇩

ラサール派とベーベル派の合同により

12 (　　　　　　　　　)が結成される(1875)

→初期は革命による社会主義の実現を目標

↓

19世紀末、

13 (　　　　　　　　　　　)らが、革命によらず、議会活動で社会主義的改革をおこなうことを主張するようになる。

＝「14 (　　　　　　)主義」のあらわれ

い怒りを買ってしまいます。ところが容疑者の中に一人、「オレはアメリカ人だ。オレを殺したら国際問題になるぞ！」と叫んでいた男がいたのですな。
S　本当にその人はアメリカ人だったんですか？
T　合衆国には自国で生まれた人物を自国民として認定する法があるので、アメリカで生まれたその容疑者はアメリカ市民権を主張できたのです。アメリカとの関係悪化を怖れたイギリス政府は、結局その男を死刑にしませんでした。その男こそアイルランド独立の時の初代首相となる**デ＝ヴァレラ**です。そしてアイルランドの独立はついに…あれ？イースター蜂起の続きは教科書ｐ342まで出てこないぞ。残念ながら続きは後のお楽しみです。

フランス①──「印象派」の輝きの時代は、同時に政治の混乱の時代

T　次は19世紀後半の帝国主義時代のフランスの動きを見ていきましょう。
　　19世紀後半のフランスは文化面では大変に栄えた時代でして、文学では写実主義や自然主義、美術では印象派が活躍した時期にあたります。しかし政治面では、この時期のフランスは実は大変な混乱の時代でした。
　　なんとか発足した第三共和政（カッコ１）ですが、プロイセン＝フランス戦争での敗戦と、パリコミューンの虐殺を経て生まれた政権だったため、ドイツへの復讐を叫ぶ右派や王党派と、左派の社会主義者たちの攻撃をめちゃくちゃに受け、政権は不安定な状態だったのです（シナリオ100参照）。
S　先生、えーと、その「第三共和政」って何なんスか？話がわかりません。
T　ありゃー、忘れちゃったのですか…。ではプリントを見ながら復習しましょうね。<u>フランスは「王政」→「共和政」→「帝政」という政体の変動をしょっちゅう繰り返してきた国であることを思い出してください。</u>ずーっと帝政であったロシアや、クロムウェルによる共和政を一回だけ経験したイギリスとは違い、中央集権を保ってきたヨーロッパの国の中ではフランスは政治体制そのものが変化と混乱の連続だったのです。特徴的なポイントは、**①フランスの王政は1848年の二月革命で終了し、もう二度と復活しなかったこと、②共和政が行き詰った末に成立したフランスの帝政はすべてボナパルト家（ナポレオン一族）が皇帝になっていること**、ですね。
　　やっとの共和政の復活ですが、最初のうちは王党派の勢力が強かったため、綱渡りの政権運営でした。しかし、ブルジョワジーを中心とする国民の支持が共和政に集まったため、共和政発足後10年たっての1880年代になって、やっとこさ共和政が安定するようになったのです。やれやれ。

人間というものは危険が去ると腹が減るもので、さっそくフランス政府は植民地獲得に貪欲になり始めます。その代表がベトナム進出でして、1883年にユエ条約を阮朝と結んで、ベトナムを保護国としたあげくに、1885年には清仏戦争を起こして、1887年にベトナム全土を「フランス領インドシナ連邦」にしてしまったのはフランスの共和国政府がやったことなのです（シナリオ112参照）。ところがフランス本国では植民地拡大政策の評判がよろしくない。なぜなら「植民地獲得にかける金や兵力があるなら、まずドイツに復讐しろ！」という声が強かったからです。理由？そりゃあプロイセン＝フランス戦争の恨みですよ。アルザスやロレーヌ地方をドイツに取られた、あの悔しさを忘れはしない。共和政が安定した1880年代のフランスでは、ドイツに対する復讐心がしだいに高まっていました。なにしろドイツの宰相ビスマルクが「フランス孤立政策」をおこなっていた最中でしたから（シナリオ103参照）。そこでフランスでは「現在の共和政を支持する」「景気のいい愛国者」が一般民衆の人気を博するようになってきます。その代表がブーランジェ将軍でして、陸軍大臣となったブーランジェは「共和政支持」、「対ドイツ強硬姿勢」をさかんにアピールしたために民衆の人気を集めたのです。ついには1889年に民衆が集まって「クーデタをぜひやってくださいっ！我々は将軍を応援します！」とブーランジェ将軍に迫る事態となってしまった。

S　おお、チャンスじゃん。やったれ、やったれ！
T　カエサルやナポレオンだったら大喜びで話に乗っただろうねえ。しかしブーランジェ将軍は実際には意外に肝の小さかった人物で、この場におよんでビビッてしまった。「ぼ、暴力は良くないよ…。法を守ろうね…」と何か煮え切らない返事をしてしまったため、民衆の熱気は冷めてしまった。
S　「駆け落ちしよう」と誘った男が、ウダウダしていたらそうなるわな。
T　チャンスを逃したブーランジェ将軍は、結局は亡命してしまいました。この一連のクーデタ騒ぎを「ブーランジェ事件」（カッコ2）と言います。

フランス②——史上最大の冤罪事件「ドレフュス事件」の混乱

T　期待していた「愛国者」が実はヘタレだったことにより、フランス人民の暗い怒りがせき止められてしまいました。歪んだ怒りはしだいにスケープゴートとしての「裏切り者」を無意識に求めるようになります。
　そこに起こったのが1894年のドレフュス事件（カッコ3）。参謀本部の重要機密がなんとスパイの手によって、敵国ドイツにもれていたことが発覚し

てしまったのです。スパイの残した連絡用のメモ書きを見た軍の上層部の一部が、「あ、これは参謀本部付のドレフュス大尉の字体だ！そもそもドレフュス大尉はアルザス地方出身のユダヤ人だから、あいつがスパイに違いない」と偏見で犯人と決め付けてしまいました。身に覚えの無いドレフュス大尉は無実を主張しましたが、右翼系の新聞に**「ユダヤ人の裏切り！敵のドイツに軍事機密流す！」**とデカデカと書き立てられてしまったのです。マスコミの情報に乗せられたフランスの大衆は大いに怒り、反ユダヤ主義が燃え上がってしまいました。ついに求めていた「裏切り者」が見つかったわけだ。軍部は見せしめとして、ドレフュスの「位階剥奪式」を実行しましたが、これがまた前代未聞の「さらしもの刑」でした。

　1895年の1月の寒い日に、罵声をあげる大群衆の中に引きずり出されたドレフュス大尉は、効果を上げるために選ばれた長身の士官によって、勲章や位階章を引きちぎられ、サーベルをへし折られたのです。このシーンを描いた絵はとても有名で資料集にも載っていますよ。ドレフュス大尉は毅然としてこの恥辱に耐え、最後まで堂々とした姿を保ったのです。

S　立派ですなあ！卑劣なスパイとは思えんです。
T　ドレフュスは軍法会議にかけられ、**「誰も生きて帰ってきたものがいない」**と評判の南米ギアナの沖合いにある**悪魔島**に「死ぬまでの」島流しとなってしまいました。
S　死刑にはならなかったんですか？
T　物的証拠が乏しかったので、さすがの軍事法廷もドレフュスを死刑にはできなかった。死刑にすれば「死人に口なし」なので、死刑にしたがっていた関係者も多かったようですが…。でも熱帯で気候が厳しく、熱病が蔓延している「悪魔島」なので、やせていて小男のドレフュスだったらあっという間に死んでくれるだろうと、軍部はこっそり期待していたのかもしれません。ところがどっこい、ドレフュスは死ななかった。必死の思いで、しがみつくように生きていたのです。

　そこへとんでもない事実が明らかになった。1896年に陸軍情報部長となったピカール中佐があらためて証拠書類を調べてみたところ、筆跡がドレフュスではなく、ハンガリー出身の貴族エステラジー少佐のものであることを突き止めてしまったのです。実はエステラジーはバクチが大好きで、借金で首が回らなくなっていた。正義感に燃えるピカール中佐はエステラジー少佐をついに告発、軍では大騒ぎになってしまいました。

S　真犯人がわかったのなら一件落着じゃないですか。

T　いや、**「貴族たるエステラジーが真犯人で、卑しいユダ公のドレフュスが無実なんてありえん！もし、そうだとしたらドレフュスに有罪判決を下したフランス陸軍の威厳に傷がつく。ここはドレフュスに罪をなすりつけるべし！」** ということで軍はピカールを左遷して、知らんふりを続けたのです。ところが後日、議会でこの問題が取り上げられて、大変な政治問題になってしまったのです。メンツを重んじるフランス政府は「ドレフュス問題はもうすでに決着がついている」とし、一度は逮捕したエステラジー少佐を釈放してしまったのです。あくまで「知らぬ、存ぜぬ、解決済み」を連呼する政府に痛撃を食らわしたのが、自然主義の大作家ゾラが新聞オロールに発表した**「私は弾劾する」** という記事でした。政府や参謀本部、軍法会議を厳しく非難したこの文章は大変な名文で、社会に巨大な影響を与えました。さっそくゾラは名誉毀損で訴えられ、法廷で裁かれますが、法廷でも小男のゾラは屈せずに孤軍奮闘。その雄弁によって人々はしだいに「**ドレフュスは無罪ではないか？**」と政府や軍を疑い始めました。

S　で、結果はどうなったんですか？

T　ゾラは結局、政府の圧力で有罪となったのですが、国を二分するほどの大論争が起こってしまいます。

　　政治的な大混乱のなか、19世紀末にはフランスでも社会主義の運動が高まり、サンディカリズム（カッコ4）という過激な運動が始まってしまいます。これは<u>政党や議会をあてにせず、労働組合がゼネストなどの直接行動をおこない、社会革命を成し遂げようとする過激な運動</u>でした。ドレフュス事件の混乱とサンディカリズムの暴力で社会不安が高まり、危機を迎えたフランスでしたが、1905年に社会主義の政党であるフランス社会党（カッコ5）が誕生して中道左派の路線をとり始めると、やっとサンディカリズムも下火になります。

S　で、肝心のドレフュスはどうなったんですか？

T　1899年にやっと特赦を受けて帰ってきたドレフュスは、熱病に苦しみ、幽鬼のような姿になっていました。ドレフュスに完全な無罪判決が下ったのはやっと1906年になってからです。しかし、ゾラはドレフュス無罪を知ることはありませんでした。その前年にゾラはガス事故で亡くなっていたからです。しかし、ゾラが「事故死」したことを疑う人は現在でも多い。

　　ともかくもドレフュス事件の解決によってフランス陸軍の威信は地に堕ち、その代わりフランス第三共和政はやっと安定を取り戻します。

ドイツ①──ヴィルヘルム２世の登場とビスマルクの退場の対比が重要

T　さて、ドイツでは1888年、皇帝ヴィルヘルム１世が90歳の高齢で亡くなりました。後を皇太子が継ぎますが、咽喉ガンによってすぐに亡くなってしまいます。そして皇帝になったのがヴィルヘルム１世の孫に当たるヴィルヘルム２世（カッコ６）でした。この新皇帝は、何と言うか良い意味でも悪い意味でも「理想主義者」の皇帝でした。なんとヴィルヘルム２世は労働者や社会主義に好意的であったため、社会主義を毛嫌いしていたビスマルクと衝突し、ついにビスマルク（カッコ７）は宰相を辞任します。

　うるさいご老人を厄介払いしたヴィルヘルム２世はこれから自分の思うままに政治を行い始めます。まずは労働者・国民の支持を得ようと帝国主義政策への方向転換。今まではヨーロッパの勢力均衡とドイツの安定のため植民地獲得に消極的であったビスマルクに代わり、ヴィルヘルム２世は「**チャンスは逃すな！取れる植民地はがっぽり手に入れて、儲けるべし**」と植民地獲得に大いに意欲的でした。このようなヴィルヘルム２世の帝国主義的政策を「世界政策」（カッコ８）と呼びます。海外の植民地を手に入れるためには海軍が必要なので、ヴィルヘルム２世は海軍の大拡張に着手します。この拡張が海軍国イギリスを刺激してしまいました。大英帝国はドイツに不信感を抱くようになり、今までの孤立主義を脱ぎ捨てて、他国との同盟を真剣に考え始めます。

S　え、イギリスはどこの国とも同盟を結ばなかったんですか？

T　そう。なぜかって？そりゃあ最強の帝国であったからですよ。自分が強ければ他人と組む必要はありません。しかしドイツの動きが怪しくなると話は別だ。自分一人だけではドイツの激しい欲望を抑えきれないからです。

　その一方でドイツは着々と勢力拡大に励みます。まずはバルカン半島に目をつけたドイツは、ロシアの「パン＝スラヴ主義」に対抗して「パン＝ゲルマン主義」（カッコ９）を唱えて、ドイツ国外のゲルマン人（＝ドイツ人）の勢力拡大に励みます。こうなるとロシアは黙ってはいられない。

　こうしてヴィルヘルム２世の無謀な植民地拡大政策によって、ドイツはイギリスとロシアという二大強国を敵に回すハメになってしまいます。

S　ヴィルヘルム２世ってけっこう「バカ殿」じゃあないですか？

ドイツ②──出てくる党名を覚える方法はコレ

T　ヴィルヘルム２世はビスマルクの引退とともに、悪評の高かった社会主義者鎮圧法を廃止しました。これで社会主義運動に勢いがつきます。

話は少しさかのぼりますが、ドイツにおける社会主義は1860年代から発展します。その代表がラサール（カッコ10）です（この人についてはシナリオ102を見てください）。そして当時イギリスに亡命していたマルクスに代わってベーベル（カッコ11）がドイツ国内の社会主義運動の組織化をおこない、ラサール死後の1875年にラサール派とベーベル派の合併により、世界最初の社会主義政党であるドイツ社会主義労働者党（カッコ12）が誕生します。

S　そんな長い政党の名前なんか覚えられません。

T　これはオタクの人の方が覚えやすいかな？ナチスの日本語での正式名称は「ドイツ<u>国家</u>社会主義労働者党」と言うのですが、この名称から「国家」をとればこの世界最初の社会主義政党の名前になりますよ。でも、この党はビスマルクの「社会主義者鎮圧法」で激しく弾圧されてしまいます。長い冬の時代を耐えた後、やっとビスマルクが引退し、社会主義に理解のあったヴィルヘルム2世が「社会主義者鎮圧法」を廃止してくれたので、名称を変えて、新たに1890年に「ドイツ社会民主党」が発足します。

S　なにー？また政党が出てくるの？覚える必要あるんですかぁ？

T　<u>20世紀以前は「王朝」の把握が大切ですが、19世紀末～20世紀は「政党」の名前が重要になります。特に社会主義政党の名前がよく出てきます。</u>

　ドイツ社会民主党では「マルクスの主張するような『革命』によらなくても、民主主義による『議会』の活動だけで社会主義的改革ができる」と主張する人々が出てきます。代表者がベルンシュタイン（カッコ13）ですが、このような考えを「修正（カッコ14）主義」と呼びます。

　社会主義政党である「ドイツ社会民主党」、「イギリス労働党」、「フランス社会党」の「ヨーロッパ中道左派ご三家」は現在、政権を担うほどの大勢力となっていますが修正主義を基本とし、革命路線は取っていません。

【参考文献】

　アイルランド関係は村田邦夫「エドワード時代の政治と社会」、木畑洋一「第一次世界大戦」（世界歴史体系「イギリス史3」山川出版社所収）を、フランス関係は中野隆生「第三共和政の確立と動揺」（世界歴史体系「フランス史3」山川出版社所収）およびピエール・ミケル「ドレーフュス事件」（文庫クセジュ：白水社）です。残念ながらミケルの本は読みづらい。参考としてですが、ポール＝ムニがゾラを熱演する映画「ゾラの生涯」が大変にすばらしいのでご覧ください。ドイツ関係は若尾祐司、井上茂子編著「近代ドイツの歴史」（ミネルヴァ書房）が話題が広く、面白いですよ。

≫120≪
革命前夜のロシア
―― 20世紀に入ったとたん、「党派」の名前だらけで整理が大変 ――

ロシア①――石頭のアレクサンドル3世の治世は意外に平和

T　ええと、教科書（山川出版社「詳説世界史B」p310～315）では欧米列強の19世紀末から20世紀初頭の各国史が列挙されているのですが、この時代の欧米列強史のテーマは「**帝国主義と社会主義の対立**」ですね。

S　話がピンとこない。えーと、「てーこくしゅぎ」って…何だったけ？

T　「<u>欧米各国の巨大金融資本が、19世紀から20世紀にかけて世界を分割していく過程</u>」と、以前説明したよね（シナリオ118参照）。早い話が「**『やらず、ぶったくりシステム』でもうけるため、自分のシマを世界中に広げようとする企み**」かな。ところが1860年代まで農奴がいたロシアや、侍がいた日本は、社会システムそのものが西欧諸国に比べて遅れていたので売りつける工業製品が少ないし、金融資本も十分ではなかった。と、言うわけで日本やロシアは植民地獲得競争に出遅れていたため、死にものぐるいで自国の近代化に励んだわけです。しかし、あまりにも無理をしすぎたため、負担が国民に重くのしかかってきてしまった。特に工場で働く労働者の多くは農村からの出稼ぎでしたが、労働条件は劣悪で13時間労働はあたりまえで賃金はひどく安い。そこで日本やロシアでは労働者を中心として「経済的平等をめざす」社会主義が盛んになってきたわけです。

S　経済的不平等がひどい国ほど社会主義が広まるのかな？

T　そうかも。社会民主主義（社会主義だけれども革命は否定）政党や中道左派政党が成立して、社会的にも力を持っていたイギリス、ドイツ、フランスでは、革命をなんとか抑えることができました。しかしロシアのような、近代化の過程で社会の不平等が大きくなってしまったうえに、強大な君主制度のもとで社会主義政党を弾圧した国では、沸騰する蒸気が爆発するように革命が起こりやすくなっているわけです。やはりガス抜きはしておかないとねえ。さて農奴解放令を1861年に出したアレクサンドル2世が1881年に暗殺されてしまった後、息子のアレクサンドル3世が後を継ぎます。このオヤジさんがアレクサンドル3世です。→

世界史プリント 120

ロシア （p313～314）

1．19C末～20C初のロシア社会の変化

1890年代～　露仏同盟（1891～94）によって

　　　　　フランスからの資金がロシアに流入する

　　　→ロシアの資本主義の発達＝貧富の差の拡大

　　　　　　　↓

20世紀初頭　農村での農民運動や、工場労働者の

　　　　　ストライキがおこる

2．社会主義運動の活発化と社会主義政党の出現

① 1（　　　　　　　　　　　）の成立。

　　だが、あっという間に分裂

　　　　　　↓

・2（　　　　　　　　　　　　）

　代表者：3（　　　　　　　　　）

　労働者・農民を中心にして、革命で

　社会主義政権を打ち立てるのを目標とする

・4（　　　　　　　　　　　　）

　代表者：5（　　　　　　　　　）

　中産階級とも妥協し、ゆるやかに革命を

　すすめることを目標とする

② 6（　　　　　　　　　　　）

　　ナロードニキの系統を継ぎ、農民を重視

3．1905年の革命

　　　　日露戦争での劣勢

　　　　　　↓

7（　　　　　　　　）8（　　　）年

皇帝に貧困救済と和平を懇願しに来た

ペテルブルクの民衆に対し、宮殿の警備隊が

発砲し、多数の死傷者を出した事件

→皇帝への信頼がゆらぐ

　　　　　↓

農民蜂起や労働者のストライキ、民族運動が

全国的にふきだす

・モスクワでは**労働者の自治組織**

　　9（＝　　　　　　　　　）が武装蜂起をおこす

・海軍の反乱がおこる

　　＝10（　　　　　　　　　　　　）

これらの1905年におこった諸事件を

11（　　　　　　　　　　　）と呼ぶ

4．ニコライ2世の反応

第一次ロシア革命の勃発→

ロシア皇帝 12（　　　　　　　　　　）は

13（　　　　　　　　　）を発して改革を約束。

（内容）

・立法権を持つ国会 14（　　　　　　　）の開設

・自由主義者の 15（　　　　　　　　　　　　）

　（＊ポーツマス条約のロシア側代表）を首相に登用

　　　　↓しかし…

革命運動が退潮に向かうと、国会を無視して

皇帝はふたたび専制的姿勢を強める。

5．ストルイピンの改革

1906年に首相になった 16（　　　　　　　　）

の改革（目的：帝政の支持基盤を広げる）

　　　　↓

農村共同体 17（　　　　　　　）を解体して、

独立自営農民を育成しようとしたが、

成功を見ないうちにストルイピン暗殺される（1911）

　　　　↓

国内の動揺をおさえるため、

ロシアはバルカン半島へ南下政策をおこなう

　（第一次、第二次バルカン戦争　p332）

S 頑固そうなダルマさんという感じかなあ。

T たしかにガンコな性格で、父のアレクサンドル2世のような改革派ではなかった。地方自治を抑え、学校教育を親の身分によって制限し、ナロードニキを厳しく弾圧した「反動的」な皇帝でした。ただし、この皇帝は海外への進出には積極的ではなかった。1881年に中国と結んだイリ条約以来、めだった南下政策は採ってはいません。よーく見るとロシアの南下政策（アイグン条約、北京条約、露土戦争、中央アジア進出など：シナリオ102、114参照）は、むしろ進歩的と言われたアレクサンドル2世の時代に行われているのです。その息子のアレクサンドル3世は堅実で質素な性格だったこともあるのか、むしろ「足場を固める」ことに力を注いでいます。たとえば鉄道の建設を推し進めるため、石炭・鉄鋼・石油の採掘にも力を入れ、開発に必要なカネを調達するために外国資本もどんどん導入します。特にフランスとの関係改善に努力し、1891年に露仏同盟を結んでからはフランスからの資金が出回り、1890年代にロシアの資本主義の発展がめざましくなります。ただしアレクサンドル3世の政治はここまででした。政治の苦労での深酒がたたってか腎臓病でアレクサンドル3世は1894年に49歳の若さで亡くなってしまいます。

　後を継いだのが息子のニコライ2世（カッコ12）。**ロマノフ朝最後の皇帝**です。人の良い性格でしたが、それが裏目に出て他人の意見に流されることも多く、頑固一徹で質素なお父さんとは大違いでした。下の写真は皇太子だった1891年に世界漫遊の旅の途中で日本を訪れた時のニコライ2世の写真。ロシアの機嫌を損じないために日本はニコライ2世を大歓迎します。ニコライ2世は京都で刀や美術品を買いまくっただけでなく、腕に竜のイレズミまで彫ってしまうほどに日本が気に入っていたようです。

　ところが滋賀の大津で、津田三蔵巡査にサーベルで切りつけられる事件が起き（大津事件）、ニコライ2世は頭にケガを負ってしまいました。

S あ、それ知ってる。犯人の津田って死刑にならなかったんでしょ。

T よく司法の独立をテーマにする時に出てくる話ですね。犯人の津田はどうも精神病だったようです。この時は大騒ぎになり、明治天皇自らニコライ2世を見舞いますが、ニコライ2世は急いで帰国してしまいます。

S それで日本が嫌いになって、日露戦争になったんだな、きっと。

T　うーん、吉村昭「ニコライ遭難」(新潮文庫)を読む限り、ニコライ2世の態度は事件が起こった後でも日本に対しては紳士的だったように見えますねえ。だいたい好き嫌いで戦争なんかやりませんよ。

ロシア②——「社会主義勢力の台頭」は政党や党派だらけで覚えるのが大変！

T　お坊ちゃまのニコライ2世を支えていたのは、父帝が準備してくれた官僚たちで、その筆頭がウィッテ(カッコ15)です。そう、日露戦争の終結条約であるポーツマス条約のロシア代表です。鉄道会社の事務官出身のウィッテは有能な官僚で、大蔵大臣として同盟を結んだフランスから金を借り、保護貿易主義をとって国内の鉄道建設や鉄鋼・石炭の増産に励みました。しかしウィッテが進めた急激な近代化政策は貧富の差の拡大をもたらしてしまいます。と言うことは、必然的に労働者の不満が高まるわけだ。

　そこで、ロシアにも労働者を中心とする社会主義政党のロシア社会民主労働党(カッコ1)が1903年に成立します(正確には5年前の1898年に創立大会を開いたものの直後に執行部のほとんどが逮捕され解体してしまった)。

S　なんか、イヤになるくらいゴチャゴチャした党の名前ですね。

T　(社会＋民主＋労働)というキメラみたいに合体している名前で、本当に覚えづらい。しかもこの党は結党大会(正確には第2回大会)の最中に戦略の違いでアッと言う間に二派に分裂してしまいました。よりによって、この時に分裂してしまった二つの派閥の名前の方が、世界史で頻出する用語なのですよ。まずはロシア社会民主労働党が分裂してできた派閥の一つをボリシェヴィキ(большевики：カッコ2)と呼びます。意味はロシア語で「多数派」。「党は労働者の『前衛』として革命に邁進すべきである」という武力革命路線と中央集権を主張した派閥です。代表者はレーニン(カッコ3)。あの「帝国主義論」を書いた人ですよ。

　それと、分裂したもう一つの派閥はメンシェヴィキ(меньшевики：カッコ4)と言いますが、ロシア語で「少数派」を意味します。代表者はプレハーノフ(カッコ5)。この派閥の主張は、労働者だけでなくブルジョワ勢力も含めて、ゆるやかに段階的に革命を行っていこう、という主張でした。「少数派」とは言いますが、実はメンシェヴィキの方が支持者や勢力が強かった。ただ、中央の執行部の人数がボリシェヴィキの方が多かったので「少数派」と言っただけ。

　実はですね、ロシアには議会がなかったのに他の党も活発に動いていたのです。例えば社会革命党(カッコ6)、通称「エスエル党」の活動がめざま

しい。これはナロードニキの系譜を引いている党でして、労働者よりは農民を主体とし、専制打倒と農民への土地の再配分を主張した党です。

S　社会革命党といったら英語では 'Social-Revolutionist' なんだから、頭文字では「エスエル」じゃなくて、「エスアール」じゃあないですか？

T　うわー、きつい質問ですな。確かに英語ならね。でもRはロシア文字ではРと書き、「エル」と読む（ギリシア文字Рに由来する）ので、ロシア語なら「エスエル」党です。この党はロシア革命の時にも出てきますので覚えておくといいですよ。それとは別に「**立憲民主党**」という政党もありまして、これは「十月宣言」の後にできたブルジョワジーを中心とした金持ち政党です。

S　ああ、もうっ！政党の名前が覚えられん！

T　これらの政党の中で正式に結党された順番で行くと、一番の古株が実はエスエル党で1901年に成立しています。次が1903年のロシア社会民主労働党、そして最後が1905年にできたブルジョワ政党の立憲民主党です。みんな20世紀になって次々と成立していますね。実は、1890年に「世界最初の社会主義政党」として結党された「ドイツ社会民主党」以外の社会主義政党は20世紀にできています。そして社会主義の党というものは「社会」という字が党名にくっついているので区別しやすいのです。

ロシア③──日露戦争から激化してしまったロシアの革命

T　さて、時代の主役の**レーニン**の話をしておきましょう。→本名はウラジミール・イリイーチ・ウリヤーノフという長ったらしい名前です。1870年に裕福な役人の子として生まれましたが、彼が高校生のころ大変な事件がおこります。なんとお兄さんが皇帝暗殺計画に参加していた疑いで絞首刑になってしまったのです。レーニン少年はこの恨みを忘れず、後年になって皇帝に復讐することになります。優秀な成績を取っていたレーニンはカザン大学に入ったものの、すぐに革命運動に染まってしまい退学。ペテルブルク大学法学部の卒業検定試験に合格して弁護士になりますが、弁護士の仕事に満足できなかったレーニンは、結局は革命家になってしまいます。

S　弁護士やめるなんて、もったいない。

T　退屈だったんでしょう。なにしろレーニンがものすごく頭が良かったことは確かだ。ギリシア語、ラテン語、ドイツ語、フランス語、英語を習得し、自由に操ることができたのもその証拠。ちなみに右はレーニンが弁護士を辞めた25

歳のころの写真でござりまする。

S　えっ！…（絶句）人間って、頭が良すぎると頭皮までこうなっちゃうんですか（笑）。

T　次の写真はずっと後に47歳のレーニンが、官憲の目を逃れるために変装してカツラをかぶって変装した写真なのですが、いかがですか。

S　うわっ、こっちの方が若く見えてカッコいいなー。

T　レーニンは首都のペテルブルクで革命活動に従事しているところを逮捕され、シベリアのレナ川のほとりへ流刑にされてしまいます。この流刑地の川の名前から彼は「レーニン（Ленин＝「レナ川の人」」）というペンネームを使うようになります。

S　なんでペンネームなんか使うんですか？

T　そりゃ非合法活動をしているから。本名を書くと正体がバレてしまうし、家族や周囲の人に迷惑がかかる。さて1900年に刑期を終了したレーニンはスイスに亡命し、革命活動を行い始めます。この苦しい亡命生活の時期にレーニンは哲学や経済の勉学に励み、自分の思想を固め、来る革命への準備に備えました。1903年のロシア社会民主労働党の結党の時はボリシェヴィキを率い、力による革命路線を主張します。

　　レーニンがスイスでもがいている頃、ついに日露戦争が1904年に始まってしまいました。この日露戦争については後で細かく説明していきますが、ここでは日露戦争がロシアに与えた影響を中心に見ていきましょう。ロシアからすれば最初はチョンマゲの日本が相手なら楽勝だ、と余裕の気分でした。蔵相のウィッテは戦争に反対していましたが、景気の良い主戦派に圧倒され、最後には解任されてしまいます。ニコライ2世は主戦派の官僚たちの意見に引きずられ、戦争を始めてしまいました。が、日本人の激しい抵抗と攻撃によってロシア側の被害が大きくなると、民衆の間にも不満や厭戦気分が高まってきます。1905年（カッコ8）1月22日（ロシア暦では9日）の日曜日、首都のペテルブルクでガポン司祭に率いられた労働者とその家族が、平和と労働者の権利を皇帝に請願するために皇帝の宮殿である冬宮へ行進したところ、警備隊が行列に発砲し、1000人前後の多数の死者が出てしまいました。これを「血の日曜日事件」（カッコ7）と言います。この虐殺シーンを描いた音楽があるのですが、ちょっと聞いてみませんか。曲名はショスタコーヴィチの交響曲第11番「1905年」の第二楽章、「1月9日」の中の「血の日曜

日事件」です。（第二楽章は14分もかかるので、後半の小太鼓から始まる「血の日曜日事件」の一斉射撃と虐殺の部分がおすすめ。これなら4分ぐらいの長さです。演奏はムラヴィンスキー指揮レニングラード・フィルがすばらしい！）
S　ふええ…、気分が悪くなってきた。でもですね、警備隊は暴徒の無法なデモ行進だと思って発砲したんじゃあないんですか？
T　としたら大変な間違いだ。この行列は皇帝の肖像や十字架を掲げて行進していたので、皇帝を信頼していることは一目瞭然です。こんな丸腰の民衆を血祭りにあげたのはやはりマズかった。これで皇帝を信じていた保守的な人々も一気に目が覚めて騒ぎ始めた。ロシア各地でストライキや反乱が相次ぐようになります。そしてモスクワではソヴィエト（Совет：カッコ9）と呼ばれる労働者の評議会が武装蜂起を起こしてしまいます。
S　ソヴィエトってソ連のこと？国の名前じゃなかった？
T　もともとは「**会議**」という**意味のロシア語**です。労働者が中心となり農民や兵士たちが集まって戦略や政策を練っていく会議を「ソヴィエト」と呼び、この会議が集まって作られた政治形態を「ソヴィエト連邦」、略して「ソ連」と呼ぶのです。そして黒海沿岸にあるオデッサという軍港ではついに海軍の兵士までもが反乱を起こしてしまいます。これが戦艦ポチョムキン号の反乱（カッコ10）です。もともとは腐った肉を上官から押し付けられた海軍兵士たちがムカついて起こした反乱ですが、ロシア革命の序曲となります。後に革命後の1925年にロシアのセルゲイ＝エイゼンシュテイン監督がこの事件を題材にして「**戦艦ポチョムキン**」という傑作映画を作ります。私はこの「戦艦ポチョムキン」という無声映画を池袋の文芸座という古い映画館で、浪人している頃に見ました。正直言って大変に感動してしまった。下の写真は「戦艦ポチョムキン号」の反乱に味方するオデッサの市民たちが皇帝の軍隊によって虐殺されていく、有名な「**オデッサ階段の四分間**」のシーンです。「映画とはこうやって撮るものだ」というお手本となるほどの不滅の名場面です。

ロシア④──実らなかったニコライ2世の十月宣言とストルイピン改革
T　革命騒ぎが煮えたぎってくると、ついにニコライ2世（カッコ12）は妥協します。つまり1905年10月に市民的自由と国会（ドゥーマ：カッコ14）の開設を約束したのです。これを「**十月宣言**」（カッコ13）と呼びます。
S　国会の開設なんかは、日本にくらべて15年は遅いですね。

T　ロシアがいかに皇帝独裁の国であったか、ということの現れです。この宣言を起草したのは自由主義者のウィッテ（カッコ15）で、彼はこの後に首相になったのですが、保守派の反発をくらって辞職します。ただしこの「十月宣言」によって、革命運動が下火になったことは確かです。

　　後を継いだのがストルイピン（カッコ16）という地主貴族あがりの政治家です。ウィッテの方が知的ですが、ストルイピンには「強大な権力とリベラルな改革」をおこなう頑固な信念と自信があり、そういった面ではウィッテより政治的実行力があった人でしたね。

　　ストルイピン首相がまっさきに手をつけたのは、新たに作られたドゥーマに強引な弾圧をかけて平静を取り戻した上で、農民の中に金持ちを作って社会主義勢力の勢力を弱め、新たな富農階級を自分の支持基盤にしてしまうことでした。以前もやったのですが、農民はミールという農村共同体にしばりつけられていたのですが（シナリオ98参照）、ストルイピンは農民にミール（カッコ17）から私有地付で脱退できる自由を与えたのです。

S　脱退を認めることが、なんで改革につながるんですか？

T　ミールという村組織で群れようとしない農民は「独立自尊」の精神を持った「やる気のある」農民が多かったので、富農になれる可能性が高かったのです。「独立自営農民」となって自分の土地を手に入れた富農は、「完全な平等」を訴える社会主義者たちに自分の土地を奪われることを怖れ、政府を支持することが目に見えていました。そこで富農を作ることが帝政を安定させる道となったのです。またストルイピンは労働者問題にも力を入れ、ビスマルクに見習って社会保険制度を導入しようとしていました。

　　しかし、改革を推し進めていたストルイピンは1911年、皇帝ニコライ2世と芝居を見ている最中に、テロリストに襲われて射殺されてしまいます。もし、ストルイピンが生きていて改革に成功していたなら、ロシア革命が起きるのは10年以上は遅れてしまったかもしれません。ストルイピンを失ったニコライ2世は、ミラボーを失ったルイ16世のように妻の言いなりになってしまい、怪僧ラスプーチンを信用したあげく、ロシアは革命に突き進んでしまうことになります。

【参考文献】

　　基本的な文献は、「世界歴史体系：ロシア史2」（山川出版社）と、「興亡の世界史14、ロシア・ロマノフ王朝の大地」（講談社）です。ロシア革命前夜までのロシア史の流れがわかりやすく整理されています。革命にいたるまでのレーニンと革命勢力の動きについてはロバート・サーヴィス「レーニン：上」（岩波書店）が定番でしょう。

≫121≪
19〜20世紀のアメリカ
——フロンティアの消滅と、海外への帝国主義的進出——

アメリカ①——様変わりするアメリカの姿をトイレで説明

T　さて、ロシアの次はアメリカ合衆国の番ですね。ロシアは皇帝の専制支配のもとでの貧富の格差が実に大きい社会だったのですが、自由の国アメリカも実は貧富の差はけっこう激しかったのです。その格差がはっきりする世紀末のアメリカの歴史を今日はやりましょう。
　　19世紀も末になると素朴だったアメリカ社会も急激に変化してきます。
　　例えば1880年にはアメリカ合衆国の7割以上の人々が農村に住んでいたのに、1920年になると過半数の人口が都市に集中して住むようになってきます。さて、そこで質問。19世紀末のアメリカ合衆国の主な都市の人口ってどのくらいあったろう？

S　うーん、ニューヨークなんて100万人くらい？

T　なんと1900年には340万人も住んでいた。シカゴは1840年には4000人しかいなかった集落だったのが、1890年には人口が100万人になった。
　　では、なぜ都会に人口が集中するようになったのだろう？

S　んー、都会のほうがめっちゃ楽しいから。

T　ということは、娯楽がたくさんあるということかな？

S　まあー、そう。

T　うーん。もう少し深く掘り下げてみようか。実は1880年、わかりやすく日本の年号で言えば、明治13年まではアメリカ合衆国は自給自足の社会でした。食料や衣服はほとんどが自家製か近所で作られたもので、照明は主に石油ランプ。裏庭にある屋外トイレで排泄するのが普通でした。
　　ところが1880年以降のアメリカ合衆国では急激な変化が起きていたのです。まず保冷設備や保冷車（貨車）の開発によって肉や野菜の保存が可能になり、都市への大量供給ができるようになりました。そしてミシンの開発とともに既製服の工場生産が可能になり、お母さんが作った継ぎはぎの股引よりもリーバイスのジーンズなどをはくようになります。

S　で、トイレはどうなったんです？

世界史プリント 121

アメリカ合衆国 （p 314～315）

・19世紀末～20世紀初頭のアメリカ合衆国

　独占資本を中心とする工業の発展

→社会の不公平と産業の独占に対する市民の反感

　　　　　　↓

① 反トラスト法で独占資本を規制

　例：1（　　　　　　　　　　）

② 20世紀初め：2（　　　　　　　　　）

　と呼ばれる諸改革を政権が実施

3（　　　　　　　　）（共和党）1897～1901

　帝国主義政策を鮮明にし、海外進出を試みる

　理由：

　4[　　　　　　　　　　　　　　　]

　① 5（　　　　　　　　　　　）

　　（米西戦争）(1898)に勝利して、スペインから

　　カリブ海、太平洋の領土を獲得する。

　　① 6（　　　　　　　　　　）

　　　7（　　　　）8（　　　　　）を

　　　アメリカに割譲

　　② 9（　　　　　　　）を独立させるが、

　　　アメリカは10（　　　　　　）を

　　　認めさせ、キューバの内政に干渉する。

　　③ 国務長官11（　　　　　　　）

　　　による12「（　　　　　　　　）」

　　　で中国市場への進出をはかる

13（　　　　　　　　　　　　　　）

　（共和党）（1901～1909）

　① 革新主義を掲げて、大企業の市場支配を

　　阻止し、中産階級のための政治をおこなう

② 中米諸国に武力干渉をおこない、

　14（　　　　　　）運河建設に着手するなど

　積極的なカリブ海政策を推進する

　=「15（　　　　　　　　　　）」

③ 日露戦争の調停→ポーツマス条約

16（　　　　　　　　）（共和党）

　（1909～13）による中米や中国への投資の推進

　=「17（　　　　　　　　　）」

例：「四国借款団」による中国への進出への試み

　　　　　↓

　辛亥革命の発端を作る

18（　　　　　　　　　）（民主党）(1913～21)

① 「19（　　　　　　）」をかかげ、中・下層

　に有利な諸改革をおこない、大企業を抑制する

④ アメリカ民主主義の優位を説いて、

　外交においてもアメリカの指導力を認めさせる

　=「20（　　　　　　　　　　）」

3・第2インターナショナル （p 315）

インターナショナルとは？=

21（　　　　　　　　　　　　　　　）

第1インターナショナル（1864～76）（p 248）

　↓　マルクスなど少数の革命家や思想家が中心

22（　　　　　　　　　　　　　　）

　（1889～1914）　社会主義政党が中心となる

　特に23（　　　　　　　　　）が

　指導的地位を占める。

功績：帝国主義に反対、労働条件の改善を求める

欠点：24[　　　　　　　　　　　　　　　]

T　1880年代から、上から吊るしてある鎖を引っ張るタイプの水洗トイレが出現し（右のようなタイプ：少し後の時代の設定になりますが映画「ゴッドファーザー」に出てきます）、都市生活ではこの装置があたりまえになりました。水洗トイレが一般化すると、トイレットペーパーも大量生産されるようになりました。それまでアメリカ人は〇〇を拭くのに、トウモロコシの実を取ったあとの芯（穂軸）を使っていたのです。

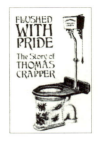

S　なんで、みんな1880年代に広まるんですか？

T　それは、南北戦争終了後の、北部の保護貿易主義によるアメリカ工業の発展によります。さーて、簡単な復習ですよ。1869年に大陸横断鉄道を開通させたアメリカは、1890年にフロンティアの消滅を宣言し、ネイティヴ・アメリカンの人々が持っていた土地を奪い、豊かな資源をすべて手に入れました。この結果、1894年にはアメリカの工業はついにイギリスを抜いて世界第一位となります。工業の躍進は労働力を大量に必要とするのですが、アメリカには人手はたくさんあった。と言うのもアメリカには移民が世界中から押し寄せてきたからです。19世紀までは初期移民の子孫である白人・イギリス系（アングロ・サクソン）・プロテスタントの**「ワスプ」Wasp**(White, Anglo-Saxson, Protestant)が社会の主流だったのですが、同じ白人でも1845年以降にアイルランド人が、19世紀後半にイタリア人や東欧系のスラヴ人、ユダヤ人が次々と移民としてアメリカ合衆国に流入してくるようになり、また19世紀末から中国人や日本人などの「イエロー」がアメリカに移り住むようになったのです。こういう移民はみな若く、そのほとんどが都市の労働者となって経済発展期のアメリカの工業を支えていたのです。

　ただし、大都市に住む移民の多くは劣悪な条件で働かされ、貧しかったのが実情でした。貧しい農民や労働者たちは社会の不公平さに憤り、ストライキや社会運動を起こしています（シナリオ105参照）。また巨大資本の独占を快く思わない中産階級も政治運動に参加し、20世紀初めには不正や腐敗に反対する**革新主義**（カッコ２）という流れが社会に生まれ、政府もこの革新主義に対応する政策をおこなう必要に迫られました。

S　ふーん、アメリカでも社会主義が強まってきたわけだ。

T　一部は確かに社会主義者の運動がありましたが、全体としては当時のアメリカ合衆国の体制を覆すような運動にはなりませんでした。つまり、<u>アメリカではロシアとは違って、社会主義運動としてはまとまらなかったのです。</u>

　理由としては、まず、アメリカは石油資源にも恵まれ第二次産業革命によっ

て世界一の工業国に成長し、しだいに多くの人が快適な生活を送れるようになり、さらに豊富な土地で生産される食物の値段が安かったことが考えられます。食品の調理法も機械化され、キャンベル・スープなど各種の安価な缶詰が大量に出回るようになりました。移民たちにとっては、食うや食わずの貧しい故郷に比べて、苦しくてもその日の食い物がなんとか手に入るアメリカは天国に感じたに違いない。こんな天国を変える必要を移民たちは感じなかったのです。次に、アメリカには「成金」はいても、「貴族」はいない社会であることも理由となるでしょう。つまり「努力しだいでは自分も中産階級へ、そして富裕階級になれるチャンスがある」という**アメリカンドリーム**が、革新主義の「社会の不公正の是正は求めても社会革命までは求めない」という意識を作り出しているのです。

　ただし、革新主義の巨大な流れは無視できなかったため、政府も1890年の「シャーマン反トラスト法」（カッコ1）で巨大企業の合併を禁止し、巨大企業による市場の独占を阻止するようにはしています。

S　そのナントカ法ってうまくいったんですか？

T　いやー、企業の力は意外に強く、有名な右のイラストのように、実際には巨大企業が議会を牛耳っていましたから、あまり効果的ではなかった。しかし20世紀以降の歴代の大統領は、中産階級の票をねらうためにも革新主義をともかくも推し進めます。

アメリカ②────20世紀以降のアメリカ大統領の名前は全部覚えるべし

T　1890年代から1910年代にかけてのアメリカ社会は矛盾を抱えていました。産業化と都市の発達によって技術革新や豊富な商品がもたらされたのですが、その一方で移民が爆発的に増加し、貧困や犯罪、政治的腐敗（賄賂や買収）が拡大していました。これがアメリカの当時の姿だったのです。

S　それって、現代の開発途上国の問題ではありませんか？

T　そのとおり。急激な近代化・工業化が社会格差・政治腐敗を生むのは歴史的必然と言ってもよいのかもしれない。1896年の選挙で大統領に当選した共和党のマッキンリー（カッコ3）は、革新主義を念頭に置いた政治をおこない、経済的な混乱を一時収めた後、海外への進出を積極的に試みます。

S　なんで、外国に進出しようとするんですか？植民地めあてですか。

T　「フロンティアが消滅した後、国内で作られた商品を売るための市場を海

外に作ろうとした」（カッコ4）のです。主戦論者は産業資本家たちでして、海外に市場を広げて儲けることを期待していたのです。まず、目を付けたのがカリブ海。なにしろアメリカの内海のような位置関係にあるし、プランテーションや観光で一儲けできる。この19世紀末にカリブ海を仕切っていたのは相変わらずのスペインで、工業化が進んでいたアメリカ合衆国には楽勝の相手でした。そこで1898年におっぱじめたのがアメリカ＝スペイン戦争（カッコ5）、別名は米西戦争です。結果はやっぱりアメリカの勝利に終わり、カリブ海ではプエルトリコ（カッコ6）、グアム（カッコ7）、そして太平洋ではフィリピン（カッコ8）をアメリカは手に入れました。もっともアメリカは開戦の大義名分として「キューバ独立運動の支援」を掲げていたので、一応はキューバ（カッコ9）の独立は認めましたが、抜け目無くキューバの**憲法にプラット条項**（カッコ10）という条件を組み込ませたのです。

S　そりゃ、何ですか？覚えるんですか？

T　あ、ぜひ覚えてもらいたい。なぜか受験でよく出題されるところなのですよ。内容は、<u>アメリカの「干渉権」と「海軍基地設置権」</u>をキューバに認めさせたものです。一回、大学受験問題で「以下のうち、プラット条項に含まれていないものは何か」という大難問の選択問題がありました。答えは「領事裁判権」と「関税自主権の喪失」でした。この二つはプラット条項に入っていないのですな。え、なぜかって？キューバは独立国といえども、プラット条項がある限りアメリカの属国か植民地のようなものですから、入れる必要もなかったんだと思いますよ。

　　この時のアメリカ国務長官（日本風に言えば外務大臣）のジョン＝ヘイ（カッコ11）はカリブ海地域に覇権を打ち立てた後、次なる目的地として中国に狙いをつけはじめました。ただし中国は後でも言及しますが19世紀の終わりにはアロー戦争に勝ったイギリスなど西欧列強がすでに縄張りを広げていたので、アメリカが下手に手を出すと「モンロー教書破り」になってしまう恐れがある。しかし欲には勝てなかった。そのくらい中国という市場には魅力がありました。本音は「オレにも加わらせてくれよ、な、な」だったんですが、きれいごとを言わなくてならないので「中国の主権は脅かさないようにしよう。そして中国への貿易の機会は均等にしようではないか。その上で、アメリカにも中国市場へ参入するチャンスを認めてくれい」とジョン＝ヘイは列強諸国に要求したのです。これが**「門戸開放宣言」**（カッコ12）です。列強としてはパイを分けるのがイヤだったので、この宣言はあまり認めたくなかった。そこであいまいな返事をしていましたが、アメリカはこれを同意と

171

受け取り、海外への進出をしだいに「国是」として展開しはじめるようになります。この門戸開放宣言以来、アメリカの歴代大統領の政策が世界史を動かすようになってきますので、マッキンリー以降のアメリカ大統領の名前は全部覚える必要があります。

アメリカ③──「棍棒外交」ながらも、日本に親切なテディ

S　と、言われてもアメリカ大統領の名前なんか覚えられないスよ。

T　顔から入ると覚えやすいかな。この眉毛が厳しいオジサンがマッキンリー大統領です（→）。帝国主義者としての顔を持つ一方で、人柄はフレンドリーで開けっぴろげだった。この性格が災いし、無防備で人前に出て握手している最中、銃で暗殺されてしまいました。マッキンリーの死により、棚からボタモチで大統領になれたのが副大統領だったセオドア＝ローズヴェルト（カッコ13）。**セオドア Theodor、愛称テディ Teddy** は豪快な性格で現在のアメリカでも人気のある大統領です（→）。狩猟がメシより好きで、よく鉄砲撃ちに行っていたのですが、ある日、熊が一匹もとれなかった時、お付の人が用意してきた小熊をしばって、これを撃つように促したところ、セオドアは**「そんな残酷なことはワシはせんぞっ！」**と激怒したらしい。小熊を救ったセオドアの美談は世界に広がりましたが、この話に感銘を受けたドイツのベルリンに住むシュタイフ夫人が作ったぬいぐるみが、**「テディ＝ベア」**ですっ。

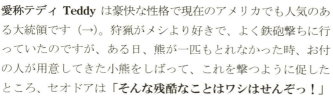
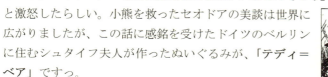

S　ほおおー！（トリビアは仕込んでおくと役立ちます）

T　セオドア＝ローズヴェルトは労働者や中産階級の要求に答える必要があったため、革新主義をかかげて反トラスト法を発動し、社会改革を進めます。革新主義の政策によって大衆の人気を勝ち得たセオドア＝ローズヴェルトは海外進出に対しても大いに積極的な姿勢をとりました。景気の良い話は中産階級の人気を集めるからねえ。特に自分ちの中庭であるカリブ海には軍事力をちらつかせての強引な外交を平然とおこないましたが、これを「棍棒外交」（カッコ15）と呼びます。

S　例えば、どんな風に棍棒を振り回したのですか？

T　セオドアは海軍力を重視した大統領で、太平洋に足場を築いてから東アジアへの発言力を確保することに力をそそぎました。そのためには太平洋と大

西洋をつなぐパナマ（カッコ14）運河をアメリカが建設して独占することを計画したのです。当時、パナマ地峡の一帯は南米のコロンビアという国が所有していたのですが、コロンビア議会が運河の建設を拒否すると、セオドアは海兵隊を上陸させてパナマ地域を占領し、むりやり「パナマ」という保護国を作ってしまったのです。

S　いやはや、力ずくというか、やけに自信満々ですね。

T　セオドア本人は**「棍棒を持って、穏やかに話す」**と言っていましたが、彼の強引な政策はラテンアメリカの反米感情を強めてしまいました。

　　次は東アジアへの進出です。ロシアの南下に警戒心を持ったセオドアは日本に好意的で、日露戦争の際には仲介の労をとりアメリカのポーツマスを条約締結地に提供したほどです。ただし、この親切はロシアの南下を抑え、中国への勢力均衡を作り出すことが目的でした。日露戦争後の日本の露骨な中国進出に対しセオドアはしだいに不信感を持つようになります。

アメリカ④──金にモノを言わせるタフトと「理想主義者」ウィルソン

T　1909年にセオドアの次に大統領になったのは副大統領だったタフト（カッコ16）です。タフトも共和党出身でセオドアの帝国主義の方向を受け継ぎ、東アジアへの進出を図りました、がタフトの場合は軍事力をチラつかせるよりカネにものをいわせる方法がメインでした。例えば「中国の近代化に力をかしてやろう」をモットーに、1911年にイギリス・フランス・ドイツと組んで中国に金を貸し（＝借款）、中国での鉄道建設と国有化を促そうとしました。この四国を「四国借款団」と呼びます。

S　その一、「金を貸してやるぞ」という言葉には下心があるのが常ですが。

T　中国への市場進出と勢力均衡を金でカタをつけようとしたのですが、このようなタフトの外交を「ドル外交」（カッコ17）と呼びます。しかし、この中国鉄道国有化計画が、中国の辛亥革命を呼び起こしてしまったのです。

　　タフトを破って1913年に大統領となったのは民主党のウィルソン（カッコ18）（→）。大学教授出身で、プリンストン大学総長であったウィルソン大統領の大きな特徴は**「理想主義者」**ということでしょう。彼は「新しい自由」（カッコ19）というスローガンを打ち出し、企業の市場独占を抑え、中・下層市民のための諸改革をおこなうという人道主義を訴えて人気を得ました。<u>ウィルソンから大統領の「スローガン」が始まります。</u>

S　なんか政策が青臭いですね〜。カッコつけているんじゃない？
T　いや、本気でした。外交においても1910年にメキシコ革命が始まると、軍部独裁派を非難し、立憲派を擁護する方向を打ち出します。このような「民主主義」と「人道主義」を掲げるウィルソン外交は「宣教師外交」(カッコ20)とからかわれますが、ウィルソンの外交政策は今でもアメリカ外交の基本となっています。ウィルソンは第一次大戦でも活躍しますよ。

第２インターナショナル──帝国主義への反対勢力だったはずが…

T　次は話題を変えて「インターナショナル」です。これは今まで扱ってきた欧米列強の「帝国主義」に反対する強力な組織でした。
S　何だったっけ、それ？
T　「国家を超えた国際的な労働者組織」(カッコ21)です。**第１インターナショナル**はすでに勉強していますな（プリント103参照）。1864年に結成されたマルクスを中心とした<u>ロンドン</u>を本部とする**国際的社会主義組織**でした。ただし革命家や思想家を中心とする第１インターナショナルは、「平等を取るか、自由を取るか」でマルクス派とプルードン・バクーニン派が対立してしまい、解散に追い込まれます。19世紀も後半になり、帝国主義に対抗する社会主義勢力が強くなってくると、1889年に**第２インターナショナル**（カッコ22）が<u>パリ</u>を本部として設置されます。今度は社会主義政党や労働者団体が中心となっており、組織も強固なものとなっています。特に第２インターの中心となったのは、長いことビスマルクと戦ってきて鍛えられているドイツ社会民主党（カッコ23）でした。

　第２インターはマルクス主義をとり、帝国主義に反対する中核となったのですが、<u>1900年ごろから</u>、第２インター内にも帝国主義に同調する者が現れはじめ、<u>植民地統治を認めたり、自国の利益を優先する傾向</u>（カッコ24）が現れ、これが第２インターナショナルの大きな欠点となります。

　そして第一次世界大戦が始まると第２インターも解散してしまいます。

【参考文献】
　読みやすくて手に入りやすいのは猿谷要「物語アメリカの歴史」（中公新書）なのですが、まあだまされたと思って、メアリー・ベス・ノートン他「アメリカの歴史④：アメリカ社会と第一次世界大戦」（三省堂）を読んでみてください。題名は地味だけれど、19世紀末から20世紀にかけてのアメリカ社会・政治・経済の変化をこれほどわかりやすく説明してくれる本はちょっとないですよ。ぜひぜひ一読を。

≫122≪
アフリカの植民地化
―― アフリカ獲得は早いもの勝ちのビーチ・フラッグス競争――

アフリカの植民地化の始まり――事件は「会議」で起こった

T　ヨーロッパ列強がアフリカを食い物にする過程を今日は勉強します。

　最初のうち、と言っても15世紀後半からなのですが、ヨーロッパがアジアへ向かうにはアフリカを回るしか航路が無かったので、アフリカ沿岸に基地を細々と作るのが関の山でした。16世紀から19世紀にかけて、ヨーロッパ人の見たアフリカとは奴隷貿易の拠点となる港湾の周辺ぐらいのものです。教科書p233の17世紀の世界地図を見てください。ヨーロッパ人の知っているアフリカといったら西アフリカのセネガルや、南端のケープ植民地のような沿岸地域に限られていたのです。

S　内陸のほうはぜんぜん手付かずですねえ。

T　アフリカの内陸部、特にニジュール川やザンベジ川流域では独自の発展を遂げた王国があったのですが（シナリオ42参照）、ヨーロッパ人には未知の領域が多かった。というわけで、19世紀まではアフリカといったら奴隷の供給地であり、港からアメリカ大陸や西インド諸島へ奴隷を輸出する「三角貿易」の拠点として沿岸部にのみ基地が作られたにすぎません。しかし、イギリスの人道主義者で政治家の<u>ウィルバーフォースの活躍で、イギリスでは1807年に奴隷貿易が廃止され、さらに1833年に奴隷制そのものが廃止されてしまいます。</u>

S　なんで廃止？奴隷はムチでひっぱたいて働かせりゃ安くつくぞ。

T　ひどい意見ですねー。実は奴隷の生活費を負担しなければならない奴隷制は（アダム＝スミスがその採算性を問題にしたように）意外に金がかかるのです。しかも奴隷たちは自分の利益になるわけではないので真面目に働きません。ときには反乱さえおこします。それよりも「労働力を商品として切り売りする賃金労働者」として働かせた方が、生活費のために必死に働いて、コストが安くてすむうえ、対価として支払った賃金で商品を買ってくれる（カネが戻ってくる）ことがわかったのです。（南北戦争において北部の産業資本家が奴隷廃止論を訴えた背景にはこうした経済的理由もありました）でも奴隷貿易以外にも儲けの道はある。アフリカでは昔は象牙が人気でした

世界史プリント 122

2．世界分割と列強対立
1・アフリカの植民地化 （p315〜318）

1．アフリカ植民地化の過程

19世紀前半…北アフリカ（エジプト、アルジェリア）、インド航路途中の港（ケープタウン）など沿岸部のみ西欧の植民地になる

↓

19世紀後半…リヴィングストンとスタンリーの冒険（p281）によって内陸部の事情がわかり、西欧列強がアフリカに興味を示す。

・ビスマルクによる¹（　　　　　　　　　）（1884〜5）

① ²（　　　　　　）国王の所有地として
　³（　　　　　　　　　）の建国を認める

② アフリカ植民地化の原則を定める
　⁴〔　　　　　　　　　　　　　　　　〕

→列強はアフリカに殺到、大部分を分割する

2・ヨーロッパ列強の勢力範囲

（イギリス）

① エジプト…⁵（　　　　　　　　　）を制圧し
　エジプトを保護下におく

② スーダン（エジプトの南側）に進出
　⁶（　　　　　　）が抵抗し、⁷（　　　　　　）で⁸（　　　　　　）を殺す
　→1899年にイギリスはスーダンを征服

③ 南アフリカ
　イギリスがケープ植民地をオランダから奪ったため（p257参照）⁹（　　　　　　）人
　（南アフリカに住むオランダ人移民）は北に
　¹⁰（　　　　　　　　　　　　）と
　¹¹（　　　　　　　　）をたてる

176

この二国でダイヤモンドと金が発見されたためこのイギリスはこの二国を注目し始める

↓

¹²（　　　　　　　　　　）の指導により
¹³（　　　　　　　　　　　　）（1899年）をおこし、トランスヴァール、オレンジ両国をイギリス領に併合 ⇨ カイロからケープタウンをつなぐアフリカ縦断政策の完成

イギリスによる¹⁴（　　　　　　　　　　）
〔¹⁵（　　　　　　　　　）、¹⁶（　　　　　　　　）、
¹⁷（　　　　　　　　　）の三都市をつなぎ、
その三角形をイギリスの勢力範囲とする〕

（フランス）

① チュニジア…1881年に保護国とする

② チュニジア、¹⁸（　　　　　　）、¹⁹（　　　　　　　）をつなぐアフリカ横断政策をもくろむが、スーダンの
²⁰（　　　　　　　）でイギリス軍と衝突
＝²¹（　　　　　　　）²²（　　　　　　）年

↓

互いの支配領域を確認する必要から
²³（　　　　　　　）²⁴（　　　　　　）年を結び、
²⁵（　　　　　　）におけるイギリスの支配的地位と
²⁶（　　　　　　）におけるフランスの支配的地位を確認

（ドイツ）

ベルリン会議(1884〜5年)後、アフリカのカメルーン、南西アフリカ、東アフリカを植民地とする

↓

二度にわたる²⁷（　　　　　　　　　）をおこす
　一回目²⁸（　　　　　　　　）（1905年）
　二回目²⁹（　　　　　　　　）（1911年）

↓

失敗に終わり、モロッコはフランス領となる

が、19世紀後半ではプランテーションが中心です。
S　何を作ったんですか？
T　（大汗）うーん、機械油の原料となるヤシアブラとか、石鹸やロウソク・マーガリンの原料となる落花生に人気がありました。あとはカカオやゴムなどの商品作物ですね。こうなると西欧列強は沿岸部に奴隷輸出基地を作るだけではあきたらなくなってしまい、内陸部に目を向け始めます。内陸部で商品作物を作り、鉄道を敷いて沿岸まで運ぶと儲かるからね。しかし内陸部の情報がなかったため西欧諸国は内陸への進出を控えていたのです。

　ところが1880年代にイギリスの宣教師リヴィングストンと探検家スタンリーの調査により、内陸アフリカの地理や状況がかなり知られるようになると（シナリオ102参照）、「オ、いけそうな気がする」とばかりにヨーロッパ列強諸国はアフリカ内陸部への進出を露骨に開始します。

　まずベルギー（カッコ２）国王のレオポルド２世がコンゴに不純な興味を持ち始めます…、あ、コンゴの場所がわからない？ここですよ（右の地図→）。スタンリーの探検のパトロンになったレオポルド２世は「コンゴ国際協会」というもっともらしい組織を作
り、「地理の研究のため」という大義名分のもとでコンゴに進出を始めてしまいました。ところがコンゴ周辺はすでにポルトガルが400年も前に探検していた場所だったので、ポルトガルはベルギーに対し異議申し立てをおこないます。ポルトガルにはイギリスが、ベルギーにはフランスが後ろ盾となったのですが、実はイギリスやフランスもアフリカでの植民地の拡大をもくろんでいたのです。

　あわや紛争となりかかったところを収めたのがドイツのビスマルク。ビスマルクのポリシーは、ドイツの安定のための「戦争回避」と「勢力均衡」だったので、植民地めあての争いはできるだけ避けたかったのです。そして開かれたのが<u>1884年</u>のベルリン会議（カッコ１）でした。
S　ちょっと待った！たしか以前にも「ベルリン会議」ってあったけど…。
T　そう、ありました。<u>1878年</u>のベルリン会議でした。よく覚えていたね！1878年のベルリン会議は、前の年のロシア＝トルコ戦争（露土戦争）に勝利してサン＝ステファノ条約を結び、地中海へ南下をもくろむロシアの勢いを止めるためにビスマルクが「誠実な仲買人」と自称して開いた会議です。（シナリオ102参照）。今やっているベルリン会議は1884年。
S　二つのベルリン会議は覚えづらいな。年号はどうやって覚えるの？

T 「ロシアで悩(78)んだ人はベルリンへ集まり、走(84)ってアフリカへ行く」はどうかな？そのアフリカ問題を協議したベルリン会議ですが、結局は次のような結果におちつきました。すなわち、①コンゴはベルギー王の支配下にあることを認め、「コンゴ自由国」（カッコ3）の建国を認める。（つまりコンゴは、ベルギー王レオポルド2世の私有地となるということ）②<u>アフリカについては先に占領した国が、その土地の支配権を認められるという原則（先占権）が確認された</u>（カッコ4）のです。つまりアフリカを植民地にしたければ、「早い者勝ち」ということ。

S そりゃビーチ・フラッグスと同じですよ。

T だからこそ1880年から1900年にかけてアフリカはあっという間に分割されたのです。なにしろ「早い者勝ち」なのですから。

イギリスのアフリカ進出——エジプトと南アフリカをゲットだぜ！

T イギリスは帝国主義の本場だけあって、アフリカ植民地化においても機敏な動きを見せます。イギリスはすでにベルリン会議前の1870年代からエジプトに進出していますね。

S なんでそんな早くからエジプトに手をつけているんですか？

T エジプトは古代から存在を知られている、アフリカ第一の重要地点でして、カエサルから十字軍、ナポレオンまでもその重要性を知ってエジプトに進出していました。したがって地理や文化についてはすでによく知られていたのです。しかもスエズ運河があり、まさに「アジアへの門」の役割を果たしていました。だからこそイギリスはエジプトにこだわったのです。

　しかもムハンマド＝アリーの子孫の、その時のエジプト副王は贅沢好きの浪費家だったために借金で首が回らなくなっていました。そこにつけこんだイギリスは1875年にスエズ運河の株をまんまと買収し、副王を解任させた後、財政再建と称して軍人のリストラを断行したのです。これに怒った陸軍大佐ウラービー（右→）は1881年に「**エジプト人のためのエジプト**」というスローガンを掲げてエジプトの自治・独立の獲得をめざします。イギリスはこの「**ウラービーの反乱**」（カッコ5）を力ずくで制圧し、ウラービーをスリランカに島流しにして、エジプトを事実上の保護国にしてしまいました。ところがイギリスがウラービーと戦っていたころ、エジプトの南のスーダンではマフディー派（カッコ

6）が新しい支配者であるイギリスに対して激しい抵抗を始めるのです。
S　そのマフディーって何ですか？
T　「救世主」を意味するアラビア語で、ムハンマド＝アフマドという船大工の息子が「マフディー」を名乗り、1881年にエジプト政府の重税に苦しむ民衆を率いて宗教運動を起こしたのです。スーダン総督であったイギリス人ゴードン（カッコ8）とエジプト兵をハルツーム（カッコ7）の町に囲んだマフディー派は兵糧攻めをおこない、ついにゴードンを1885年に殺します。ところでゴードンっていう名は聞いたことありませんか？
S　えっ、そう言われても、わっかりません。
T　中国で起こった太平天国の乱を鎮圧した「常勝軍」のボスです。思い出せた？ゴードン殺害に怒ったイギリスはさっそく軍隊を派遣します。ムハンマド＝アフマドは病気で死んでいたのですが、マフディー派の強い抵抗により鎮圧に手間取ってしまいました。イギリスは鉄道を敷設して輸送力を確保し、なんとか鎮圧に成功したのはやっと1898年になってからです。

さて、イギリスはアフリカの最南端のケープ植民地についてはすでに1815年のウィーン議定書でまんまと手に入れ、ケープ植民地に住んでいたオランダ人の移民を追い出してしまいました。
S　オランダ人って、そんな地の果てにも住んでいたんですか？
T　うーむ、ケープ植民地に住んでいたオランダ人は宗教的迫害を逃れてきた人が多かった。そのため長崎に来ていたオランダ人たちとは違い、南アフリカに骨を埋めることを覚悟していました。そのような意味では、アメリカにやってきた「ピルグリム＝ファーザーズ」と事情が似ています。彼らはアフリカーンス語と呼ばれる崩れたオランダ語方言を話し、奴隷を使った牧畜や農業をしていました。そのためオランダ人たちはオランダ語で「百姓」を意味する「ボーア」（カッコ9）Boer 人と呼ばれていました（「ボーア」は英語読みで、オランダ語では「ブール」）。
S　方言をしゃべっている人を「田舎者」とさげすむのと同じかな。
T　新たな支配者であるイギリス人が奴隷使用を禁じると、ボーア人たちは生活のためケープ植民地を捨てて北方へ移住を開始したのです。途中、ボーア人たちは黒人の先住民が建てたズールー王国と戦闘を繰り返し、土地を奪いながら北方にトランスヴァール共和国（カッコ10）とオレンジ自由国（カッコ11）を建国します。この北方へのボーア人の移動を「グレート＝トレック」と呼びます。ところが大事件！このトランスヴァール共和国とオレンジ自由国でダイアモンドと金の鉱山が見つかったのです。これを見て欲心をお

こしたのがケープ植民地の首相だったセシル＝ローズ（カッコ12）。有名なこの絵のオッサンです。この絵で気がついたことはあるかな？大きい？そりゃ大きいね。アフリカをまたいでいるんだから。セシル＝ローズはアフリカのどこを踏んづけているのかな？

S　見たところ、エジプトと南アフリカです。あと、手に何かを持っているみたいですね。

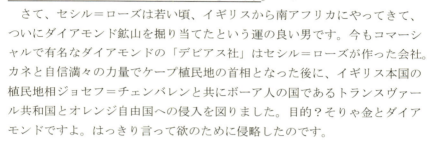

T　鋭いね！ローズが手にしているのは電信用の電線、そして肩にライフルを掛けています。エジプトと南アフリカを股の下におき、近代技術と武力でアフリカを縦断して支配しようとしているのです。

　さて、セシル＝ローズは若い頃、イギリスから南アフリカにやってきて、ついにダイアモンド鉱山を掘り当てたという運の良い男です。今もコマーシャルで有名なダイアモンドの「デビアス社」はセシル＝ローズが作った会社。カネと自信満々の力量でケープ植民地の首相となった後に、イギリス本国の植民地相ジョセフ＝チェンバレンと共にボーア人の国であるトランスヴァール共和国とオレンジ自由国への侵入を図りました。目的？そりゃ金とダイアモンドですよ。はっきり言って欲のために侵略したのです。

S　む、ジョセフ＝チェンバレンとセシル＝ローズの関係がわかりませんが。

T　本店の営業部長がジョセフ＝チェンバレンで、支店長がセシル＝ローズと言うとわかりやすい？この支店長がまた有能な男で、販路を広げてトランスヴァール共和国とオレンジ自由国の北方を占領してしまいます。この地域はローズの名前をとって「ローデシア」と呼ばれていました（右地図→）

S　いました？今は違う名前なんですか？

T　そう。今は北ローデシアがザンビア、南ローデシアがジンバブエと呼ばれています。包囲した後、1899年にイギリスはボーア人の国に攻め込んでみました。これが南アフリカ戦争（カッコ13：別名「ブール戦争」）です。あ、「ブール」というのは「ボーア」の元のオランダ語により近い発音ですよ。

　ところが、これが大誤算だった。ボーア人の強いこと強いこと。背水の陣とやらで、ボーア人には逃げ場所が無い。それにボーア人は地元の地理に詳しく、ボーア人騎兵は射撃が得意。このボーア人のゲリラ戦にイギリス軍はさんざんしてやられました。若き日のチャーチルもボーア人の捕虜になってしまったくらいです。結局イギリスは膨大な兵力と戦費を投入し、焦土戦術までおこなってやっ

と勝てたのですが、アジアに兵力を送る余裕がなくなってしまった。この事態に喜んだロシアが南下政策を極東で行い始めたので、イギリスはロシアの南下を防ぐために、「光栄ある孤立」を捨てて日本と日英同盟を結ぶハメになった。

S　あ、だから日本は日露戦争に取り掛かることができたんだ。

T　でも、イギリスはこの戦争によりカイロとケープタウンをつなぐアフリカ縦断政策に成功します。そしてイギリスはケープタウン（カッコ15)・カイロ（カッコ16)・カルカッタ（カッコ17）をつなぐ大三角形を自分の勢力範囲とする「３Ｃ政策」（カッコ14）を築きあげてしまうのです。

フランスのアフリカ進出――アフリカを横に進んだのは得だったのか？

T　一方、フランスは1830年に対岸のアルジェリアに侵攻し、後に直轄領にしてしまいます。1881年にはお隣のチュニジアまで保護国にしたため、ここをねらっていたイタリアの怒りを買ってしまったことは以前やりました（シナリオ103参照）。フランスは奴隷や金・象牙の交易地であるアフリカ西岸も支配下に置いていましたが、1884年のベルリン会議以降にイギリスに対抗して「アフリカ横断政策」をおこないます。フランスは紅海の出口付近にジブチ（カッコ18）という植民地を持っていましたが、モロッコ（カッコ19）とジブチを繋いでしまおうという壮大な計画です。

S　そういわれても場所がわからんです…。はい。

T　教科書p316の地図がわかりやすいですよ。一番左にあるモロッコと、一番右にあるジブチの間を全部植民地にしてしまおうというわけだ。

S　あの、これって何か意味があるんですか？ど真ん中はサハラ砂漠だけど。

T　イギリスの「アフリカ縦断政策」が地下資源や世界政策のための拠点の確保をねらっているのに対し、フランスの「アフリカ横断政策」には、あまり意味がないように見えますね。勇ましいけど明確な目的が…。まあ、第３共和政下のフランスにとっては帝国主義的政策を取っておかないと、国内の右派や左派の突き上げに対抗できなかったのかもしれない。

　けれどもフランスの「アフリカ横断作戦」は、イギリスの「アフリカ縦断作戦」とクロスしてしまうため、どこかでぶつかってしまうわけです。そして実際にスーダンの南にあるファショダ（カッコ20）でフランス軍はイギリス軍と衝突！これが1898（カッコ22）年のファショダ事件（カッコ21）です。あわや戦争の事態になったのですが、両軍の将軍が現地で会見し、話し合いでフランスが身を引くことになりました。だから教科書の勢力図ではファショダはイギリス領です。

ただし現地の情勢のまま放っておくわけにもいかないので、英仏は話し合いの末に英仏協商（カッコ23）を1904（カッコ24）年に結び、エジプト（カッコ25）でのイギリスの支配的地位と、モロッコ（カッコ26）でのフランスの支配的地位を認め合うことで合意しました。
S　なんだかヤクザの手打ちで、シマを山分けするような感じですな。
T　これも不気味に帝国主義を打ち出し始めたドイツに対抗するためなのです。

ドイツのアフリカ進出──ヴィルヘルム2世の幼稚な「くれくれタコラ」政策

T　さて、ドイツはビスマルクの時代に落穂ひろいのように、カメルーンや南西アフリカ、東アフリカを植民地にしていました。教科書p316の地図がわかりやすいですよ。ただし、どれも貧しい地域だったのでドイツは不満に思っていました。ビスマルクが1890年に引退し、新皇帝ヴィルヘルム2世の治世になると、アフリカを植民地として大いに狙っていたヴィルヘルム2世は、英仏協商の結果に怒ってフランスのモロッコ支配に反対してきます。その下心は**モロッコをオレにくれ**ですね。そこで二度のモロッコ事件（カッコ27）を引き起こします。

　　まず英仏協商の翌年の1905年にヴィルヘルム2世は軍艦でモロッコのタンジール港に乗り付けて上陸し、「モロッコの領有は国際会議で検討すべきだ」と主張したのです。これをタンジール事件（カッコ28）と言います。フランスは子どもっぽいヴィルヘルム2世の要求を大人の余裕で受けて**アルヘシラス会議**を開きます。すでにイギリスの支援を取り付けていたフランスは会議をリードして、モロッコのフランス支配を認めさせます。

　　ところが懲りないヴィルヘルム2世は1911年にアガディール港にドイツ軍艦を派遣し、「モロッコをくれないのなら、フランス領コンゴをよこせっ！」とまたまた子どものような要求をくりかえします。あわや戦争になりかかったのですが、賢いフランスはイギリスの支援のもとにドイツにコンゴの一部を分けてやることでドイツを引き下がらせます。
S　どうも、お子ちゃまのヴィルヘルム2世では勝負にならないですねー。

【参考文献】
　　手に入れやすいのは「アフリカ史」（「世界各国史10：山川出版社」）なのですが、内容のわかりやすさ、問題意識の強さではシナリオ42でも紹介した宮本正興・松田素二「新書アフリカ史」（講談社現代新書）がやはり優れていると思います。あと岡倉登志「アフリカの植民地化と抵抗運動」（世界史リブレット：山川出版社）も内容が詳しく、お薦めです。

≫123≪
太平洋地域の分割とメキシコ革命
―― 帝国主義への対抗の動き ――

アフリカ分割のおまけと結論――残念ながらイタリアのヘタレぶりが中心

T　しまったー！前回のアフリカ分割でイタリアの進出を取り上げるのを忘れてた！実は**イタリア**もアフリカに植民地を作ることをねらっていたのですが、対岸のチュニジアは1881年にフランスに取られてしまい、出遅れてしまったのです。そこでイタリアはしかたなく1880年代に紅海に面したエリトリアや、紅海に近いソマリランド（現在のソマリア）をまず手に入れます。実は、すぐ近くにはエジプトやらスーダンがあってイギリスからクレームがつきそうだったのですが、ウラービーの乱やマフディーの乱の鎮圧にイギリスが夢中だったので、スキをついてまんまと手に入れることができたわけだ。味をしめたイタリアは沿岸から内陸部への進出を試み、独立国だったエチオピア（カッコ１）への侵入を試みます。

S　エチオピアはなぜ独立を維持できたのですか？

T　エチオピアはギリシア神話にも登場するほど歴史と伝統を誇る国であり、古代からのキリスト教国でもありました。したがって「野蛮人に文明とキリスト教を教えてやるっ」という「文明の使命論」が通じなかったことがあるでしょう。もう一つはイギリスとフランスの勢力が交差する位置にあったため、タイと同じように列強侵略の空白地になることができたのです。ところが侵略を急ぐイタリアはそんなことにはかまわず、何はともあれ空いているエチオピアを手に入れようとしました。
　ところがエチオピア皇帝のメネリク２世は、こんなこともあろうかとフランスから大量の銃や武器を購入し、侵入するイタリア軍を1896年にアドワ（カッコ２）の戦いで撃退したのです。右がアドワの戦いに臨むメネリク２世の肖像画ですよ。→

S　おっ、皇帝はズボンをはいていますな。

T　近代的な軍隊を率いていることがわかりますね。日本が日露戦争をおこす８年前に、アフリカ人がすでに白人を破り、独立を維持していたわけだ。
　後の話ですがイタリアは1912～13年のバルカ

世界史プリント123

（イタリア）

1880年代…ソマリランド、エリトリアを獲得

さらに¹（　　　　　　　）に侵入するが、

²（　　　　　　　）の戦いで敗北（1896）

バルカン戦争（p332）の間にリビア³（

　　　　　　　）をオスマン帝国から奪う

（まとめ）

アフリカはヨーロッパ列強の侵略により

⁴（　　　　　　　）、⁵（　　　　　　　）

以外は、全土が植民地にされる。

↓

列強が、民族や地理を考慮せず国境線を決めたため、

現在でも住民の独立や自立に障害となる

2・太平洋諸地域の分割 (p318〜319)

（イギリス）

18世紀後半…⁶（　　　　　　　）を領土とする

　　はじめは犯罪者をここに島流しにしたが、

　　自由移民も加わり、金鉱発見後に発展

↓

先住民⁷（　　　　　　　）が奥地に追われる

イギリスは北ボルネオ、ニューギニアの一部、

⁸（　　　　　　　）も領有し、

⁹（　　　　　）人の抵抗を武力でおさえる

（ドイツ）

¹⁰（　　　　　　　）諸島やミクロネシアを獲得

（アメリカ）

アメリカ＝スペイン戦争（p314）の勝利に

　　よって¹¹（　　　　　）、¹²（　　　　　）

　　を獲得し、同じ年に¹³（　　　　　　　）も

　　最後の女王¹⁴（　　　　　　　）を

　　退位させ、併合する¹⁵（　　　　　　　年）

3・ラテンアメリカ諸国の従属と抵抗

(p319〜320)

19C初めに独立を達成（p272〜273）していたが、

ほとんどが農業国で、大土地所有者が支配する、

貧富の差の大きい地域であった。

↓

¹⁶（　　　　　　　　　　　　　）（1889年）

がアメリカ合衆国の主催で開かれて以来、合衆国が

ラテンアメリカ全体に大きな指導力を行使する。

（19世紀後半のラテンアメリカ）

少数の大地主層や大商人層に対する農民や労働者の

抵抗運動の強まり

→ブラジルでは1888年に奴隷制が廃止され

　　1889年に帝政から共和政に移行

（メキシコ）

1860年代…¹⁷（　　　　　　　）大統領がフランスの

　　ナポレオン3世のメキシコ出兵を退ける。

↓

1870年代〜1911…¹⁸（　　　　　　　）大統領が

　　独裁者となり近代化を進めるが、

　　富裕層中心の政治に走り、貧富の格差の拡大が広まる

↓

1910年…自由主義者の¹⁹（　　　　　　　）が

　　農民指導者の²⁰（　　　　　）や²¹（　　　　　）

　　の支援のもとに革命をおこし、ディアスを追放。

↓

その後、政治をめぐっての抗争が続き、混乱

1917年に政教分離や労働者の権利を認めた

民主的な憲法が制定される。

これらの一連の動きを²²（　　　　　　　）

と呼び、ラテンアメリカ諸国に影響を与える

ン戦争の時に敗北したオスマン帝国からトリポリ＝キレナイカ（カッコ3）を奪い、古代ローマの古名「リビア」と名づけて植民地にしてしまいます。

S　統一の時のヴェネツィアやローマを併合したケースもそうだけど、イタリアはどうも人の弱みにつけこんだ火事場泥棒が得意ですねえ。

T　（汗）さてヨーロッパ列強の侵略により20世紀にアフリカで独立を維持し続けたのはエチオピア（カッコ4）と、アフリカ西岸にあるリベリア（カッコ5）だけになってしまいました。この二つの国は覚えてくださいね。

S　ふーむ、なんでリベリアは独立を保つことができたのですか？

T　リベリアはアメリカ合衆国の黒人の解放奴隷が1820年代にアフリカに移って建国した国だったからです。首都の名前がモンロヴィア。当時の合衆国大統領モンローの名前をとりました。というわけでアメリカ合衆国の機嫌を損ねることを怖れた列強はリベリアには手をつけなかったのです。

太平洋地域の分割――地理から固めておくとわかりやすい

T　列強はツナミのように太平洋の島々にまで押しかけて、自分の植民地にしてしまいました。太平洋の歴史での問題点は「地域区分がわかっていないとチンプンカンプンになってしまう」ことです。そこで中学の地理でもやったと思うけれど、簡単に太平洋の地域区分をやりますよ。まずメラネシアから。ギリシア語で「（肌が）黒い（人々の）島々」という意味です。

メラネシアはニューギニアを中心とする地域です。右の地図を参照してください。ミクロネシアはギリシア語で「小さな島々」という意味です。日本のすぐ南方に位置しています。

S　お、けっこう日本の近くじゃん。

T　そしてポリネシアは太平洋の広い地域を占めるのですが、意味は「多くの島々」という意味で、これまたギリシア語。たしかに多くの島々があって、その範囲はハワイから、タヒチ、ニュージーランドまでも占めます。

　これらの太平洋上の島々は古くから交易が盛んで、独自の文化が栄えていました、が、ヨーロッパ人が押しかけて植民地にしてしまい、自らの商業システムの中に組み込んでしまいます。最初はヨーロッパ人ですが、次いでアメリカ人や日本人までもこの地域におしかけて強い影響力をふるいました。

　まずはイギリスがオーストラリア（カッコ6）を領土にします。

S　あれ、オーストラリアは、オランダのタスマンが最初に見つけたのでは？
T　う（汗）。しかしタスマンは北海岸だけで、東海岸も発見したのはイギリスのクック船長ですからね。リヴィングストンもクックも布教や科学的探究のための善意の探検だったのですが、列強の帝国主義的進出にまんまと成果を悪用されてしまうのです（シナリオ107参照）。最初、オーストラリアは囚人を島流しにする場所でした。ところが1851年に金鉱が見つかり、多くの人々がゴールドラッシュに押しかけてしまいました。その結果、中国人までも押しかけてきたので、白人たちは金を独り占めするために中国移民を制限し、人種差別的な政策をとります。これを**「白豪主義」**と呼びます。そしてオーストラリアの先住民であるアボリジニー（カッコ7）は不毛の奥地に追い払われてしまったのです。イギリスはニューギニアの一部やニュージーランド（カッコ8）も領有していたのですが、先住民の移動を制限し、隔離してしまいます。特にニュージーランドの先住民マオリ（カッコ9）人も銃器の力で抑え込んでしまいました。

　そしてイギリスは民間会社を使ってオランダ人のテリトリーだったボルネオ島の北も支配してしまいます。
S　イギリスって有利な所を支配したがるのに、なんで北ボルネオなの？
T　ほれ、北ボルネオは「マラッカ海峡～中国ルート」の途中にあるでしょ。
S　「中国ルート」を確保するためか。さっすがイギリス、抜け目が無いね。
T　次はフランスで、1840年代からポリネシアの島々やフィジー、ニューカレドニアを支配しています。このニューカレドニアは最初、政治犯の流刑地だったのですが、ニッケルを産出する宝の島であることがわかってきました。ニッケルは現在の日本の50円玉と100円玉など硬貨の材料やステンレス鋼の材料となりますので、この島のニッケルの半分は、日本企業が買っています。さらに東の広大なポリネシアにあるフランス領の島ではタヒチが有名で、画家のゴーギャンがこの島に楽園を求めて滞在し、多くの傑作を描いています。

　さてドイツは植民地獲得競争に遅れたせいか、太平洋諸島の獲得には熱心で、1880年代にメラネシアやミクロネシアの島々を手に入れます。その代表がビスマルク（カッコ10）諸島。宰相の名前にちなんでいます。
S　ビスマルクは「植民地確保に熱心ではなかった」って先生言ってたよね？
T　それは英仏などの列強と衝突する危険があったからですよ。その心配がなければスケベ心も騒ぎ出す。ちなみにこのビスマルク諸島の中には後に日本軍が第2次大戦で航空基地を作るラバウルの町などもありました。

　さて、真打のアメリカの登場です。アメリカはフロンティアが消滅した18

90年代から太平洋諸島に熱い視線を向けていました。もちろん中国へ行くための中継基地の確保のためです。特に共和党のマッキンリー大統領が帝国主義者として海外進出に熱心でした。そこでアメリカ＝スペイン戦争を起こして、スペインにケンカを売り、1898年にフィリピン（カッコ11）と、グアム（カッコ12）をまんまと手に入れたのです。ところがフィリピンでは独立解放運動が盛んでして、スペインに代わってご主人様になったアメリカの支配に納得しなかった。そしておこったのが1899年から始まる**フィリピン＝アメリカ戦争**です。アメリカはこの反抗を弾圧し、フィリピンを獲得しましたが、ここでまた問題がおこった。アメリカ議会から「**自由の国であるアメリカが、異民族を支配する帝国になってしまうことは民主主義に反する結果になる**」という意見が出てきたのです。ゴタついたあげく結局、上院でフィリピン領有は可決されてしまい、アメリカは帝国主義の道をつき進むことになります。

S 他の列強がやっていることと同じことをアメリカもしているわけじゃん。

T うー、まあそうです。さて、ここでハワイ（カッコ13）史。ハワイはイギリスのクック船長が到達した諸島ですね（プリント107）。クック船長は島民に殺されてしまいますが、その少し後に王位についたカメハメハ大王（↓）がハワイ諸島を統一して王朝を築きます。

S あ、それって「ドラゴンボール」の**「かめはめ波〜！」**（笑）

T コレだったけ？（叫びながら実演：爆笑）作者の鳥山明さんは有名なこの大王の名前から技の名前をつけたんですよ。

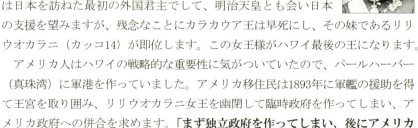

最初はヨーロッパと関係が深かったハワイでしたが1850年代からアメリカ合衆国がハワイを狙い始めます。理由？そりゃハワイはアメリカと日本・中国を結ぶ絶好の中継地点にあたりますからね。ペリーが日本を開国させて以来、ハワイの重要度は高まるばかり。時の国王カラカウア→はアメリカを牽制するため世界一周の旅に出かけ、多くの政治指導者と会ってハワイの地位保全を試みました。カラカウア王は日本を訪ねた最初の外国君主でして、明治天皇とも会い日本の支援を望みますが、残念なことにカラカウア王は早死にし、その妹であるリリウオカラニ（カッコ14）が即位します。この女王様がハワイ最後の王になります。

アメリカ人はハワイの戦略的な重要性に気がついていたので、パールハーバー（真珠湾）に軍港を作っていました。アメリカ移住民は1893年に軍艦の援助を得て王宮を取り囲み、リリウオカラニ女王を幽閉して臨時政府を作ってしまい、アメリカ政府への併合を求めます。**「まず独立政府を作ってしまい、後にアメリカ**

への併合を求める」というやり口は実はテキサス併合（1845年）の時にも使った手口でして、合衆国の十八番と言えるやり方でした。実はこの時のアメリカ人の人口はハワイ全体で５％にすぎず、一番多かったのが日本人の40％だった。日本はカラカウア王とのつながりもあったのでアメリカの強引な併合に反対し、時のアメリカ大統領クリーヴランドもハワイの併合を認めませんでした。しかし1898（カッコ15）年になると帝国主義者であったマッキンリー大統領が併合に賛成したため、結局ハワイは準州とされ、1959年にアメリカ合衆国最後の50番目の州となってしまいます。幽閉されたリリウオカラニ女王は、窓から見える滅び行く祖国をしのび名曲「**アロハオエ**」を作曲したと伝えられています。

メキシコ革命——センター入試でも取り上げられた重要ポイント

T　お次はラテンアメリカ諸国。19世紀最初に独立は達成できたのですが（シナリオ94参照）、農業国なうえに大土地所有者が威張っており、貧富の差は絶望的でした。ヨーロッパからやってきた自由主義が保守的な地主階級と衝突し、クーデタや反乱騒ぎがよく起こっていたのがこの地域です。

　しかし19世紀後半には食料や原料の輸出国としてラテンアメリカ諸国は重要性が増してきます。このラテンアメリカ諸国を自分の裏庭だと思っていた国がアメリカ合衆国でした。時々はシメておかないと、不満を持った子分たちが逆らう可能性があるのでアメリカ合衆国が中心となって1889年にワシントンＤＣで**パン＝アメリカ会議**（カッコ16）を開きます。内容は通商協定の締結や、ラテンアメリカ諸国同士の争いの仲裁でした。

S　親分の貫禄を見せる絶好の機会ですなあ。

T　この会議を機会に、アメリカ合衆国がラテンアメリカ諸国を仕切るイニシアティヴを握りました。ところが19世紀後半からラテンアメリカ諸国で、あまりの貧富の差に怒った農民や労働者の抵抗運動が高まっていたのです。その具体的な現れがブラジルの変革です。実はブラジルは独立後も帝政と奴隷制が存続していた古いタイプの国だったのですが、世界の歴史の流れには逆らえず1888年についに奴隷制を廃止し、翌年には帝政も廃止します。

　アメリカ合衆国のすぐ南にあるメキシコでも大きな変化が現れてきました。1861年に始まるナポレオン３世によるメキシコ出兵をインディオ出身の**ファレス**（カッコ17）→**大統領**が撃退したのです。

S　なにっ、インディオ出身の大統領っていたんですか？

T　はい、いました。ファレスはインディオの農夫の子に生まれ、12歳まではトウモロコシ畑の番人として過ごし、文字も知りませんでした。ある日勉強をしたいという発心に駆られて町に行き、見よう見真似で勉強を始めたところ、親切な神父に認められて神学校で勉強することができるようになったのです。さあ、それからは血を吐くような猛勉強を重ね、ついに大学に進んで弁護士、そして政治家になりました。その後ファレスは農民や労働者の支持を受け大統領に当選。フランス軍の侵略を退け、インディオや貧農のための改革運動を進めたのですが、しかし執務中に心臓発作に襲われ、惜しくも亡くなってしまいます。

S　いやー、すごい人がいたもんだ。死んだのが惜しまれますね。

T　ところがファレスが死んだ後、軍人のディアス（カッコ18）がクーデタを起こし政権を乗っ取ってしまいました。ディアスは独裁者として30年の長きにわたってメキシコを支配し、ファレスの改革政策をひっくり返して地主階級の特権を復活させてしまいます。このディアスの反動独裁に対する怒りが積もりに積もり、ついに1910年に反ディアス運動が起こってしまいました。中心となったのは自由主義者のマデロ（カッコ19）という人物で、亡命先のテキサスで武力によりディアス政権を打倒することを宣言します。このマデロのディアス打倒の呼びかけに応えたのが農民指導者のサパタ（カッコ20）やビリャ（カッコ21）の二人でした。この二人について簡単に紹介しましょう。右の眼光鋭い人物がメキシコの「革命児」ことサパタです（＼）。首都の南にあるモレロス州の農民の子として生まれ、若い頃からインディオなどの貧民を助け、その義侠心で人望を集めていました。下の馬に乗ったカッチョイイおっさんがメキシコの英雄ビリャです。メキシコ北部のチワワ州の出身で、山賊あがりの無学者でした。

S　え、チワワってあのかわいい犬じゃない？

T　うん。チワワはもともとメキシコの州の名前で、あの犬はこの州で改良された種ですよ。ビリャは革命運動に加わるうちにはじめて社会主義の考えを学び、社会改革に意欲を持つようになったのです。二人はマデロの呼びかけに農民義勇兵を率いてはせ参じ、ついに独裁者ディアスを追い出すことに成功しました。しかし坊ちゃん育ちの自由主義者マデロはそれ以上の改革には熱心でなく、失望したサパタは農民への土地の分配を求める綱領を発表して、マデロに対して反乱を宣

言します。その混乱の中で右翼反動のウェルタ将軍がクーデタを起こしてマデロを暗殺、政権を握ってしまいました。農民への土地の分配を求める改革主義者のサパタとビリャは再び力を合わせて農民軍を率いて奮戦し、ウェルタ将軍をついに追放します。

しかし最後に勝利を握ったのは穏健な改革派のカランサ→でした。自由主義的な憲法の制定をはかるカランサを立憲派擁護の立場に立つ理想主義者のアメリカ大統領ウィルソンが支持したからです。

より激しい社会主義的改革を求めるサパタとビリャは農民義勇軍を率いてカランサ派と争います。が、サパタはモロレス州の地方問題にこだわり、広い視野を持てなかったために支持を失い、ビリャは山賊時代の悪いクセが出てアメリカ人を殺してしまったためにおたずね者になってしまいます。

最後にメキシコでは1917年に革命派の主張が盛り込まれた憲法がカランサのもとで制定されます。しかし、大土地所有者が先住民やメスティーソを小作人や農業労働者としてこきつかう大土地農園制度(アシエンダ制：シナリオ66参照)の撤廃を求めた農地改革は不徹底のままでした。闘争に敗れたサパタとビリャは二人とも失意のまま引退し、最後には暗殺されてしまいます。

この1910年のマデロによるディアス打倒運動から1917年の憲法制定までの革命運動を、世界史では「メキシコ革命」(カッコ22)と呼びます。

S　ふーん、でもこのメキシコ革命も結局はみじめな失敗ですか。おやおや。

T　いやいや、革命の志士たちは途中で倒れようとも、革命の理想は引き継がれました。実際にメキシコは1930年代のカルデナス大統領の時に社会主義的な民主化を推し進めており、後のキューバ革命からニカラグアのサンディニスタ民族解放戦線へとラテンアメリカの左翼革命に大きな影響を与えます。後にロシア革命の主導者であったトロツキーがメキシコに亡命したのは、メキシコが社会主義の土壌を持っていたからですよ。

S　と、言われても、まだやっていないところはわかりませんよー。

T　ごめん、ごめん。また後で取り上げますから待っててねっ。

【参考文献】
　　基本となるのは山本真鳥編「オセアニア史」(山川出版社)。後は山中速人「ヨーロッパから見た太平洋」(世界史リブレット64：山川出版社)です。メキシコ革命は国本伊代「メキシコの歴史」(新評論)を、次いで同じ著者の「ビリャとサパタ」(世界史リブレット人75：山川出版社)が大変にすぐれています。

≫124≪
三国同盟V.S三国協商そして中国分割
―― 「番長決戦」と地球の裏側の縄張り争い――

ドイツの３Ｂ政策――イギリスの怒りを買い、フランスの逆襲を食らう

Ｔ　さて、今日は革命に揺れるメキシコから戻って、台風の目であるヨーロッパの列強に焦点を当てていきましょう。

　まずは毎度お騒がせのヴィルヘルム２世。このドイツ皇帝はシナリオ119や122でも紹介しましたが、「理想主義者」としての面がある一方、政治態度が子どもっぽくなってしまうという欠点を持っています。社会主義を公認したり、モロッコの支配をもくろんで「モロッコ事件」を起こしたりと、やっていることが一貫せず、「お子ちゃま」っぽいのが残念だ。

　例えばベルリン（Berlin：カッコ２）とビザンティウム（Byzantium ＝コンスタンティノープル：イスタンブールのこと：カッコ３）とバグダード（Baghdad：カッコ３）をつなぐバグダード鉄道（カッコ５）案をブチあげて西アジアへの進出を試み、これを３Ｂ政策（カッコ１）と名づけていますが、イギリスの３Ｃ政策に対抗しているのは明らか。ねらいはモロッコ事件と同じく「オレにもアジアの植民地をくれっ」という要求です。

　理想主義はともかく、目先の利益に釣られるのは政治家としては問題だ。例えばロシアがバルカン半島に「パン＝スラヴ主義」を唱えて進出してくると、「パン＝ゲルマン主義」を唱え返してロシアとの殴りあいに応じる始末。これじゃ子どものケンカと同じだね。ビスマルクなら大人っぽく堪えて、腹芸で実を取るところだが、ヴィルヘルム２世にはその芸ができない。例えばビスマルクはロシアとの平和を優先して1887年に「独露再保障条約」を結びますが、３年期限の条約だったので1890年にロシアは「独露再保障条約の延長」を申し出ます。ところがヴィルヘルム２世のドイツは拒否してしまいました。拒否った時のヴィルヘルム２世の心中はこうだったのかも。

　「たしかにロシアが味方につけば強力だろう。本当に助けてくれるのか？…。**だが断る**。このヴィルヘルム２世の最も好きなことの一つは自分で強いと思っているやつに『ＮＯ』と断ってやることだ。ビスマルクのオヤジが結んだ無難な安全よりも、バルカン半島でロシアを牽制できる自由の方がオ

世界史プリント 124

4・列強の二極分化 (p320〜321)

ヴィルヘルム2世のドイツの外交政策

= ¹(　　　　　　　　　)

　├ ²(　　　　　)、³(　　　　　　)、
　│ ⁴(　　　　　　　　　) を結ぶ
　└ ⁵(　　　　　　　　) 建設を推進し、
　　中東方面への野心を示す

↓

ヨーロッパ列強はドイツへの警戒心を強める

ロシア

独露再保障条約の更新をドイツが拒否

→孤立を恐れたロシアはフランスと接近

＝

① ⁶(　　　　　　) ⁷(　　　年) の成立

＝ビスマルクが作った対仏大包囲網の崩壊

イギリス

長期間、他国と同盟を結ばない政策を取る

=「⁸(　　　　　　　　)」

↓

ドイツ、ロシアの植民地獲得に対抗するため、
他国との同盟を結ぶ政策に転換する。

・⁹(　　　　　　) ¹⁰(　　　年)

東アジアへのロシア進出に備えるため

② ¹¹(　　　　　　) ¹²(　　　年)

ドイツのアフリカ、中東進出に備えるため

日露戦争での日本の勝利

　(英の立場) 日本の中国進出を警戒
　(露の立場) 中国への南下を断念。バルカン
　　　　　　半島に進出をくわだてて、
　　　　　　ドイツ、オーストリアと対立

イギリスとロシアの和解

=③ ¹³(　　　　　) ¹⁴(　　　年)

①+②+③=¹⁵(　　　　　　　　) の成立

↓

{ 三国同盟 (ドイツ、オーストリア、イタリア)
{ 三国協商 (イギリス、フランス、ロシア)

の対立→第一次世界大戦勃発の基盤となる

3．アジア諸国の改革と民族運動

1・中国分割の危機 (p321〜322)

日清戦争の敗北＝中国の弱さが露呈

↓

1・列強による中国の利権獲得競争の激化

①ロシア

下関条約で日本が獲得した遼東半島を

¹⁶(　　　　　)、¹⁷(　　　　　) と組んで

日本に圧力をかけ、中国に返還させる

=¹⁸(　　　　　　　) (1895年)

↓

代償としてロシアは ¹⁹(　　　　　) 鉄道の

敷設権を得る (1896年)

↓

1898年にロシアは ²⁰(　　　　　　) を

租借する→日露戦争勃発の遠因となる

「租借」(そしゃく) とは？

²¹(　　　　　　　　　　　　　)

②ドイツ

宣教師殺害事件を口実に ²²(　　　　　　)

を租借。(1998年)

③イギリス

²³(　　　　　) と ²⁴(　　　　　) を租借

④フランス

²⁵(　　　　　　　) を租借

レはよ〰〰っぽど欲しいのだっ」
S　おおー、どこかで聞いたようなカッコいいセリフですなー。
T　でも現実の政治家がこれを言ってはお終いよ。ロシアの本音は、あわよくば再保障条約をきっかけにドイツから金を貸してもらって国内産業の近代化につぎ込むつもりだったのですが、ドイツから断られてしまったのです。そこでやむなく1894（カッコ7）年にフランスと**露仏同盟**（カッコ6）を結び、フランスから大量の融資を受けることに成功しました。
　　露仏同盟はフランスと軍事的にも結びついてしまう同盟なので、<u>ドイツはフランスとロシアの両国から挟まれてしまうハメになります</u>。
S　うー、ビスマルクが苦労して作った「フランス大包囲網」の崩壊ですね。

イギリスの「ドクロ」への対応——「もう、こうなったら誰とでも組みますっ」

T　さて、イギリスの動きなのですが、ドイツ皇帝の動きに翻弄されてしまいます。ベルリンからバグダード鉄道が延びてくるということは、そのベクトルが指しているのは明らかにインドです。3C政策でカイロ〜ケープタウン〜カルカッタを結ぶ自分の縄張りに厚かましくもドイツが割り込んでくるのは許せない。
S　センセーが言っている国際関係って、ヤクザの縄張り争いのように聞こえるんですが、それもアリですか？
T　あまり良いたとえではないけれども、わかりやすくはあるのねえ。
　　それまでイギリスは「光栄ある孤立」（Splendid Isolation：カッコ8）といって、他の国とは一切同盟を結ばない方針でした。なぜかって？他国と同盟を結ばなくてもイギリスは十分に強かったし、ヘタに他国と同盟を結んだら戦争に巻き込まれてしまう可能性が高かったからです。しかしドイツの露骨な植民地獲得政策にはイギリスも黙っていられなくなった。おまけにロシアが極東方面で不気味な南下政策を取り始めているのです。中国長江流域や香港を手にしているイギリスにとっては、中国の南へと迫ってくるロシアの影は大変な脅威だ。
　　ところが、よりによって1899年からアフリカの南端で南アフリカ戦争（ブール戦争）がおっぱじまってしまい、大量の兵を南アフリカに進駐させる必要が出てきてしまった。おかげでイギリスは中国に十分な兵隊を出すことができない。と言って、何もしないで放っておくとせっかくの中国がロシア南下の基地にされてしまう。そこでやむを得ず「光栄ある孤立」を捨てて、**日英同盟**（カッコ9）を1902（カッコ10）年に結んだのです。
S　よりによって、初条約の相手が「イエローモンキー」とは…！

T それは人種差別的な発言ですよ。でも「イエローモンキー」相手の条約なので気が楽だったと言えなくもない。いざっと言う時はロシア相手に使うだけ使って、自分にまで累が及びそうになったら捨てればいいのだから。
S 日本は、日英同盟を結ぶと**「ロシアに対するイギリスのかませ犬になる」**という自分の立場がわかっていたのかな？
T わかっていましたね。でもたった一人で立ち向かうよりは後ろに番長に居てもらった方が安心ですから結ぶことにしました。この日英同盟のおかげで日本はロシアにやっと立ち向かうことができるようになったのです。右は日英同盟と日露戦争を皮肉ったフランスの画家ビゴーの有名な漫画なのですが、実にえげつなく、見事です。→

その一方、ドイツの中近東やアフリカ（特にモロッコ！）への進出を抑えるために、イギリスはフランスと1904（カッコ12）年に英仏協商（カッコ11）を結びました。この協商は、ファショダ事件での衝突を避け、モロッコとエジプトの支配権を相互に認めることを目的としていたのですが（シナリオ122参照）、真のハラはドイツの「世界政策」に対抗するためだったのです。

そうこうしているうちに日露戦争が始まってしまい、イギリスの思惑とは違って大苦戦の末でしたが、日本が何とか勝ってしまいました。
S あれっ？日英同盟だから日本が勝ってくれた方が良いのでは？
T いや、ホントのことを言うと日本とロシアが相打ちして、共倒れしてくれた方が良かった。そうすれば中国の利権がイギリスの手に丸々入りますからねー。ところが日本が勝ってくれやがったおかげでロシアは南満州から撤退し、日本が中国に大いに進出できるようになったのです。これがイギリスとしては気に食わない。なんとか日本を牽制しておきたいところだ。
S ふうむ、イギリスも自分のことしか考えていませんねー。
T 当時の外交の目的なんて、残念ながらそんなもんです。ここでイギリスは日露戦争で負けたロシアに目をつけるようになった。
S え、イギリスにとってロシアはこの前まで敵だったんじゃあないですか。
T この前まで歯牙にもかけなかった日本という国が「新しい敵」として姿を現してきた以上、**「敵の敵は友」**になる。ヤクザのからみで例えるなら、映画「ゴッドファーザー」でマフィアの親分ドン＝コルレオーネが言っていった文句、**「常に相手の立場に立って考えろ」**が外交において大切な思考方法にな

ってくるわけだ。すると敵だったロシアが仲間にちょうどいい。

　ここでロシアの立場を説明しましょう。日露戦争と第一次ロシア革命のおかげで極東への進出をあきらめる羽目になったロシアは、再びバルカン半島に戻って懲りもせずに南下を試みます。さすがに極東とインド方面にはイギリスの目が光っているので「まずい」と考えたようですな。バルカン半島が舞台なら相手はドイツとオーストリアだけですむ。ドイツとは「独露再保障条約」の破綻で仲たがいしたばかりだし、オーストリアとは1878年のベルリン会議でバルカン半島をめぐってボスニア＝ヘルツェゴヴィナを横取りされた恨みがある。ただし一国でドイツとオーストリア相手に戦うほどロシアも馬鹿じゃない。独墺に対抗するために、誰か仲間になってくれる国はいないかなと探していたところだったんです。

　イギリスはこのロシアの立場を読みきって、ロシアに対し微笑みながら「この前は悪かったね」と手をさし伸ばしたのです。

S　う、うまいですねー。こりゃほだされるなあ。

T　このイギリスの笑顔にフラッとしてしまったロシアがニギッてしまったのが1907（カッコ14）年の英露協商（カッコ13）です。この協商の中身はイランとアフガニスタンの勢力範囲を決定したものでした。細かくは「イランの北部をロシア、南部をイギリスが勢力範囲とし、緩衝地帯として残しておいた中部にのみカージャール朝の勢力を認める。アフガニスタンについてはロシアに敵対しない条件でイギリスの勢力下に入ることを認める」という「帝国主義モロ出し」の内容でした。

　こうして①**露仏同盟**（1891〜1894年）②**英仏協商**（1904年）③**英露協商**（1907年）がそろったことによって、ついに「**三国協商**」（カッコ15）が成立し、イギリスとフランスとロシアが固い絆に結ばれることになったのです。えっ、年号の覚え方ですか？これは「代々木ゼミ方式・世界史年代暗記法」の覚え方がお薦めですよ。「白衣（1891）の薬師（1894）、露仏（つゆぼとけ）。モロッコくれよ（1904）とエジプトくれよと英仏協商。とんでもな（1907）いエロ（英露）協商。」

S　あのですね、「同盟」と「協商」ってどこが違うのですか？

T　ううっ！（大冷汗）三国同盟 Triple Alliance というのはビスマルクが**フランスを包囲するために意図的に作った連合**で、「最初から目的がはっきりしている」結合なのです。それに対し三国協商 Triple Entente はどちらかと言うと「積み重ねていったら自然にできた」という結びつきでして、**結果として**

ドイツを包囲することになった連合と言えます。英語表現にも、そのへんの微妙なニュアンスがなんとなく出ていますなぁ。ははは。
S　何となく苦しまぎれだなー。
T　ま、それはともかく、「三国同盟」対「三国協商」の図式は「フランス対ドイツ」という番長決戦の重要な基盤となりますし、第一次世界大戦を生むきっかけとなりますので、しっかり把握してくださいね。

中国分割の危機──「弱いものイジメは、皆でよってたかって」

T　さて、所は変わって中国です。アヘン戦争以来、負けが重なっている中国ですが、図体はデカいだけあって「キレると怖そう」というイメージを欧米列強諸国から持たれていました。いわゆる「眠れる獅子」のイメージです。ところが洋務運動の努力にもかかわらず、あの1894年に始まったチョンマゲの日本相手の日清戦争で負けてしまったために、「なんだい、あのデブ、大したことないじゃんか。うへへへ」と不良ども（＝欧米列強）にからまれ始めてしまったのです。
S　やっぱりさー、力がないとダメなんかな。人間関係も国際関係も。
T　悲しいことだね。まずロシアが日本の進出にいちゃもんをつけた。以前からロシアは遼東半島をねらっていたのですが…え、なぜかって？そりゃ遼東半島には大連と旅順という不凍港があるからですよ！これらを手に入ればロシアが太平洋の覇者になれる。ところが日本が下関条約で遼東半島を獲得すると、トンビに油揚げをさらわれた気分のロシアはドイツ（カッコ16）とフランス（カッコ17）と組んで日本に「遼東半島を中国に返してやれ。もし、イヤというなら…」と日本を脅しにかかった。これが1895年の三国干渉（カッコ18）です。実はこの時、日本がイヤと言ったら、ロシアは二国と一緒に本当に戦争をするつもりだった。
S　え？ただの脅しだったんじゃ？
T　いや、ケンカする気が本当にあるかどうかは相手の目を見ればわかるもんだ。それに日本は列強三国を相手にして勝てる自信なんてまったくなかった。だから日本は屈服し、遼東半島を中国に返したのです。
S　なんで三国干渉ではドイツとフランスがロシアに味方したんですか？
T　まずフランスは前の年の1894年に露仏同盟を結んでいたので、ロシアに義理立てをする必要があった。そしてドイツにとってはロシアが極東に目を向けてくれていた方が「３Ｂ政策」がやりやすかったからです。
　　ロシアは清に「オレ様のおかげで遼東半島が戻ってこれたんだ。感謝の気持ちを示してもらわんとな。アン〜？」と善意を押し付け、やむをえず清は

東清（カッコ19）鉄道の敷設権をロシアに認めたのです。

S　その東清鉄道って何ですか？

T　教科書ｐ322の地図に載っていますよ。シベリア鉄道の一部なのですが、ウラジヴォストークにまで鉄道をつなげるのなら中国領内を突っ切った方が早道なので、この「中国領内突破ルート」を東清鉄道と呼ぶのです。**早い話が、他人の国の中に自分の国の鉄道を引いてしまったわけだ。**

　　1897年に山東省で二人のドイツ人神父が殺される事件がおこると、これを理由にしてドイツは山東省に軍隊を派遣して占領してしまい、1898年に山東半島の南にある膠州湾（カッコ22）を租借してしまいました。するとロシアも「ドイツに負けてたまるか」とばかりに、日本から取り返してやったはずの遼東半島南部（カッコ20）を租借してしまったのです。

S　あのう、**「租借」って何ですか？**

T　<u>「期限をつけて土地を借りること」（カッコ21）です。借りた土地の行政・立法・司法は借りた国が自由にできる。期限は一応つけるが、返すつもりは実はない。</u>

S　ひでえ～！そりゃ事実上のカツアゲじゃないですか。

T　相手が弱けりゃ何でもできちゃう。日清戦争敗北後の中国はもう完全になめられていたのですね。「あげるから…許してください！」と言ってしまうと、みんなそろって大喜びでむしり取りにかかるわけだ。

　　「お、いいなー。オレにもくれっ」とばかりにイギリスは同じ年に威海衛（カッコ23）という山東半島の先っぽにある港を租借してしまい、そればかりか、香港の北にある九竜半島（カッコ24）も租借してしまいます。

S　ふうむ、なんで、イギリスはここを「借りた」んですか？

T　むむ、威海衛は山東半島を代表する重要な港であり、李鴻章が率いる北洋艦隊の基地でもありました。そして、威海衛は対岸の遼東半島の旅順を見張るのに絶好の地であることも理由として考えられますね。あと九竜半島は香港島の安全を確保するために必要だったと思われます。

S　（頭のいい生徒）たしか先生は、1860年の北京条約の時に「イギリスは九竜半島を割譲させた」（シナリオ113参照）って言っていましたよね。なんで1898年に同じ九竜半島を借りたんですか？

T　（絶句）いやあ、まあ～そのぉ。あのですねえ深い事情があるのですよぉー。実は1860年の北京条約でイギリスが手に入れた「九竜半島」は半島の南端のごく限られた区域にすぎなかったんです（次ページ地図参照）。

飲料水の不足という問題もあって、イギリスはさらに北の地域を手に入れようとして、1898年に「新界」と呼ばれた九竜半島北部の地域を「99年間」という期限付きで租借してしまうのです。

S　北京条約の時は「割譲」なのに、なんで今回は「租借」なんですか？

T　（ひーっ！）あうう、そりゃあ北京条約はアロー戦争の最終条約なので清王朝から奪い上げることができたのですが、1898年の場合はイギリス自身が戦ったわけではありません。単に相手をゆすって**「なあ、別にくれって言っているわけじゃあないんだ。貸してくれって言っているだけなんだ。だから、いいだろう〜、なあ、いいだろう〜」**と言って借りた土地なのです。そのために、イギリスは99年後の1997年に香港全体を中華人民共和国に返還しなくてはならないはもくハメになってしまうのです。

そして、フランスは広州湾（カッコ25）を租借します。この目的はフランス領インドシナを守るための緩衝地帯とするためです。

租借地は港や交通の要所、地下資源を含む豊かな場所を勝手に借り上げているわけで、中国はヤクザに住み着かれてしまった大家さん以上の悲惨さになってしまった。右はそのことを皮肉った有名な絵でして、驚く中国を放っておいて勝手に中国を分割している列強諸国をあらわしています。ちなみに一番右にいるチョンマゲの武士はもちろん日本ですよ。

【参考文献】

さすがに列強の利害が錯綜する今回のシナリオは、一つの本を基に作ることは難しく、さまざまな参考文献を基本にしています。例えば、望田幸男「ヴィルヘルム時代」（「世界歴史体系：ドイツ史3」山川出版社所収）、歴史学研究会編「世界史史料9：帝国主義と各地の抵抗Ⅱ」から第二節「帝国主義と清朝」（岩波書店）、少し古いですが成瀬治編「ドイツ現代史」から「ヴィルヘルム二世の時代」（世界現代史20：山川出版社）など色々です。

≫125≪
戊戌の変法と義和団事件
―― 中国の国民意識の目覚めと出発への苦闘――

日本とアメリカの中国進出――台湾とフィリピンがカギとなる

T　さて前回の続きです。列強の中で、チョンマゲの日本の中国進出から見ていきましょう。まずは日清戦争後の状況からです。

　日本は日清戦争の結果、1895年の下関条約で台湾と澎湖諸島を手に入れました、と…、ここは中学校でもやっているところですね。ところが1898年にロシアが遼東半島南部を租借してしまったことが日本に不安を与えます。**「もしロシアが台湾の対岸にある福建省まで手を伸ばしたら台湾が危ない」**というわけで、日本は清朝に交渉して「福建省は他国に租借させないし、利権は日本に優先的に認める」ことを承認させたのです。

　台湾と澎湖諸島の向かい側にある福建（カッコ1）地方を確保した日本は、「せっかく手にした権益を他の列強に取られたくない」という防衛的な発想があったにせよ、中国分割に参加してしまうことになります。そして、この後に日本の中国進出は過激さを増していくことになります。

　そしてアメリカ合衆国も中国進出に大変に意欲的でした。

S　どうして、そんなことがわかるのですか？

T　実はペリーの時代からアメリカ合衆国は中国との通商に意欲的だった。と言っても1890年代まではフロンティアがあったために、国内の開拓に夢中で海外のことはあまり念頭になかったのです。

S　でもまあ、国内の開拓って言いますが、ネイティブの土地を奪う国内開拓のパワーが「海外」にまで広がっていくと、そのまんま「帝国主義」になりゃしませんか？

T　お、そりゃいいとらえ方ですね。そう言えばイングランドだってウェールズやスコットランドやアイルランドを取り込んで「大英帝国」へと成長していったわけだし、日本も蝦夷や沖縄を支配することによって「大日本帝国」になったと考えられるわけだ。そういう見方でアメリカの西漸運動を見ることもできるかもしれません。**国内統一のエネルギーがつきぬけて帝国へと成長していく**、というとらえ方はアリかもね。

199

世界史プリント125

中国分割の危機（p321〜322）の続き

⑤日本

台湾の対岸にある[1]（　　　　　　）地方での
利権の優先権を認めさせる。

⑥アメリカ

中国への進出の遅れを挽回するために
国務長官の[2]（　　　　　　）が
[3]（　　　　　　　）を出す[4]（　　　）年
（内容）
中国の[5]（　　　　　）、[6]（　　　　　）
　　　[7]（　　　　　　　）を提唱
　　　　　↓
中国市場への進出をねらう。

2・中国の対応

日清戦争敗北の衝撃→日本の明治維新に習い、
道具だけの西欧化（「中体西用」）をやめて、
法律などの根本的な制度改革をめざす
　　　　　＝
[8]（　　　　　　　　　）
代表者：[9]（　　　　　）、[10]（　　　　　）
公羊学者（社会改革・実践を重んじる儒教学派）
　　　　　↓
康有為らが中心となって[11]（　　　　　　）を
動かし、立憲制などの改革を推し進める
＝「[12]（　　　　　　）」[13]（　　　　）年
　　　　　↓
[14]（　　　　）らの保守派がクーデタを
　おこし改革は失敗に終わる
＝「[15]（　　　　　　　　）」

2・日露対立と列強（p322〜324）

・北京条約以降のキリスト教公認
　　　　　↓
[16]（　　　　　　　　　）（反キリスト教運動）
　の活発化

・列強による中国分割→民衆の排外運動

山東省を本拠地とする宗教的武術集団
[17]（　　　　　）が「[18]（　　　　　　　）」
をとなえて鉄道や教会を破壊。
→民衆と清朝の保守派は義和団を支持

①義和団事件

　義和団の北京入城（1900年）
　　　　　↓
　西太后と清朝の保守派は、義和団を利用し
　列強各国に宣戦布告をおこなう。
　　　　　↓
　列強各国は在留外国人の保護を目的に
　共同出兵をおこない、義和団を壊滅させ
　北京を占領する
　[19]（＝　　　　　　　　　　　　　）
　　　　　↓
[20]（　　　　　　　　）の調印 [21]（　　　）年
（内容）
　・巨額の賠償金の支払い。
　・[22]（　　　　　　　　　　　　　　）
　　　　　↓
　　中国の半植民地化が進む

19世紀末に就任したマッキンリー大統領は中国進出に意欲的で、1898年にハワイを準州にし、アメリカ＝スペイン戦争（米西戦争）に勝ってグアムやフィリピンを獲得するなど、中国進出への足場を着々と作った人物です。しかしその年にはすでに列強諸国が中国の土地を租借していました。アメリカは広大な国内市場があったので、無理をして中国に領土を膨張させることはせずに、国務長官のジョン＝ヘイ（カッコ２）は門戸開放宣言（カッコ３）を1899（カッコ４）年に列強に要求したのに留めたのです。

S　その話って最近しませんでしたか？（シナリオ121参照）

T　繰り返してしまった！ごめん。教科書も繰り返して言及しているから…

S　あと、教科書ｐ322を見ていると、「門戸開放宣言」って1899年〜1900年と二年間に渡っていますね。これって何か理由があるんですか？

T　ジョン＝ヘイが**「中国との貿易はすべての国に開放するべきだ」**という「門戸開放」（カッコ５）、**「中国との貿易はすべての国に平等に取り扱うべきだ」**という「機会均等」（カッコ６）を主張したのが1899年だったのです。アメリカの主張に対し他の列強が困惑しているうちに「義和団事件」が起こってしまったので、アメリカは「こんなことが起こらないように中国の独立を尊重し、領土を勝手に分割しないようにしよう」という「**領土保全**」（カッコ７）を提案したのです。これが1900年の「第二次門戸開放」です。このアメリカの「門戸開放宣言」により、列強も以前のように大っぴらには中国を分割しなくなったのです。

S　アメリカの言っていることなんか無視すりゃいいじゃん。

T　そうもいかないんだ。なにしろアメリカはフィリピンを領有しているから、兵を中国に送ることができる。ただし義和団事件の時はフィリピン＝アメリカ戦争がおこっていたので、そんなに人数は送れなかったのです。

変法運動——たった百日で流産してしまった中国の維新

T　さて、中国の清王朝では日清戦争の敗北以来「なんとかしなくては…！」というあせりが生まれてきました。まず、今までの「洋務運動」や「中体西用」（シナリオ115参照）への反省です。つまり「政治や体制は古いまま残し、技術だけ西洋のものを取り入れる」というやり方が通用しなくなってきたことがわかってきたのです。

S　うーん、なんで「中体西用」でダメなのかが今もわからない。

T　日本には議会も憲法も、そして国民意識も生まれているのに、中国にはそのどれもなかったことが大きい。「さあ、お前は御三家のお殿様のためにこ

れから戦場で命を捧げるのだっ！」と言われたらできる？

S　ダメ、ダメダメ！そりゃできない。

T　「お国のために命を捧げる」というのは本来なら「国民を他国の暴力から守る」という意識が基本になっています。その国民意識は実は教育制度や文化装置、議会や憲法といった近代的な制度（国民国家体制）によって支えられているのです。「一所懸命」や「いざ鎌倉」の封建意識で命を捧げる時代ではありません。優れた指揮官がおり、近代的装備も備えていたのに日清戦争で中国が負けた理由は、中国人にとって「清（皇帝）のために命を捧げる」に真実味がなかったことが理由となっています。

　そこで公羊学派の康有為（カッコ9）が出てきて、変法運動（カッコ8）を主張するようになります。

S　む？公羊学派って何ですか？なーんか聞いたような…。

T　これは儒教の一派なのですが、孔子が書いたと言われる「春秋」を「現状の改革を訴える歴史書」として解釈する学派です。早い話が儒教の中の「改革派」（シナリオ50参照）。特に康有為（右→）という役人が**「技術だけの導入では国を救うことはできない。文化や制度、法律の導入と改革が必要である」**という運動を起こしますが、これを**「変法運動」**と呼びます。この康有為に協力したのが弟子の梁啓超（カッコ10：右→）という秀才。この梁啓超はジャーナリストとして活躍し、中国の思想界に巨大な影響を残しています。

この師弟は何度もお上に改革を訴えたのに握りつぶされてばっかりだったのですが、日清戦争の敗北にガックリきていた光緒帝（カッコ11）の目に留まるようになり、ついに皇帝の裁可を得て改革運動を開始します。改革の内容は日本の明治維新をモデルとしたもので、**①議会政治の導入②憲法の制定③人材育成のために教育機関の設立と留学生の外国派遣**、などを中心としています。これが1898（カッコ13）年の「戊戌の変法」（カッコ12）です。

S　かなりの大改革ですね。で、うまくいったんですか？

T　いや、失敗した。西太后（カッコ14）らの保守派クーデタによって変法運動は弾圧され、康有為と梁啓超は日本へ脱出できたものの、残りの改革派はみな捕まって死刑にされてしまいました。この保守派のクーデタを「戊戌の政変」（カッコ15）と呼びます。

S　「戊戌の変法」に「戊戌の政変」？なんだか区別が難しい。

T　二つの事件とも、戊戌の年である1898年におこったので、同じ「戊戌」が

付くのです。改革運動である「戊戌の変法」が始まって、たった百日でクーデタである「戊戌の政変」がおこったので、「戊戌の変法」のことを「百日維新」と呼ぶ場合もあります。

S　なーんか、「1898年」って世界史で大事件がけっこう起こってません？
T　そのとおり。<u>「ファショダ事件」、「ハワイ併合」、「米西戦争」、「中国分割」そして「戊戌の変法」アーンド「戊戌の政変」だ。全部これらは1898年に起こっています。</u>覚え方？「人は悔（1898）しい帝国主義」かな？

西太后(せいたいこう)の台頭——主題は「戊戌の政変」なのだが、主人公は結局この人

T　ここで康有為の変法運動を潰した張本人の西太后を取り上げましょう。
S　その名前、聞いたことがあるような。
T　かなり有名人ですからね。19世紀後半の清王朝を支配していたのはこの人だったのです。もともとは満州人の役人の娘だった西太后は、17歳で咸豊帝に見初められて夫人の一人となったのが出世のきっかけです。
S　えっ、「夫人の一人」って、おかしくねー？
T　中国皇帝は一夫多妻だったからですよ。徳川将軍と同じです。だいたい西太后は皇后ではなく、第三夫人ぐらいの地位だった。その西太后が出世できた理由は男の子（後の同治帝）を生んだことが大きい。「男の子を生む」ことが出世につながるのも日本の大奥とよく似ていますね。あと西太后は向学心が強く、女と言えば無学が当然の時代に、四書五経や歴史の勉学に励み、古今の政治に通じていたことも大きい。太平天国の乱やらアロー戦争に苦しんで政治から逃避していた咸豊帝をよく補佐し、相談相手となっていました。1871年に咸豊帝が結核のためわずか31歳で死んでしまうと、跡取りはたった6歳の一人息子の同治帝となります。この時、皇帝の母は、やっと「太后」を名乗ることができるようになります。これが「西太后」という名称の誕生となります。
S　と、言うと「東太后」もいたわけだ。
T　いや、カンが鋭いね。確かに正式の皇后である東太后もいたのだけれども、彼女には子どもがいなかった。しかし身分は東太后の方が上。しかも皇帝はまだ6歳の幼児。そこで皇帝の席の後ろに御簾をかけ、二人の太后が座って実際に政治をおこなうという「垂簾聴政(すいれんちょうせい)」というのをおこなった。東太后は教養に乏しく、控えめな性格であったためにほとんど発言せず、実際に政治の指示をおこなっていたのは西太后の方でした。この時に西太后は政治権力のうまみを知ることになります。洋務運動を中心とする「同治の中興」の

203

安定期を作ったのは、実際は西太后と言えるでしょう。

しかし、同治帝も大人になると口やかましいお母さんの指図なんか受けたくなくなる。西太后も一旦は身を引いたものの、肝心の同治帝が、なんとたった19歳の若さで子どもも残さずに天然痘で死んでしまったのです。

次の皇帝になったのは西太后の妹の子、つまり甥にあたる光緒帝で、即位した時はたった4歳でした。子どもだからもちろん政治ができるわけがない。

S　と、言うことは、また「垂簾聴政」ができる、ってわけですか。

T　そのとおりですね。そのうち数年して、あらなぜか東太后は突然死んでしまいます。1884年に始まってしまった清仏戦争（シナリオ112参照）では洋務運動で近代的な武器を備えた清軍が有利な戦いを進めていたのに、西太后は「戦い方がヌルい」といちゃもんをつけて、うるさい軍幹部を更迭し、フランスと和睦してしまったのです。つまり機会を見つけては自分の邪魔者を始末した可能性が高い。おかげで西太后はついに権力を独占できるようになったわけです。ところが困ったことに、成長してきた光緒帝が義理のママンの言うことを聞かなくなってきてしまった。

S　やっぱり「反抗期」ってやつですかね。

T　青いというか、光緒帝には理想主義的な面が強かったようです。改革派に乗せられて変法運動に肩入れしたことが西太后の激怒を買ってしまった。西太后は軍部の保守派と組んでクーデタを起こし、親玉の康有為や梁啓超は逃したものの、改革派を皆殺しにして光緒帝を幽閉してしまいます。

S　これで話がやっと最初に戻って「戊戌の政変」になるわけだ。

義和団事件——カンフー軍団の反乱ながら、最後まで西太后が主人公

T　さて、いよいよ義和団事件。1860年の北京条約でキリスト教布教が解禁されて以来、キリスト教が中国に広まります。以前、典礼問題でも「祖先崇拝」を許さなかったカトリックの布教が弾圧されたのですが（シナリオ50参照）、19世紀後半にキリスト教の布教が進むと伝統を無視するキリスト教宣教師の態度に反発を感じる中国人が仇教運動（カッコ16）という反キリスト教運動を各地で起こしていました。特にドイツが最初に租借した山東省はよりによって孔子の生誕地があり、キリスト教に対する反感が強かった土地でした。実際に山東省で神言会のドイツ人神父が二人殺されてしまったことがドイツの膠州湾租借のきっかけとなったのです。

S　その、神言会って何ですか？

T　世界各地で布教活動をおこなっているカトリックの修道会です。名古屋の南山大学を運営していることでも知られていますよ。この時、神父たちを殺した武術組織が後に宗教教団化して義和団（カッコ17）という名前で知られるようになります。

S　その義和団って、どんな連中なんですか？

T　義和団は民族的宗教団体で、鉄砲などはほとんど用いず槍や刀で戦う。いざという時は「義和拳」というカンフーを使って外人を打ち倒したようです。しかも弾に当たっても死なない神通力を持っていると信じていた。→

S　でも、日本人は同じ東洋人だから、排撃の対象にはならないんじゃない？

T　いや、日本人はヘアースタイルをざんぎり頭にして洋服を着た「洋鬼子（ヤンクイツ）にタマシイを売った連中」として攻撃の対象になっていたのです。そして義和団は「**扶清滅洋**」（カッコ18）をスローガンにして急激に勢力を拡大します。

S　なんですか、その「ふしんめつよう」って？

T　これは**「清王朝を助けて、外国勢力をやっつけよう」**という意味です。

S　以前、似たようなスローガンを聞いた覚えがあるなあ。

T　たぶん、太平天国の乱の時の「滅満興漢（めつまんこうかん）」でしょう。これは「満州人の清王朝を滅ぼして、漢人の国を作ろう」という意味です。「滅満興漢」と「扶清滅洋」の二つの文句は間違えやすいので、試験にはよく出てきます。

　　清朝も最初はなんとか義和団を押さえ込もうとしたのですが、その武力と急激な勢力拡大に手を焼きました。そのうち1900年に山東省から北京に進出してきた義和団は、同じ中国人のキリスト教徒まで血祭りにあげ、日本とドイツの外交官を殺害してしまいます。義和団の大活躍（？）を見た保守派の西太后は「こりゃ、列強撃退に使えるかもしれぬ」と思いこんでしまったようで、なんと義和団に味方して列強に宣戦布告をしてしまいました。外国人たちは北京の一角にある大使館に立てこもって、孤軍奮闘。義和団の激しい攻撃に耐え続け、55日後に駆けつけた8カ国共同出兵軍がついに銃砲で義和団を打ち破ります。この一連の動きを義和団事件（カッコ19）と呼びます。下がその時の連合軍の将兵の写真です。↓

S　あ、この写真は教科書に載ってるぞ。

T　実は教科書p323の写真とこの写真はビミョーに違う。教科書の写真は真ん中の兵士たちが少しダラ

けているのですが、この写真の兵士は全員が見事に「気をつけ」しています。

S 「日本兵がビシッとしているのは、訓練が行き届いている証拠だ」って中学校の先生が言っていたのを聞いたことがある。

T うむむ、自分の考えでは違うと思う。たぶん前ページの写真を撮った後、写真家がフランス語か何かで「休め」って言ったのではないかな。それがわかった兵士だけが足を開いたところを撮ったのが教科書の写真だと思う。「気をつけ」の姿勢のままの兵士は言葉がわからなかったのかも。

　1901（カッコ21）年に敗れた清は列強に対し、北京議定書（カッコ20）を調印し、巨額の賠償金の支払いと外国軍隊の北京駐留（カッコ22）を認めました。この結果、中国の半植民地化がさらに進んでしまいます。

S んで、あの西太后はどうなったんですか？

T 連合軍が北京に迫る中、光緒帝を人質にして北京を脱出し、西安に逃げました。西太后は前から憎んでいた光緒帝の嫁を行きがけの駄賃とばかりに井戸に投げ込んで殺させています。北京議定書が調印されてほとぼりが冷めた頃に西太后は北京に帰ってきますが、帰還の時に生まれて初めて乗った列車の乗り心地のよさに驚嘆した西太后はすっかり西洋趣味に入り浸ってしまいます。ちなみに右はアメリカ人の女性画家に描かせた西太后の肖像画。→

S なんか、かなり美化しているような。

T そりゃコテコテに作っています。西洋人と喜んで付き合って食卓を共にし、英語も勉強した（しかしすぐ飽きた）と言いますが、西太后がこんな風になっては死んだ義和団員も浮かばれません。西太后は1908年に病死しますが、その前日に結核を患っていた光緒帝が亡くなっているので、これまた西太后が「逝きがけの駄賃に」暗殺したのではないかと疑われています。

　しかし、強烈な個性の持ち主である西太后の死は清王朝にとって巨大な打撃でした。そしてその3年後、辛亥革命がおこり清は滅んでいきます。

【参考文献】

　変法運動については濱下武志「清末」（世界歴史体系「中国史5」山川出版社所収）、西太后については加藤徹「西太后―大清帝国最後の光芒」（中公新書）を参考にしました。義和団事件は G. N. スタイガー「義和団　中国とヨーロッパ」（光風社）が詳しいのですが、古い文献です。個人的に面白かったのは菊地章太「ペリオの見た北京　義和団事件風雲録」（大修館）です。

河原 孝哲（かわはら たかのり）
1960年　埼玉県行田市生まれ
1984年　上智大学文学部史学科卒業
1987年　上智大学大学院文学研究科史学専攻修士課程修了
1987年～2010年　愛知県瀬戸市の聖カピタニオ女子高等学校教諭
2011年～　茨城県水戸市の智学館中等教育学校教諭

〔著書〕
『世界史授業ライブ①』地歴社、2011年
『世界史授業ライブ②』地歴社、2011年
『世界史授業ライブ③』地歴社、2013年
『世界史授業ライブ④』地歴社、2013年

世界史授業ライブ⑤──使えるプリント付き

2015年3月20日初版第1刷発行

著者　河原　孝哲

発行所　地歴社　東京都文京区湯島2-32-6（〒113-0034）
Tel03(5688)6866／Fax03(5688)6867

製本所／坂田製本

ISBN978-4-88527-224-0 C0037

● 地歴社の本　　　　　　　　　　　　　　　　　　　　（本体価格）

世界史授業ライブ①②③④　使えるプリント付き	河原孝哲	各2000円
世界史との対話　〔上中下〕70時間の歴史批評	小川幸司	各2500円
地図を書いて学ぶ世界史　世界地図を5秒で書いて考える	千葉歴教協世界部会	2200円
世界史授業シナリオ　黒板を大劇場に変身させるMPメソッド	関根秋雄	2500円
世界史授業プリント　「世界史新聞」を生かす	関根秋雄	2500円
100時間の世界史　資料と扱い方	綿引 弘	2500円
討論する歴史の授業①〜⑤　シナリオ・プリント・方法	田中龍彦	各2300円
歴史授業プリント　〔上下〕生徒をつかむ	加藤好一	各2000円
歴史授業シナリオ　〔上下〕"愛情たっプリント"付き	白鳥晃司	各2500円
新・歴史の授業と板書	大野一夫	2200円
新・映画でまなぶ世界史①②	家長知史	各2200円
映画でまなぶ世界史	家長知史	2000円
世界史再入門	浜林正夫	1650円
ドキュメント戦後世界史	浜林正夫／野口 宏	2500円
子どもの目でまなぶ近現代史	安井俊夫	2000円
歴史モノ教材で授業を変える	白川隆信	2000円
実物・絵図でまなぶ日本近現代史	渡辺賢二	2000円
広告・ビラ・風刺マンガでまなぶ日本近現代史	渡辺賢二	2200円
学校史でまなぶ日本近現代史	歴史教育者協議会	2200円
〔授業中継〕エピソードでまなぶ日本の歴史①②③	松井秀明	2200円
エピソードで語る日本文化史〔上下〕	松井秀明	各2000円
資料で学ぶ日本史120時間	小松克己／大野一夫／鬼頭明成／石井建夫	2500円
新・美しい日本史ノート	上田 肇	1600円
考える日本史授業・3　平和と民主社会の担い手を育てる歴史教育	加藤公明	2200円
新しい歴史教育のパラダイムを拓く	加藤公明／和田悠	3000円

付録DVD▶PDF版『考える日本史授業1』『考える日本史授業2』授業記録映像付き